企业组织模糊性的生成机理与调控机制研究

——中层经理的信息诠释作用

赵 颖 著

中国财经出版传媒集团
中国财政经济出版社
北京

图书在版编目（CIP）数据

企业组织模糊性的生成机理与调控机制研究：中层经理的信息诠释作用 / 赵颖著．-- 北京：中国财政经济出版社，2023．12

ISBN 978－7－5223－2640－5

Ⅰ．①企… Ⅱ．①赵… Ⅲ．①企业组织－研究 Ⅳ．①F272．9

中国国家版本馆 CIP 数据核字（2023）第 243793 号

责任编辑：彭　波　　　责任校对：胡永立
封面设计：卜建辰　　　责任印制：史大鹏

企业组织模糊性的生成机理与调控机制研究
QIYE ZUZHI MOHUXING DE SHENGCHENG JILI YU TIAOKONG JIZHI YANJIU

中国财政经济出版社 出版

URL：http：//www.cfeph.cn
E－mail：cfeph@cfeph.cn

社址：北京市海淀区阜成路甲 28 号　邮编：100142
营销中心电话：010－88191522
天猫网店：中国财政经济出版社旗舰店
网址：https：//zgczjjcbs.tmall.com
北京财经印刷厂印刷　各地新华书店经销
成品尺寸：170mm×240mm　16 开　15.75 印张　240 000 字
2023 年 12 月第 1 版　2023 年 12 月北京第 1 次印刷
定价：68.00 元
ISBN 978－7－5223－2640－5
（图书出现印装问题，本社负责调换，电话：010－88190548）
本社质量投诉电话：010－88190744
打击盗版举报热线：010－88191661　QQ：2242791300

资助本著作的项目：

［1］国家自然科学基金项目：线上虚拟团队如何实现凝心聚力——管理者信息诠释影响团队心智模式的意义建构机制研究（72002207）

［2］2022 郑州航院研究生研究性教学教改与质量工程项目：HRM 专业研究生“政用学研”协同培养的平台模式研究（2022YJSYJ01）。

前　言

组织模糊性是企业成员因工作情境不同而对战略、制度等信息的不同诠释，导致成员认知差异及协作困境。数字化时代下，经营场所的分散及业务流程的网络化使工作情境日益割裂，组织模糊性问题更加严重。已有研究虽然强调了诠释沟通和共享意义建构在组织模糊性管理中的作用，但没有探讨应该由谁去实施诠释管理、诠释管理的组织条件是什么等问题。对此，本研究在对组织模糊性生成机理进行深入分析的基础上，重点关注经理人员的信息诠释行为在组织模糊性管理中的关键作用和组织条件。

通过案例研究发现：企业成员所处的职位背景影响着经理人员的信息诠释方式，包括吸收、转移、设定、探索四种信息诠释模式，经理人员应当根据信息的可分析性和成员利益相关性选择相应的信息诠释方式，当信息与成员利益直接相关且可分析时应当采取吸收式诠释，当利益直接相关但信息不可分析时用探索式诠释，当利益间接相关且信息可分析时用转移式诠释，而当利益间接相关却不可分析时用设定式诠释；工作业务流程的时间连续性和空间集中度影响着组织模糊性程度——连续性及集中性越强则组织模糊性程度越低，阐释了组织模糊性的生成机理。基于上述研究，开发了中层经理信息诠释模式的测量表，通过实证研究发现：中层经理通过向组织成员诠释战略及组织信息，影响着成员的共享认知和协作行为，但前提是中层经理与成员之间有足够多的共同实践活动、形成较强的共享组织现场。

本研究的理论贡献包括：(1) 提出并解决组织理论中的另一个重要问题——组织模糊性的管理；(2) 为组织行为研究引入工作现场情境的新视角和具体操作方法；(3) 明确中层经理信息诠释的关键作用及组织条件——共享现场，开发中层经理诠释模式量表。对企业实践的启示有：企业应当注重组织设计中员工工作情境的设计及中层经理节点位置的设置，注重中层经理诠释行为的引导、培训及开发。

目　录

第一章

绪　论

组织是为克服个体能力的局限，通过共同目标、贡献意愿和沟通三者交互作用而形成的一个协作体系，是企业与内外环境互动、推动战略实施与变革、进行各类创新活动的装置，也是各类经营管理问题的汇集点。例如，Winter（2003）在对 Teece 提出的动态能力进行界定时提出，动态能力是一种组织能力，组织能力是企业应对环境变化、实现持续发展的关键；战略制度观认为战略为组织成员缩减了彼此间决策及行为的不确定性，为成员间的协作提供了制度上的保障。Van de Ven 等（1995）在研究中也提出，与创新主体（员工）密切相关的组织过程是实现创新的重要机制，组织机制是创新研究的根本目的。

现实中，组织结构与机制的变革是企业应对各类经营管理问题的首选，如 20 世纪 80 年代的组织再造、组织扁平化、柔性化等组织变革实践。但这些变革并未使企业获得持续成长的动力；相反，却破坏了企业组织内部的业务流程及信息体系①。对此，Helfat 和 Winter（2012）认为，组织惯例等有形的组织内容是企业组织能力的核心，企业需要通过对惯例这一业务操作流程的持续改进实现动态能力和战略变革，去层级式的组织变革显然忽略了有形组织的重要制度作用。上述矛盾和问题折射出了理论上组织研究的困境，正如 Kanter（1988）所指出的，企业柔性是一个组织变量，但人们依然对这个组织变量缺乏系统而深入的理解。

① 哈默尔 G，普拉哈拉德 C. K 竞争大未来［M］. 北京：昆仑出版社，1998.

已有的组织理论研究包括组织形态论与组织过程论两大类，分别将组织界定为有形组织与无形组织：

（1）有形组织是组织形态论的关注点，相信企业能通过最佳的组织结构设计应对内外环境。包括科学管理的任务管理系统、行政管理理论的组织原则及组织结构、实质化的组织惯例等，都旨在设计合理、有效的组织形态，却没有涉及微观层面组织成员的决策过程及行为过程。

（2）无形组织是组织过程论的关注点，强调组织是一个流变过程、是一个帮助成员进行不确定性管理和模糊性管理的组织过程，将诠释和赋意视为重要的组织管理方式。无形组织关注的不是组织的形态或结构，而是看不到、摸不着的组织成员决策及行为，主要通过影响成员的决策及行为过程来进行组织管理。

沿着组织过程论关注成员决策过程中的不确定性管理及模糊性管理的研究路径，汤普森（2007）围绕“如何帮助成员应对不确定性”的问题建立起正式组织设计理论；以此为基础，行政理论强调正式组织的作用——帮助成员克服不确定性以进行决策。显然，这些研究忽略了组织成员决策中的模糊性问题。模糊性表现为组织成员对信息理解或诠释的多义性（Weick，2009），是企业组织过程管理的核心（March，1978）。因此，研究企业组织模糊性问题具有重要的理论意义。

数字化、网络化时代，企业面临内外复杂动荡环境的双重压力，一方面，企业希望通过组织平台化、碎片化即分布式组织来应对外部环境；另一方面，企业正式组织系统内部常常存在组织混乱、瞬间崩溃的状况。这更强化了平台化、分布式组织的神话作用，人们普遍认为平台式组织结构可以有效应对网络化时代的企业外部环境，开展了诸如组织网络化、平台式组织的组织变革运动。然而，平台式组织中依然存在着与传统正式组织相同的内部组织协调问题。网络化时代，随着企业成员认知主动性、自组织性的增强，以及业务流程网络化日益加剧的工作情境分隔，无论是传统企业组织还是平台式组织，其内部的诠释多义性或一致性问题都较为突出。因此，研究企业内部成员对环境、目标、组织制度等方面的诠释多义性即组织模糊性问题，在当前网络化背景下具有重大的现实意义。

Weick（2009）将组织模糊性界定为组织成员对信息理解的多义性，认为模糊性是组织管理的核心问题，主张通过成员间的诠释、互动沟通逐渐建立起共享的组织目标与组织规则，从而实现组织的建构与管理。Weick 的研究虽然说明了组织是一个过程而不是有形的结构，也提出了沟通是实现组织管理过程的途径，但对于成员之间诠释多义性即模糊性的生成机理及组织调控机制并未涉及，制约了对组织模糊性的有效管理。

对此，本研究依据情境—认知理论，分析了企业成员在工作情境上的两方面差异对组织模糊性的影响：所处的职位层级差异形成了成员间诠释内容的多样性；工作业务流程间的紧密程度及工作空间场所的集中程度决定了成员间诠释多样化即模糊性的程度。之后，依据组织开放系统论中组织作为信息体系的观点，基于小世界网络理论和组织现场理论，提出中层经理在企业组织信息体系中的关键作用——通过合适的诠释行为调控组织模糊性。研究发现：中层经理具有设定、吸收、转移、探索四种诠释模式，当中层经理采取合适的诠释模式、同时又与成员有较强的共享组织现场（较多的共同实践活动）时，组织模糊性会得到有效调控。

本研究的主要目的是：探析组织模糊性的生成机理与调控机制，为企业的组织模糊性管理提供理论及实践上的借鉴和支持。

第一节　研究背景

一、理论背景：组织模糊性在组织理论中的重要位置及待解课题

在组织理论研究中，最经典的归类是古尔德纳（Gouldner，1957）的二分法：理性模型与自然模型。理性模型将企业组织视为一个注重经济效率的机器装置——依赖明确的目标及规则对成员的约束来进行组织管理；而自然模型将企业组织视为一个由成员组成的群体——组织管理依赖于成员的意愿、心理状态、非正式组织的作用。

然而，现实的企业组织中，理性与自然的特征都有，不存在单一的组织管

理方式。再者，这种二分法只是描述了组织的不同特点，并没有说明组织管理的实际过程及关键机制。对此，汤普森的权变理论以组织决策理论为基础，认为不确定性管理是组织过程管理的核心，提出了一系列旨在管理不确定性、追求稳定环境的组织设计命题：如密封技术核心（生产研发系统），防止外部动荡环境的冲击，包括垂直一体化、扩展市场领域等；通过非技术核心部门（销售、营销）的梳理、预测或定额配置来缓冲保护技术核心部门。

但 March（1978）指出，不确定性与模糊性都是决策过程中的核心问题。由于 20 世纪中后期技术和市场环境对不确定性的规避，汤普森的权变理论只关注了组织及组织成员面临的不确定性问题，没有探讨模糊性问题的管理及组织机制。因此，组织理论及组织管理实践中存在着明显的漏洞，亟须建立起以模糊性管理为核心的组织管理机制，以应对不断加深的组织模糊性现实。

（一）组织的二分法：理性模型与自然模型

按功能将组织划分为理性的机器装置与自然的成员群体两种，特点如下：

1. 理性组织模型的主导逻辑

客观理性的组织观将企业组织视为实现目标的工具或技术装备，与企业生产车间的机器设备一样指令明确、运转井然有序，只是组织管理过程中用到的不是机器的电能，而是清晰明确的组织制度与规则，员工在这些客观明确的制度与规则的指引及约束下行动一致地为企业目标而努力。这种组织工具的理性又被称为“技术理性或功能理性”，即组织旨在以最高的效率完成企业的目标（Mannheim，1940）。理性组织观主要包括：泰勒的科学管理思想、法约尔为代表的行政管理思想、韦伯的科层制思想三个流派。

理性企业组织的特点主要包括以下两点：

（1）清晰无误的战略及目标。组织作为机器装置的前提条件就是其所服务的企业有着提前设定好的清晰目标，企业成员及组织只需要设计出实现这一目标的业务流程、制度并按计划执行即可，如早期科学管理时代的机器大工厂一样，组织管理的重点在于生产制造车间内的生产流程设计及效率。相应地，在理性组织中，模糊的战略及目标是不可行的，模糊的目标无法为企业组织这一机器设备输入有效的启动信息，模糊的目标意味着目标需要不断地调整，此时，以稳定性、确定性为第一前提的理性组织装备是无法运转的。

（2）明确的组织制度与规则。明确的显性规则是联接组织成员间协作过程的关键零部件，所有企业成员之间、成员与机器或业务流程之间都在这些明确而硬性的规则约束下紧密协作，以保证企业组织的良好运转。因此，明确的制度规则即组织正式化只是实现企业目标的工具或手段而已。同时，面对学者们对正式组织形式的“机械化、僵化”指责，西蒙（Simon，1964）认为，正式而明确的规则使组织成员能形成对其他成员行为的稳定预期（即确定性），这种稳定预期是组织成员实施协作行为的前提基础。据此，组织理性观的支持者们转向了组织的认知视角，但理性组织模型追求稳定性、确定性的本质并未改变（汤普森，2007）。

综上所述，组织理性模型旨在追求精确性、确定性，假设成员由于自身的信息处理局限而具有趋稳性。理性组织一方面容易产生组织僵化；另一方面却有利于不确定性的组织管理。

2. 自然组织模型的主导逻辑

不同于组织理性模型，组织的自然观认为企业组织目标受到成员主观行为的影响。西尔特和马奇（Cyert & March，2008）发现经理人员间的利益冲突、政治冲突制约了目标制定的理性过程；社会学家塞尔兹尼克（2014）发现了“组织目标替代”现象，这些研究都证实了一点：组织目标、制度执行受成员主观因素的左右，企业是一个基于主体互动的半结构化组织。

因此，相比理性组织观而言，自然组织模型的特点主要包括：

（1）企业提前规划的战略及目标很难做到客观、无误，即使是正确的战略目标也会因为执行过程中的人为主观因素而扭曲、难以实现。西尔特和马奇（2008）在《企业行为理论》一书中深入分析并描述了企业中层经理人员在项目选择及目标制定过程中的主观行为，经理人员常常站在部门利益、自我角色利益与损失的角度来审视某个项目，而不是按照企业利益最大化及理性的经济分析方法进行，这种行为被 March（1978）总结为有限理性、局部搜索；Child（1972）以此为基础，针对“环境——战略——组织结构”的理性战略过程提出质疑，提出战略目标制定过程中的选择理论，认为组织内部结构导致的政治冲突过程对战略选择及绩效有显著的影响。因此，企业的战略及目标很难像理性模型所假设的那样客观。

（2）非正式群体、非正式规则对正式制度规则作用的制约。早期的人际关系学派强调员工个体主观心理及非正式群体对组织的重要作用，梅奥等学者在20世纪40年代的研究中发现，企业员工并非只是追求经济利益的理性人，员工感知到的组织关怀和情绪对其有着显著的影响，即“变化引发好奇，关心令人满足!”。同时，员工并不是单独行动的个体，而是企业内非正式群体中的一员，非正式群体内部的隐性规范制约着员工的行为①。另外，组织领域的研究中，塞尔兹尼克（2014）也发现：组织理性受到成员主观行为的制约，因为每个人都会带入组织不同的要求，都会因接受其他责任而影响他们作为组织成员采取理性的行动。

综上所述，自然组织模型认为企业组织不是一个理性严密的整体，而是由单个、有独立意愿的个体及个体形成的群体组成，很难存在客观无误的战略目标及相应的有约束力的制度规则，呈现松散的状态。当企业组织允许成员对事件的主观诠释和理解随意存在或起作用时，组织模糊性呈现最大的状态。

（二）决策理论与组织管理

对于上述组织的二分法，汤普森的组织权变理论认为，没有完全理性的组织，也没有完全自然状态的组织，企业是一个二者兼有的复杂组织，复杂组织是理性组织与自然组织的融合体，是企业发展、获得成就的有效手段（汤普森，2007）。

因此，完全否定组织的理性目标与功能，或者完全否定非正式组织的广泛存在及成员的多义性诠释即组织模糊性，在企业实践中都是不现实的。上述二分法只是区分式地描述了组织不同方面的特征，却不能用于深刻理解组织管理的核心和机制，所以，组织研究应该致力于寻找连接、融合上述两种组织模型的途径，开辟一个“新传统”——以马奇与西蒙的组织决策理论为基础的组织管理模式。组织决策理论认为，管理不确定性和模糊性是组织管理的关键，汤普森以此为基础形成了组织分层、分类设计的思想及命题（汤普森，2007）。

---

① 雷恩等．西方管理思想史［M］．孙健敏等译．北京：中国人民大学出版社，2009.

事实上，对于上述两种组织模型的融合问题，古尔德纳早就提出了“综合模型”的倡议，但并没有实质上的进展；巴纳德（1997）在其经典之作——《经理人员的职能》中也进行了有益的尝试，试图在组织管理过程中将企业成员个体的工作意愿与企业整体的战略目标都考虑进来，认为通过经理人员对下属成员的沟通，使成员理解并认可组织的目标与制度规则——形成成员的“无关心圈”及组织成员间的共享目标，使员工在工作时不以经济利益为第一标准，而是为了履行自己所认可的目标及使命去主动工作。然而，巴纳德的研究旨在从自己所处的经理人员角色视角来阐明企业经理人员的组织管理职责与方法，并未从组织整体的系统设计角度做过多研究，最终在管理实践方面走向了依赖于经理人员的道德责任及组织的“诱导—贡献模型”来实施组织管理的路径；马奇和西蒙（2013）则认为，巴纳德只是用经验描述的方式将人际关系学派的思想纳入企业组织中，并未就组织的本质及更微观的组织成员认知过程进行研究。

对于组织成员的决策过程及行为，马奇围绕理性决策的四个重要前提进行解构（马奇，2010），由于人们信息处理能力的局限，常常对行动未来的结果难以预测（不确定性）、对结果的偏好常常变动（模糊性），人们的理性决策及行为难以实现。企业组织中不确定性表现为：员工不能预测是否能实现工作的结果即绩效、不能预测其他员工是否愿意进行工作上的协作配合等，经理人员、高管在战略决策中对内外信息的处理能力有限，很难客观、理性地去进行战略目标的选择。组织模糊性的表现是：员工想要的工作结果的回报方式不断变化、甚至不太清楚自己需求的是什么，因而企业对员工的激励制度规则常常与员工的需求相左，使组织目标、制度、规则失效。

综上，基于组织决策理论的组织理论包括两方面的内容：以不确定性管理为核心的组织理论与以模糊性管理为核心的组织理论。当前的组织研究中前一种居多，缺乏对模糊性管理的组织理论研究，这正是本项研究的主要目的。

（三）不确定性与组织管理

将不确定性管理作为组织管理核心的研究较多，以人们心理上更倾向于避免风险、追求稳定的特点为前提，认为组织目标及制度规则的框定作用、缩减作用在一定程度上满足了人们对稳定性、精确性的需求，为企业内部成员间的协作提供了可以互相预测彼此行为及结果的基础，认可并强调理性、正式的组织结构对于消除不确定性从而取得确定性的功能作用（汤普森，2007）。

决策模型中，不确定性指行动结果的不可预测性，人们选择某项行动或方案的结果呈现概率分布的状态，而不是呈现一对一的精确函数关系。在不同的个人组成的社会组织中，表现为人们由于兴趣、利益、预期的差异而无法预估他人对自己行动的反应方式，制约了社会组织中成员间的协作过程。因此，制度学派认为组织中的制度（规则、习惯、文化等）起到了缩减组织内不确定性、促进成员间协作的根本作用，是形成组织的关键。不确定性的管理与应对是制度与组织产生的根源。

在企业组织的研究中，Zucker（1977）通过实验研究发现，人们更愿意接受有正式领导角色的权力影响；Thevenot（1984）反对因官僚制缺点而完全否定正式组织，认为正式组织及制度是降低成员不确定性、形成组织的前提，是一种“形式上的投资”，有利于企业组织。然而，这些研究只是从不确定性应对与管理的正面功能上肯定了正式组织结构及制度规则的作用与必要性，并没有对组织管理理论与组织设计进行系统的研究发展，对此，汤普森（2007）提出，基于不确定性管理的组织设计思路，按照不确定性的程度对组织进行分层、分类设计，以对不确定性进行缓冲式管理，实现对企业组织的技术核心的“隔离式保护”，保障确定性。

但是，从决策理论看，上述组织理论研究显然忽略了模糊性问题；从现实上看，企业组织的正式目标、制度规则虽然提供了人们之间协作及组织形成的必要条件，但是组织成员依然对正式目标、制度规则存在着不同理解，这种理解与认知上的差异即组织模糊性对企业组织过程时刻产生着影响。

（四）模糊性与组织管理

March（1973）指出，在人们行动的决策模型中，模糊性是指人们对行动结果的偏好呈现出时间上的不一致性、变动性，难以被事先设计的制度规则所激励。如企业员工在履行工作任务的初期最渴望得到的是高收入、快速成长的机会，但开展一段时间的工作任务之后，发现工作团队成员间的合作氛围、良好的人际关系也是自己所期望的，此时，以收入奖励、成长机会为核心的正式绩效奖励制度就无法满足员工对人际关系的偏好或需要，制约了正式制度规则的效用，进而影响工作任务的实现及企业目标的实现。显然，企业成员对结果偏好的不可预测性、变动性使企业成员之间、成员与企业组织之间形成了各方面的理解与诠释差异，包括对企业目标、制度、员工期望或需求等方面的诠释差异，这些差异是模糊性在企业内的表现，使正式制度规则的作用受到了制约。

对于模糊性即诠释多义性的组织管理，维克（Weick，2009）强调沟通、释义的组织意义管理方式，期望通过与成员的沟通、解释来实现成员对企业组织目标、制度规则的理解与认同，进而实现成员间的一致性及组织的建构，即过程式的组织管理；马奇则强调成员的身份及相应的情境规则对模糊性的组织管理作用，认为当人们对目标、制度规则的理解不一致即存在组织模糊性时，人们倾向于通过自己的身份及身份暗含的规范来行动，运用的是将自己所处的情境与身份相匹配起来的适当逻辑，而不是理性计算的结果逻辑（马奇，2010），此时的组织管理方式重在建构起对规则的解释，而这种解释应该建立在对不同成员所处的不同情境的理解的基础之上，而不是仅仅将对规则的解释建立在利益冲突、利益得失的理性基础之上（马奇，2010），即通过解释让员工清楚在不同情境下自己应该履行的身份责任与规范。

然而，上述建立在释义及沟通基础上、旨在形成组织成员一致性诠释与认知的管理理念很容易走向文化管理、组织认同、领导力等方向，在社会学的研究归属中这仍然属于结构主义学派——旨在通过企业整体文化的建设、对组织整体的认同、对代表组织整体视角的领导的跟随等方式来实现成员个体对组织整体目标、结构及规范的服从，这显然忽略了成员个体的主动性，同时，海德格尔哲学所倡导的现实客观的情境也被完全抛弃（Archer，1982）。事实上，致力于寻找“第三条道路”的海德格尔学派主张将组织成员间的关系与一致性诠释及认知建立在客观的“事”的关系基础之上（Cooper，2005）。在企业组织中，“事”即工作、业务，企业成员间的诠释差异、人际关系、文化一致性与成员之间客观的工作业务关系紧密相关，抛却客观工作业务上的关系来进行文化管理、认同管理、领导力建设是不现实的。

因此，如何建立起释义、沟通与企业工作业务设计间的关系是至关重要却被忽略了的研究课题，模糊的、多义性诠释的信息如何在企业组织成员之间形成共享、一致的理解在当前的组织管理研究中具有重要的理论价值。

二、现实背景：网络化时代组织模糊性问题的凸显

20 世纪 90 年代以来，互联网信息技术以其互通互联的特性深刻地影响了企业组织所处的各种网络关系，包括企业与企业间关系、企业与消费者间关系、企业与员工间关系等，互联网技术不仅加强了这些网络关系的紧密程度，也影响着不同网络关系对企业作用的方式及比重。而全面、深度的网络化不仅使企业组织需要处理的信息更加复杂、多样且不可预测，也使企业内部对这些信息进行解读的主体从高管转向了所有企业成员。因此，信息的多义性、模糊性成为企业组织中的必然状态，企业无法回避模糊性问题。另外，互联网技术对企业与消费者间关系的影响——消费者深度嵌入企业产品设计与创新的过程中，这使企业的战略形成与创新过程更加依赖于模糊性信息的解读与处理，呈现出以“问题”为导向的逐渐适应、逐渐澄清问题中信息含义的特点。因此，企业的现实发展既需要将模糊性降低到一定水平才能正常运行其业务流程，同时又需要保留一定的模糊性以求给创新变革行为创造一定的时空条件。

（一）互联网时代下的企业网络化

网络泛指一种节点与节点间的连接关系，只是在不同的学科中对网络有不同的界定：较早研究网络关系的是社会学家，Laumann（1977）认为，网络是跨部门、跨地域的个体成员间关系，这种个体间关系构成了社会结构的基础；之后在 20 世纪 80 年代的经济学研究中，Thorelli（1986）将网络视为界于市场与企业（层级体系）之间的经济组织，单个的企业是网络的节点，网络是企业与企业间的各种关系，如美国硅谷类的产业集群、日本的企业集团、外包网络等，关注企业与外部经济体之间的关系；企业战略研究中将网络视为企业之间各种复杂组合的关系（Gulati et al.，1999），如并购、外包、企业联盟等关

系，认为企业可以通过这种外部的网络关系获取网络资源，从而实现成长与发展。

网络化则是一种普遍广泛的个体间网络关系，互联网信息技术为网络化提供了技术保障和技术支持。企业网络化则表现为企业网络的普遍性，企业与各经济主体间的关系都对企业发展有重要的影响，映射到企业内部则是各业务部门和业务过程的网络化，如网络营销、保洁公司成功实现的产品开放式创新即众创、管理信息网络化（网络化办公）、组织网络化等。

互联网技术大量运用之前，与其他企业间的产业链供应关系及联盟是对企业影响最大的网络关系，因而企业最关注的是外部经济组织网络的影响，此时企业网络属于局部的传统型，如图 1.1（a）所示，对企业影响最大的是产业链中与其有上下游关系的其他企业 Fi；然而 20 世纪 90 年代之后，随着互联网技术的兴起，单个的消费者、企业内部员工、外部单个独立的技术人员或小规模企业主对企业的影响日益增强，企业关注的网络关系更为多元，是一种全面网络化状况，如图 1.1（b）所示：

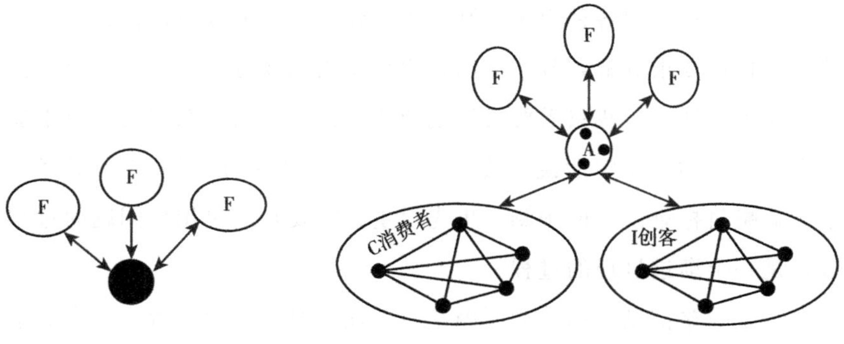

1.1（a）局部网络化　　1.1（b）全面网络化

图 1.1　企业的局部网络化与全面网络化

资料来源：作者研究设计。

互联网时代下，企业处于全面网络化关系之中，如图 1.1（b）所示，企业外部影响企业经营的不仅是产业链上的其他企业（图中的 F），还包括消费者、创客网络，如共创现象、猪八戒网中的创客等，消费者及外部的技术人才都可以融合进企业内部的产业链中，对企业内部的业务流程产生影响，正如张瑞敏①所强调的网络化生态式的平台组织那样，企业只是网络化产业链中的一个节点，需要与产业链上的各个企业、消费者、内部员工、外部创客形成协作网络。

（二）企业网络化下的信息模糊性

企业网络化意味着企业要面对的经济主体除了外部产业链上的其他企业外，还包括顾客或消费者群体、创客、内部员工。如在海尔的平台式组织设计中，把顾客视为需求不断变动的用户，员工不再是执行者、被雇佣者，而是合伙人和创业者。此时，与企业有关的所有经济主体——顾客、员工、其他企业都是复杂多变的，企业需要处理所有经济主体带来的变动、多义、模糊的信息。

网络化时代下，信息模糊性在企业内外的表现：

1. 企业外部信息模糊性表现为战略目标的渐进呈现特性

张瑞敏在谈到其作为 CEO 的主要工作内容变化时说道："10 年之前，我会不停地研究市场上的各种变化，制定出具体、清晰的战略目标，然后召开各种会议，把目标要求分解到各个部门，之后每天都要盯着，保证一定要执行到位。但现在不一样了，我只需要关注创业团队都在解决什么问题，能不能在这条道路上真正成功。换句话说，我现在盯住的，就是开放性"②。显然，当前环境下，战略目标难以提前预测、事先设定，需要在解决用户问题的过程中逐渐形成，是一个渐进呈现的过程。

导致企业战略信息模糊性的原因是，互联网时代下消费者或用户需求日益多样化、动态化，且这些个性化的需求企业有条件满足，因为数字化的营销和生产网络使得小规模多批量的订制化生产模式得以降低成本、得以普及，此时，企业不能再以传统的预测消费者需求、预设清晰的战略目标来经营，而应当关注于用户真实的需求及变化，真正的"消费者王朝"到来了（普拉哈拉

① 张瑞敏．我可以做海尔的组织设计师－搜狐财经，http：//business. sohu. com/20151126/n428220850. shtml.

② 海尔张瑞敏．CEO 成为组织设计师，让"用户付薪"－虎嗅网，https：//www. huxiu. com/article/133424/1. html.

德等，2005）。Peter 等（2003）认为，在动态环境中，企业是以问题解决为导向的，而不是以既定的战略目标为导向，此时问题解决与组织业务流程及相应的组织结构设置是同时进行的，企业经理人员的主要作用不再体现在分配任务上了，而是协调、沟通，即信息处理的作用。

显然，互联网信息技术所带来的消费者需求动态性是造成企业外部信息模糊性的根源，使企业战略呈现为逐渐“涌现”的特点，此时，外部市场上的战略信息在企业成员中就会有多种解读与释义，形成企业内部成员间信息诠释的差异即内部信息模糊性。

2. 企业内部信息模糊性表现为企业成员对组织愿景、目标、制度等方面的多种诠释，企业组织与成员间的关系更为松散

综上所述，互联网技术带来了企业外部战略信息的多义性解读，传递到企业组织内部则是成员对企业组织的战略、目标、制度的不同理解与认知，这种内部成员间的诠释及认知差异被 March（1958）界定为组织内的信息模糊性。组织内的信息模糊性：一方面会给企业组织带来“有组织的混乱”，降低组织一致性、阻碍企业战略目标的实施；另一方面它也是企业创新、变革所需要的，Weick（2005）认为，模糊性是必然存在的、不可去除的，它源于人们的行动实践与原有认知的差异，会激发人们进行反思、行动及创新。

在抽象模糊的战略目标下，企业与成员间的关系表现为“松散耦合”的特点。稳定环境下企业通常有具体明确的日常目标，企业需要用正式明晰的制度规则约束成员的行为，企业与成员间是紧密连接的机械式关系；而在动荡环境下，企业具体的目标不断进行调整，正式的组织结构、流程、规则也需要不断地调整，即模糊情境下强调“正式组织的跟踪调整机制”，使其得以不断地纠错（Stinchcombe，2002），Feldman（2000）认为，环境不确定情况下，企业的规则惯例除了执行性的具体规定外，更应该注重抽象的描述性规则，而描述性规则下员工可以根据自己的实际工作需要来灵活地采取行动方案，有利于企业变革及组织能力的提升。

因此，企业网络化的当下，由于企业战略及目标的抽象性，企业与成员间的关系呈现为“松散耦合”的特点：企业的规则不一定能制约员工的行动；在社会心理层面，个人目标和意愿与其行动之间的联系也是相当松散的（Axelsson，1977）；组织层面，高管“说的话”与组织“做的事”之间的联系相当小（斯科特，2011），即企业各个成员对企业的战略目标、制度规则、文化价值观有着各自不同的解释与理解，执行中常常背离了原来的目标。现实中，员工是多组织嵌入的，对单个企业的嵌入是有限的，正如查尔斯·汉迪所指出的：不管你喜欢与否，随着未来企业边界的消失，你和你的同事在一起上班，但是并不在一个屋檐底下①，这加剧了企业内部成员间的诠释差异及信息模糊性。

综上，互联网时代下，随着企业网络化的加剧，企业组织外部与内部的信息必然呈现出模糊性的特点，作为整个市场生态中一个节点的企业只能适应它、应对并解决它带来的问题，这就需要企业具备管理模糊性的能力和理论支持。

（三）模糊性信息的处理是互联网时代企业创新及战略变革的关键能力

1. 实现创新的关键是抓住消费者问题背后信息的多种含义和可能

无论是海尔的“用户付薪”制度还是Zara、韩都衣舍践行的消费者需求主导论，都与企业创新所注重的“价值性”相一致，正如德鲁克（1988）所说，创新不是科学、技术，而是价值，即能否满足消费者的需求。显然，创新的这种价值性需要企业时刻了解并解读消费者的需求信息，正如整合营销之父DonE. Schultz所提出②，互联网时代企业要在消费者解决自身需求的系列行为轨迹中，寻找营销的“关键时刻”。

在创新过程与创新机制的研究中，Tsoukas（1989）认为，创新过程中充满着偶然性和模糊性，创新过程是一个非线性的迭代过程，企业组织对模糊性和错误的容忍度是企业创新的关键；普拉哈拉德等（2005）则认为，解决消费者动态而模糊的需求问题时需要企业随时关注消费者自己都不一定清楚的需求信息，以开发引领消费者解决问题的方式。如阿里巴巴在搭建淘宝购物平台及后来的支付宝金融工具时，马云等高层承认初期只是要解决核心客户——小企业主的销售难题及消费者支付信任难题而开展的两项创新项目，并没有预料

① “互联网+”时代　传统企业竞争优势的重构－搜狐，http：//mt. sohu. com/20150613/n414953593. shtml.

② 在互联网时代抓住消费者行为模式变迁－梅花网，http：//www. meihua. info/a/36976.

到淘宝和支付宝十几年后的今天会有的行业地位与价值；再如当前电商开展的中国独有的“双十一”购物节这种创新项目，原本是要解决C端即消费者卖家的销售难题的，但是运行后发现这方面的需求由于消费升级受到抑制，之后由于口碑网的恢复及线下实体商家的需求于2016年开始了创新——以支付宝为入口、以口碑网为平台与实体商家进行合作，紧紧围绕中国零售企业互联网技术欠发达、依然依赖于传统模式的问题，帮助实体商家进行互联网升级的同时也实现阿里巴巴旗下口碑及支付的线上线下融合的目标①。因此，企业实际的创新过程都遵循着解决客户问题的路径而渐进展开，而客户的问题及解决方案等信息则是一个由“模糊”到“清晰”间不断循环的过程。

2. 组织模糊性的管理对战略管理与变革过程日益重要

20世纪80年代后，以安索夫为代表的战略说明学派逐渐被以明茨伯格为代表的战略过程学派所取代，人们不仅关注于企业战略按经济理性的行业分析应该是什么（如波特的低成本、差异化战略），更关注于企业战略及目标是如何逐渐形成的。战略形成过程的研究主要以企业的战略主体——高管为研究对象，分析高管实际的、具体的战略分析行为，包括个体层、群体层、企业层。个体层研究经理人员的个体人格（情感、狂妄）、归因、注意力（Ocasio，1997）等对其战略决策行为的影响；群体层关注经理人员间的政治过程（Child，1972）及认知对抗对决策行为的影响；企业层关注于企业经理人员间的社会性活动（Kaplan，2011）对其决策行为的影响。这三个层面的研究都以战略是经理人员决策行为的结果为假设，Powell（2011）将这些都归属于“行为战略”。

然而，战略形成过程的行为论存在着两方面的困境：

（1）依然以战略目标的提前设定为假设，只是由于制定战略的主体——经理人员的信息处理限制而难以实现完全的经济理性。这与战略规划论相比，虽然承认制定战略的方式不完全是经济产业分析，但依然是目标或目的先存论，对此，马奇（2010）指出，实际的决策过程中，预设的目标不一定存在，人们还常常依赖于直觉判断，创新及战略变革的过程离不开“明智的愚

① “互联网+”时代 传统企业竞争优势的重构－搜狐，http：//mt. sohu. com/20150613/n414953593. shtml.

蠢”——即放弃当前明确的目标及硬性的规则，以探索其他可能的方案及规则。因此，当前对经理人员战略决策行为的研究一方面侧重于直觉论，认为在战略环境模糊不清时经理人员的直觉或个人经验非常重要，另一方面侧重于具体的战略实践活动，认为日常业务活动实践中积累的经验逐渐形成战略（Herpath，2014）。

（2）当前的战略行为论并未走出社会学传统上的“个体与组织整体”间的分歧，需要借鉴战略实践观去关注具体的战略活动，开展以客户问题为导向的战略演进及形成过程，而在客户问题及解决方案的探寻过程中很难预设目标及执行方案或规则。因此，战略过程是建立在 Minzberg（1985）所提出的战略“行动流”——客户面临的新问题及解决方案的不断探索上。这种问题导向的战略行动“流”关注于具体的“事”，而不是预设目标下的“人及人际间的关系与规则”，战略形成与变革过程中充满着模糊性的信息。因此，战略理论的实践与发展都说明：企业战略变革与创新离不开模糊信息的处理，即松散的组织目标与模糊规则下的探索（即马奇“玩耍有益于理智”的思想）。

（四）小结：互联网时代下企业的发展更需要模糊性问题的管理

20 世纪中后期，企业面临的最大问题是内外环境的不确定性。外部市场上，消费者的需求不断变化，企业需要不断调整市场预期和相应的战略目标；企业内部，在大规模生产技术的主导下，相比机器装置即技术理性而言，员工主观诠释认知的主动性作用依然较小。因此，员工在提供工作协作意愿及行为时，面临的最大问题是不确定性——是否能达到业绩标准、是否能得到相应的业绩回报、是否能得到其他员工或部门的协作等。所以，在传统的大规模生产时代背景下，不确定性是企业发展与组织过程中的核心。

然而，在当前互联网时代下，企业面临的最大问题却是内外环境的模糊性。外部市场上，消费者的需求是在与企业互动过程中逐渐呈现的，战略目标是不能预设的；企业内部，在小规模订制技术及网络化组织中，员工主观诠释与认知的作用明显增强，员工在提供协作意愿时面临的最大问题是模糊性——是否与其他员工的诠释相融。因此，市场环境的变化使得人们的关注点从不确定性转到了模糊性上来了。

综上，互联网信息技术时代，企业及其成员必然处于信息模糊的市场环境中，给企业带来挑战与难题；同时也为战略变革、创新创造了条件。因此，组织模糊性是企业必须面临的现实问题。对此，当前的组织理论显然存在不足。

第二节 研究问题与意义

一、研究问题

从前述研究背景的分析中可见，一方面信息模糊性是当前企业进行战略及组织管理过程中必然面临的问题，挑战与机遇并存；另一方面，企业组织管理从结构论走向过程论的进程中，决策理论提供的认知视角至关重要，但已有组织理论对成员决策及行为过程中的“不确定性”进行了大量的研究，却忽略了“模糊性”因素。因此，本项研究围绕企业组织中的“模糊性管理”提出了以下研究问题，以期为组织理论与企业实践提供借鉴与支持。

（一）企业组织成员之间多义性诠释（即组织模糊性）[①] 的生成机理

早在 1938 年，巴纳德的组织协作系统论就从组织理论的角度肯定了组织成员主观诠释及认知对企业组织的影响，认识到企业组织内成员间的诠释及认知差异在组织管理中的关键作用，但在管理对策上却依赖于经理人员的沟通、道德责任。之后，组织管理的理论研究与实践要么走向了人际关系式的“领导力建设”极端，要么走向了组织整体结构式的“企业文化管理、组织认同”极端，试图完全“去除”模糊性，实现成员与领导间的一致、成员与企业整体文化或目标的完全一致，然而实施效果却往往不理想，究其原因，是没有探究清楚企业组织内成员间认知差异即模糊性的根源及其必然性。

① 本书将组织模糊性界定为企业内部成员对各类信息的多义性诠释。因此，本书中的“模糊性”“组织模糊性”“企业模糊性”均指的是企业内部成员间的信息模糊性，不包括企业与外部其他组织或主体之间产生的模糊性信息或关系。

已往对企业组织中成员间的诠释差异产生原因的研究，多以经济利益、政治利益的视角为主，认为企业成员从各自的经济利益、政治权力等因素去理解企业的战略及制度，从而产生成员间不一致认知或冲突，如 Cyert 和 March（2008）在《企业行为理论》中的观点、Child（1972）战略选择观中的经理人员间的政治冲突问题等。企业信息传递的研究发现（王英，2000），组织结构的日益复杂化（由任务小组到直线职能制）主要解决的是企业成员间的经济利益、权力利益冲突引发的协调难题，即成员间的政治或经济冲突引发了企业组织内的协调问题。然而，认知理论的研究发现，人们的客观情境及经历形成了其早期的信息处理器，基于自身情境的诠释与认知为之后的信息处理及决策提供了认知框架，即 Wyer 等（1999）的情境认知模型。企业组织中，员工从事的工作任务类型、业务流程及横向部门分工都使得各个成员的认知情境存在差异，因而形成了对客户问题、企业目标、企业制度的不同理解即模糊性。

（二）组织模糊性的时空结构特征

企业这种等级体系虽然能更有效地降低交易成本，但内部却有着较高的协调及管理成本，因为企业内部的纵向层级划分与横向部门划分阻碍了内部的“信息流”传递过程，产生了企业内成员间的诠释与认知差异。企业组织内部横向部门及纵向层级间的协作构成了完整的业务流程，同时也形成了组织成员在客观时空情境上的不同，形成了成员所关注的信息及对信息解读与认知的多样性。因此，企业组织内部的横向部门与纵向层级间的业务差异形成了模糊性的时空结构特征。通过理论推演与实证分析，期望发现企业组织内成员间诠释与认知差异即模糊性的“客观性”——客观存在、无法去除。然而，这种模糊性在企业组织内部的分布是不均匀的，横向分布与纵向分布间的信息模糊性程度是不同的，研究中试图探寻影响模糊性程度大小的组织因素。

（三）组织模糊性的调控机制——基于信息的组织网络理论及组织现场理论视角的分析

由于企业组织内的模糊性是客观的，难以通过企业文化、领导、心理上的组织认同等方式完全“去除”，所以需要探索对其调控管理的其他组织机制。

通过对组织模糊性的根源——工作情境的分析发现，具有同一个共享工作现场或情境的成员之间才能实现信息的共享式理解，因为共享的工作现场实现了“人、事、意义”的融合——工作紧密关联的员工之间由于信息相似、沟通顺畅而对共同的工作业务及组织制度有着相同的理解。

另外，企业信息的组织网络方面的研究发现，中层经理是企业信息网络中的关键节点，中层经理通过向部门或团队内外成员进行信息诠释及传递来影响其他成员的诠释与认知，因而对企业组织模糊性起到重要的调控作用。依据组织现场理论可知，中层经理对企业成员诠释多义性即模糊性的调控作用的前提条件是，中层经理与成员共享的组织现场或工作现场。所以，结合信息网络体系、组织现场理论以及中层经理作用的研究，探讨企业内具体调控模糊性的机制是本研究的主要问题之一。

综上，本研究要解决的关键问题是：企业组织模糊性的生成机理是什么？它在企业中的分布状况如何？能更好地开发、利用组织模糊性的组织机制是什么？企业内部能调控组织模糊性的机制是什么？

二、研究意义

本研究中，从人们对信息进行诠释的客观情境视角出发，首先，剖析了企业组织内信息模糊性的客观情境根源——割裂开的工作环节与工作现场；其次，借鉴社会学中的“关系主义”及“现场理论”提出：共享的工作现场是组织成员间有效地解决模糊性的关键。因此，围绕解决组织模糊性问题提出了中层经理诠释的关键作用，以弥补汤普森组织理论只关注组织内“不确定性”管理的不足，给企业提供理论上的指引及实践上的支持。

（一）理论意义

企业组织内的模糊性问题在早期的人际关系学派中就受到了关注，人际关系学派认为员工个体的认知与行为对企业组织有重要影响，并验证了员工的心理因素、面对的社会压力对生产团组的影响，但人际关系学派过于关注员工个体及其心理过程，将企业视为完全松散的、没有整体机制的组织，忽略了组织系统的作用及其社会过程；巴纳德则从整体企业组织系统的视角出发，提出了解决制约组织成员间协作及模糊性问题的方法——通过经理人员的沟通、道德责任赢得组织成员的广泛协作，更为接近企业组织管理的需要。

之后，巴纳德的组织系统思想产生了两个研究走向：

第一，领导力、领导风格的研究。旨在通过领导者的领导过程实现成员对领导及其所代表的整体组织的追随与协作，然而，Vroom 和 Jago（2007）发现领导与组织管理及组织绩效间没有直接的关系，认为领导只是一个“意义建构（释义）”的过程；领导情境论认为不是领导影响了组织成员及组织过程，而是组织结构及其中的组织成员关系决定了领导风格与领导行为。因此，领导行为对组织模糊性的组织管理作用是有限的。

第二，组织沟通或释义的研究。维克（2009）以意义传递、意义建构为核心提出了组织过程的管理理论，认为企业组织的本质与关键在于成员间的沟通及意义传递，从而形成企业组织成员间对组织目标及规则的共享意义或理解。但是，这种完全依赖于沟通、共享观念的组织管理方式很容易走向“文化管理、组织认同”的极端，忽略了企业组织中客观工作情境的作用，常常使文化管理、组织认同管理等组织管理实践陷入“文化空心、虚假认同”的困境。

对于上述困境，本研究借鉴情境—认知理论、组织现场理论、关系主义的社会学视角进行了以下理论上的尝试，以期拓展组织理论的研究视角与思路：

1. 试图解决组织过程管理中的另一个核心问题：组织模糊性管理

虽然巴纳德、Weick 都试图从整体系统出发建构组织管理的过程理论，但都没有涉及微观层面企业成员的决策过程。对此，汤普森的组织权变理论以企业成员决策过程为基础建构起了以“不确定性”管理为核心的组织管理体系，但是却忽略了决策论中的另一个核心问题——人们偏好的变化即模糊性问题。March（1978）认为，人们在决策过程中除了面临未来结果的不可预测即不确定性之外，还面临着自己偏好或欲望的变化即模糊性的影响，人们常常会根据当时的经历感受来明确自己的偏好即事后理性，但企业组织中对成员的激励制度却需要提前预设员工的偏好（如高收入、晋升等），这种提前固定下来的预设常常与成员变动着的偏好或欲望相矛盾，给企业组织的管理过程带来挑战。因此，企业需要寻找能影响成员偏好的途径，关注模糊性的管理。

因此，本研究试图建立起以“模糊性管理”为核心的组织管理方式——关注于信息组织体系中关键节点暨中层经理诠释行为的作用及组织条件，以有效地解决信息模糊性的问题，弥补汤普森权变组织理论中的不足。

2. 从成员的工作情境视角探析组织模糊性的生成机理，有助于在组织行为研究中引入工作现场这一客观因素，融合了行为研究与组织体系之间的裂痕

领导力与文化研究中出现困境的根源正是没有弄清楚企业组织内模糊性产生的根本原因，领导力研究中对组织模糊性的隐含假设是：领导对成员的影响力决定了组织模糊性的程度。认为通过领导对成员的影响、释义过程及合适的领导行为或风格可以使成员保持与领导的认知一致性，促进成员对领导的追随意愿，这显然忽略了企业组织内信息模糊性的客观必然性。

文化研究中对企业组织模糊性的隐含假设是：文化、价值观的构建与传递是企业组织整体结构的重要部分，为企业成员的诠释与认知提供了基本的、共享的认知框架或图式，成员会主动、自然地用文化或信念框架对信息进行诠释，认为既定的认知框架、文化信念的缺失是产生组织模糊性的原因，这显然也忽略了组织模糊性的客观必然性和情境依赖性。

领导力与文化研究中对企业成员的诠释及认知过程都进行了“被动式”假设，认为企业成员不是基于自己所处的工作情境对信息进行主动的诠释与认知，而是基于领导或文化信念提供的既定框架去诠释信息。这显然忽略并否定了人们诠释与认知的主动性及客观情境性，因而难以探究出组织模糊性的生成机理以及领导管理、文化管理出现困境的原因。

因此，在本研究中，基于人们主动、客观的情境—认知论，发现企业成员所处的客观工作情境——职位层级及业务流程特征是其诠释与认知的基础，也是成员间出现信息诠释差异即组织模糊性的根源，组织模糊性是客观的、难以去除的。

3. 中层经理诠释模式及产生作用的组织条件研究，将宏观层面企业组织体系的研究与微观层面成员行为的研究相结合，为两个层面的研究提供了连接点和新思路

从组织模糊性的生成机理和时空分布来看，它是企业层面的问题。因此，应该从企业整体的信息网络体系来分析模糊性的调控机制，但最终研究没有选取从企业整体层面的组织体系设计路径来探讨调控机制，而是从企业组织体系中的关键节点——中层经理诠释模式、诠释行为及其前提条件的路径来研究调控机制，以将企业层面的组织体系问题与微观层面成员的主动行为联系起来，既能更有效地解决调控机制的问题，又能避免在理论与实践中陷入“企业整体结构或成员个体行为”的任何一个困境或极端。在理论研究中，为企业整体结构观和成员个体行为观提供了通向彼此的途径。

4. 为领导理论、文化管理理论的研究提供组织管理系统的视角

现有的领导理论研究虽然从个体心理学上的人格特征论转向了社会学上的人际关系论，认为领导者与追随者或员工间的人际关系（如交换关系、信任关系）决定了领导力的大小，但是仅仅关注“人与人”之间关系的领导理论忽略了客观的“事即工作业务”间关系的作用。而“事”之间的关系不仅为领导理论，也为文化管理理论提供了客观的关系纽带，它嵌入在企业组织内的结构体系之中。因此，围绕企业组织中“信息流”管理的研究视角为领导与文化研究提供了客观的情境与关系纽带。

5. 为企业创新能力研究提供理论上的支持与借鉴作用

信息模糊性不仅是组织协作过程的核心问题，也是实现创新与变革的关键，因为信息模糊意味着企业成员间有差异性、多样性的信息诠释，有利于组织进行反思、学习及创新。同时，当前的创新管理研究已从单纯的技术创新转向了技术创新的复杂组织机制上，关注于企业组织过程对持续性创新的支持作用。因此，以信息模糊性管理为核心的组织体系与企业创新能力紧密相关，可以为企业创新能力的理论研究提供组织系统视角。

（二）实践意义

1. “诠释信息流”的管理和中层经理节点设置的新思路为企业组织结构设计提供了实践上的支持

信息技术的发展，尤其是互联网技术的广泛应用，使得企业组织内外主体间的互联互通成为常态，企业面临着更为剧烈变动的环境。对此，无论是依据钱德勒“环境—战略—组织结构”的理论思路，还是当前企业实践中的举措，都突出了网络化企业组织的必要性，松散的企业组织形式层出不穷——矩阵式组织、双元组织、虚拟组织、网络化组织、平台式组织、自组织等。然而，企业实践中仅仅考虑到这种网络化组织在应对环境变化时的优点，并没有考虑到“网络化组织体系建立过程中的关键问题是什么？设计网络化组织结构的原则是什么?”等问题。因此，实践中企业网络化组织建立中出现了各种信息流的问题，如谷歌在进行“去层级、组织网络化”的组织试验过程中出现了“工程师只忙于处理各种业务关系上的文件，而没有时间进行研发”的窘境，为此谷歌只是简单地制定了“7 个原则”——工程师每天办公桌上待处理的文件数量不能多于 7 个，但这并不能作为通用原理来指导企业实践①。因此，企业实践中亟须企业网络化组织结构体系建构中一般性原则的指导。

本研究中，将企业组织内信息模糊性问题作为组织管理的关键点，将组织视为一个处理“信息流”的有机体，认为组织结构设计过程中应该考虑企业内“信息流”的有效性原则，网络化组织更是如此。因此，本项研究的主要实践意义之一就是：对企业组织体系设计提供指导作用，使企业组织在剧烈变动的网络化市场环境中能主动地去管理、开发企业内外部的信息，而不是被动地应对网络化环境的震动。

2. 建立在信息流基础上的企业组织体系强调中层经理的诠释作用及其与成员之间紧密的工作业务关系，既为企业内部的沟通实践提供了客观的工作关系视角、提升沟通管理的有效性，也为中层经理在组织中的作用设置指引了方向

企业实践中常常需要通过沟通管理来形成组织内部协作系统，而沟通的本质是组织内信息流动的过程，然而信息并非客观的，而是人为建构的过程，即信息传递过程依赖于传递各方之间的人际关系（乔欢，周舟，2007），在企业中则表现为信息流动即沟通过程的有效性依赖于企业成员间的关系（如工作关系、人际关系等）。因此，本项研究中拟建立的以中层经理诠释作用为核心的企业组织信息体系为沟通实践中的“信息流”过程提供了保障。

3. 为企业领导实践提供了客观的工作关系思路，而非单一地依赖人际间的交换关系、影响关系

政治观视域下将领导界定为因利益交换需要而进行的“影响”过程（如

① 埃里克·施密特，乔纳森·罗森博格，艾伦·伊格尔．重新定义公司［M］．北京：中信出版集团股份有限公司，2015．

领导成员交换关系论)，实践中主张领导者通过与下属成员间的利益交换来使成员与领导保持一致。然而，领导情境论则认为领导是通过“意义建构即沟通、释义”来实现影响过程的。如前所述，沟通释义的有效性依赖于信息传递双方之间的客观工作关系，对领导的沟通释义过程而言，则依赖于领导者与下属成员间的工作业务协作关系，交换关系或某种领导行为（如家长式领导、道德型领导）难以实现有效的领导过程。因此，领导过程中最需要建立的是领导与成员间紧密的工作业务关联。

第三节 研究方法与研究内容

在整个研究过程中，根据研究目的、研究问题的需要及特点，采取了相应的研究方法，并安排了各章节的研究内容。

一、研究方法

研究中主要用到的研究方法包括：文献研究法、理论演绎法、案例研究法、质性研究法、定量研究法。

（一）文献研究法

在文献研究的过程中，研究者通过收集、查阅、分析各类文献资料，梳理出核心的概念、问题及理论，为进一步的理论研究做准备。研究中主要的资料来源有：中国知网（CNKI）、EBSCO、Wiley、Emerald、谷歌学术、百度学术等电子资源，还包括各类书籍、网络报道资源。

这些资源不仅为研究者提供了理论上认识企业组织模糊性问题的支持，也为研究者提供了现实中相关的企业实践现象和难题。通过文献收集及分析过程，研究者对组织模糊性问题进行了理论上的回顾、梳理及实践问题的提出。

（二）理论演绎法

理论演绎法是通过对组织相关理论的研究分析，运用逻辑推理的方式梳理出研究中需要的核心概念及假设。研究过程中，对于企业组织模糊性的概念界定及操作性内涵，组织模糊性的生成机理、时空分布特征及传递机制的研究运用了理论演绎法，建立起关于企业组织模糊性的初步理论框架。

（三）案例研究法

案例研究法是通过对典型案例的观察、被试的访谈等方式来获得数据资料，以构建理论框架或检验理论假设的研究方法。本研究中，用案例研究方法检验了工作情境对企业组织模糊性的影响过程，以探析组织模糊性的生成机理。

（四）质性研究法

质性研究法是通过定性研究的方式（如访谈、参与观察）所进行的整体性研究，通过归纳分析法整理资料、形成相关的理论，强调研究过程中与研究对象的沟通、互动，以获得解释性理解的一种研究方式。质性研究方法有助于研究缺乏理论支持的问题，为理论建构、量表初期开发做准备。本研究中运用质性研究方法对中层经理诠释模式的维度及量表的初始结构进行了探索，为后期的大样本量化研究做准备。

（五）定量研究法

定量研究法旨在通过大样本数据收集方式检验前期的理论假设，以进行假设检验、形成相关推论。在本研究的后期阶段，通过大样本定量研究方法分析并确定了中层经理诠释模式的量表题项（第五章），检验了有关组织模糊性调控机制的相关假设（第六章）。

二、研究内容

（一）研究内容的章节安排

整个研究过程从问题提出、文献综述、生成机理、量表开发、调控机制的理论探索与实证检验到结论及展望，一共分为七个章节进行阐述：

第一章 绪论。主要说明了与研究课题相关的理论背景及现实背景，并提出了研究问题，阐明研究意义、研究方法及内容。

第二章 文献综述。运用理论梳理、理论演绎的方法，对组织模糊性的概念及理论起源进行了界定和总结，以说明研究的理论价值；并对组织模糊性在组织理论中的研究状况进行了梳理。

第三章 组织模糊性的生成机理与调控机制研究暨理论模型构建。通过理论演绎对企业组织模糊性的生成机理、时空分布及其在企业信息体系中的连锁传递进行了分析，明晰企业组织模糊性的调控机制及相关组织条件，提出组织模糊性的生成与调控机制的综合研究模型。

第四章 工作情境对战略及组织制度模糊性的影响。通过理论分析及案例研究，论证了工作情境在组织模糊性生成过程中的关键作用。在对工作情境进行概念界定和维度界定的基础上，分别研究了工作情境对企业战略模糊性和组织制度模糊性的内容及程度大小的影响。

第五章 中层经理的诠释模式与诠释行为研究。首先，在理论上阐明中层经理是企业信息网络中的关键节点，这一节点的作用方式是战略与组织诠释，企业组织是一个诠释过程或诠释体系；其次，先通过质性研究探讨中层经理诠释模式的影响因素、维度及类型，再通过大样本实证研究明确中层经理诠释模式的量表结构与题项，为第六章假设检验中的变量测量做准备，也为企业中层经理诠释行为培训及指导工作做指引。

第六章 中层经理诠释对模糊性与组织绩效间关系的调控。首先，通过理论分析对组织模糊性的调控问题提出相关假设；其次，再通过大样本定量研究来检验相关的理论假设，分析后得出相关结论：中层经理合适的诠释模式及行为、中层经理与成员之间的共同实践集对组织模糊性起到共同的调控作用，两者越高则组织模糊性得到的调控越好，企业执行绩效与创新绩效越能得以提升。

第七章 总结与展望。对整个研究过程中主要的理论基础、研究结论进行总结，并进一步明确研究的理论贡献、实践意义及可能的创新点，最后提出研究过程中的不足、局限及未来的研究方向。

（二）研究分析框架

结合研究设计及研究内容，将本研究的整体思路、分析框架及技术路线总结如图 1.2 所示：

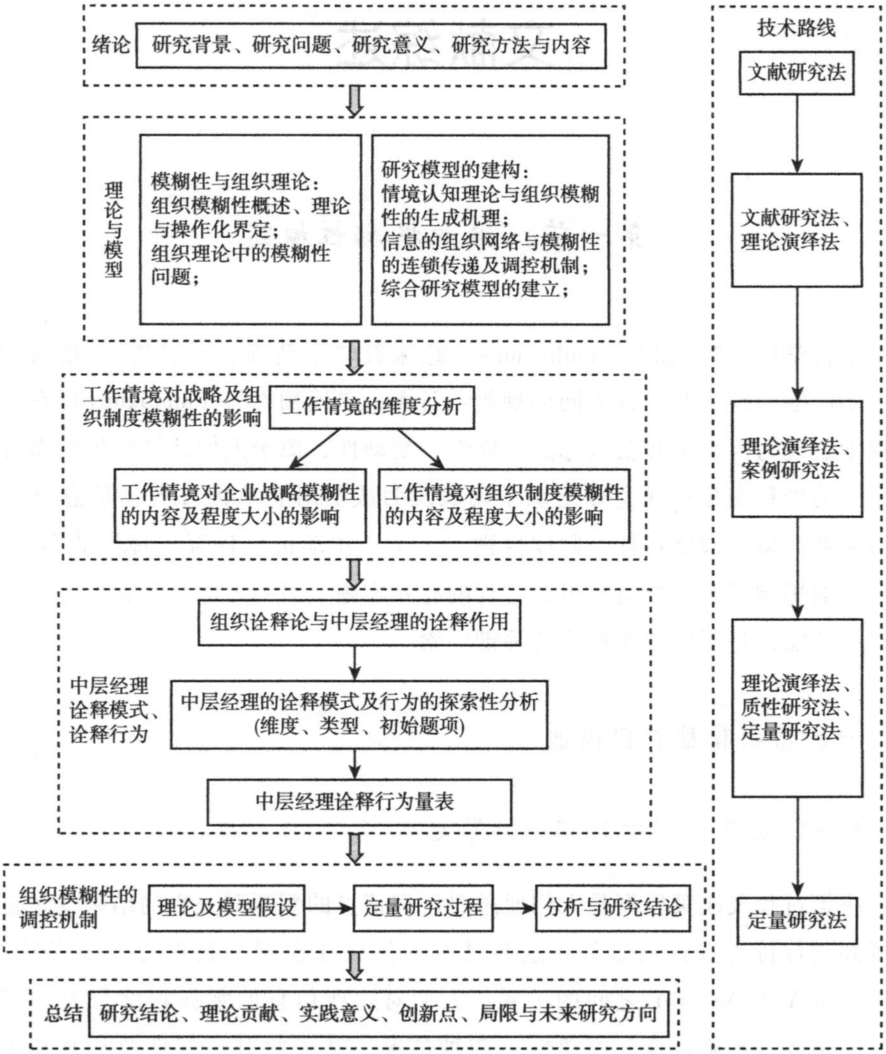

图 1.2 研究思路、分析框架及技术路线

资料来源：作者研究设计。

第二章

文献综述

第一节　组织模糊性概述

语言学中，“模糊”（ambiguous）意味着“不精确、不清楚”，指人们对同一个问题或现象有多种不同的理解与诠释。“模糊性”（ambiguity）在决策过程中表现为人们偏好及目标的多样性、变动性，源于人们认知情境的多样性而产生的诠释变化；在企业组织中则表现为成员对企业内外各类信息（主要是对企业环境及战略目标、制度规则、员工工作动机）诠释、理解的多义性，它一方面影响了企业战略与组织过程的有效实施，另一方面又具备促进变革与创新的功能，是影响组织过程的关键因素。

一、组织模糊性的内涵

（一）决策模型中的模糊性界定

决策过程及决策模型是人们通过对已有信息的判断对关心的结果变量进行预测并进行行为选择的过程，这些已有的信息在模型上表现为前因变量 Xi、结果变量 Y 及 Xi 与 Y 之间的关系，人们对这些信息的掌握程度分为“精确性、复杂性、不确定性、模糊性”四种情况，基于此对模糊性及与其相关的概念进行辨析，以明确模糊性在决策模型中的内涵。

相关概念辨析：精确性、复杂性、不确定性、模糊性：

（1）精确性：是指信息明确，各个决策者对信息的诠释与理解一致。决策者收集到 X 变量的信息后就可得出结果 Y，在函数上表述为：$Y = aX$，决策过程可以做到完全理性。企业战略决策中的“经济市场分析”逻辑，其隐含假设就是“环境的客观性、决策者的完全理性”，环境信息和分析工具的掌握比决策者的主观认知更重要，如波士顿矩阵、SWOT 等；在企业战略的组织过程中表现为企业可以通过对成员工作动机、需求的观察来设计成员的激励制度，将员工的行为引向为企业战略服务，即钱德勒的“战略—组织—行为”理性逻辑是完全可以通过组织制度实现的。精确性的核心是要素之间存在“函数关系”，企业及成员决策是“完全理性”的，显然，这种基于精确性的决策模型和组织过程是不现实的。

（2）复杂性：从本体论而言，复杂性是指事物的组成杂而多，强调“复”的多重多样；从认识论而言，复杂性是指事物的不可理解性，强调“杂”的无序性及不规则（黄欣荣，2004），而“复杂”源于多种事物之间的多重相互关系。在决策中复杂性表现为影响决策结果的自变量和因变量的数量是多个，即 Xi、Yi；且 Xi、Yi 间的关系是多种多样的；若 Xi 与 Yi 是线性关系，则在函数上表现为多元线性方程组：$Yi = f(Xi)$。复杂性的存在直接否定了企业战略决策的理性过程，战略的政治观认为企业成员内部的利益、政治冲突给战略决策带来了复杂性，Child（1972）在 Cyert 和 March 于 1963 年提出的企业行为理论基础上研究发现：企业经理人员出于自己部门利益的考虑在战略选择上会存在政治冲突，这种政治性冲突与选择形成了最终的战略，而不是波特等主张的竞争力分析后的理性决策。复杂性的核心是要素间关系的“非函数关系”，一项组织激励措施（如关怀型领导、绩效薪酬）不会精确而绝对地引导员工的决策及行为。March（1978）在组织决策理论中将成员决策过程中面对的复杂性分为两种：不确定性与模糊性。

（3）不确定性：不确定性指由于缺乏对事件基本性质的知识，人们对事件的可能结果了解不多，难以预测其结果（奈特，2011），即 X 与 Y 之间的关系式是一种概率分布，是大量个案统计后的概率规律，X 与 Y 之间不存在精确的函数关系。客观信息不完备是产生“不确定性”的原因，在“不确定性”约束下人们只能实现“有限理性”（Simon，1955）。March（1978）认为，不确定性是指决策者对当前行动的未来结果难以预测；组织的制度功能正是帮助组织成员缩减不确定性，以便于克服成员间的不信任和冲突从而实现成员们的快速选择及集体行动。基于此，战略的制度观认为战略的理性经济功能在复杂环境中虽然难以实现，但战略的重要性还体现为组织制度功能——为成员提供确定性以及时地进行集体行动。因此，确定性管理是组织的重要功能和设计依据。

（4）模糊性：在决策模型中模糊性表现为结果变量 Y 的变动性，指人们追求的目标、偏好在不断地变化，人们在决策时难以确定自己当前的目标或偏好是什么（March，1978）。结果变量 Y 的变动性（即模糊性）造成理性的决策模型及决策过程难以形成，实际的决策模型类似于一个“垃圾箱”——人们当前注意到、遇到、相信的事就形成了其当下的目标，目标及决策结果是随机、可变的（Cohen & March，1972）。模糊性的核心在于决策过程的主观性、人为性，比不确定性更为彻底地否定了理性的战略及组织过程，更为关注组织过程中成员的主观人为作用。

将前述相关概念的辨析总结如表 2.1 所示：

表 2.1　　　　精确性、复杂性、不确定性、模糊性的对比

	精确性	复杂性	不确定性	模糊性
决策模型	$Y=f(X)$	$Yi=f(Xi)$；$Xi=f(Yi)$；	$Y=P\{X<=x\}$	Y 是依赖情境而变化的
变量关系	X 与 Y 间有明确的函数关系	关系不确定；X 与 Y 间存在互为因果的关系	关系式是概率分布性的，不是函数关系	Y 是变化的、随机的
战略决策	理性决策；战略的经济作用	战略在组织内部的分类、分层	有限理性的战略决策	战略目标的符号及组织作用
工作动机	动机模型	工作动机多样	激励不一定能满足动机	诠释、引导工作动机

资料来源：作者根据相关文献整理。

（二）组织决策理论对模糊性的认识

Simon 和 March 的组织决策理论将组织理论从宏观、有形的组织结构及原则的研究引向微观的组织成员决策行为的研究，认为组织成员是决策的主体、时刻在对自己周围的信息进行诠释与决策，信息的不确定性及模糊性决定了组织成员的决策过程及行为选择。因此，组织管理过程及组织举措依赖于对成员面对的“不确定性”及“模糊性”的管理。

1. 垃圾箱理论刻画了模糊性在组织中的表现及形成过程

“模糊性”在决策模型中表现为人们目标、偏好的变动性，Cohen 和 March（1972）的垃圾箱理论认为，组织成员目标、偏好的形成依赖于成员在具体情境中看到、听到、理解到的信息，这些信息进入组织成员诠释与认知的过程就像垃圾进入垃圾箱的过程一样随意，没有任何事先预测和理性的安排。因此，具体情境决定了人们对信息的诠释内容与方向，形成了成员目标、偏好的变动性和随机性即模糊性。所以，组织研究与实践中需要关心的是决定信息进入成员认知过程中顺序的因素，即什么因素决定了成员“注意到什么、如何诠释与理解的”，并以此为基础采取相应的组织举措。

2. 组织政治观认为组织成员各自的利益、角色、权力因素决定了成员们注意的内容、诠释的方式以及其相应的决策和行为

在企业的战略决策过程中，Child（1972）的研究发现，企业各经理人员出于自己部门利益的考虑在战略选择上存在政治冲突，进而形成了存在政治性选择的战略决策，所以战略决策并不是理性的、经济有效的结果；Barasa 等（2016）的研究也发现组织结构形成了成员间角色、权力的差异，进而造成了成员间的目标差异及冲突；Smircich 和 Stubbart（1985）主张企业战略的实现依赖于各级经理人员之间及其与员工之间的诠释与沟通，而不是严格有形的正式组织制度。

综上，组织决策论中的模糊性是指由于人们所处的情境差异及信息诠释的主体性，对同一现象存在多种诠释与理解，形成各种不同的目标、偏好，制约着信息沟通及组织系统的有效性。因此，组织管理过程中应该侧重于意义管理、沟通管理。

（三）组织模糊性的内涵

与上述组织决策论中模糊性的一般概念相比，企业组织模糊性的诠释对象可以具体化为“企业目标及组织制度”，表现为企业成员对企业环境、目标、组织制度、个人工作目标或动机等的不同理解或诠释，包括以下五方面的要点：

(1) 组织协作系统观是企业组织中模糊性问题的思想源泉。目标差异性思想最早隐含在巴纳德的组织协作系统观中，巴纳德认为企业是一个由成员们之间协作而成的组织系统，获得企业成员的协作意愿（无关心圈）是经理人员的管理责任，其中隐含着目标"模糊性、多义性"的假设。

(2) 组织模糊性表现为企业成员对企业目标、手段诠释的多样性，会形成"有组织的混乱"。March（1978）等学者最早明确提出组织中的模糊性问题，并将其界定为"组织成员对组织目标、个人目标的偏好间的不一致性，以及成员对实现目标的手段——组织制度的认知诠释差异"，认为组织模糊性是企业中的常态——成员对企业目标及组织的认同是偶然的，不认同是常有的，这形成了企业中"有组织的混乱"。

(3) 组织模糊性问题及"有组织的混乱"的应对，不能依赖于超凡领袖即魅力型领导的作用，而需要组织过程的管理——沟通、注意力、诠释及意义管理。March 等认为，模糊性是企业中长期存在的问题，难以消除，因为在人们对自己的目标偏好不清楚时，其决策受当时现场情境中"关注到什么、提到的方案、显现的问题"的影响较大（斯科特，2011）——即情境性决策，这种决策或目标选择是不稳定的、易变的、形式上的，因此企业管理层所选择的集体目标和制度只是一个象征性符号，只是提供了成员间沟通互动的理由而已，所以企业组织模糊性问题是长期存在的，需要过程式的组织管理，而不是偶然的领导宣传鼓动或一次形成的正式组织结构。

(4) Weick 将组织模糊性界定为"组织成员对组织目标及规则诠释的多义性"。Weick（2005）将组织界定为成员间通过互动沟通形成共享信念、共享规则的过程即组织的过程观。显然，Weick 的组织观与卢曼（Luhmann，1984）的组织社会系统论观点相似，卢曼认为组织成员间对环境信息的判断、理解即意义界定不同，组织需要通过成员间的互动、沟通来实现各种不同诠释或理解的整合，以形成共享认知、相似的意义诠释，进而实现组织成员间的协作及组织的社会系统。这里，Weick 与卢曼都只是将"诠释多义性即模糊性"作为组织社会系统建立、成员间沟通必要性的既定前因，而没有探讨成员间模糊性的生成机理和调控机理，只是简单地基于模糊性或诠释多义性的存在而强调了“沟通、释义、意义建构”的重要作用，对于如何进行组织内的沟通和意义建构并未做深入探析。

（5）组织模糊性不仅带来“混乱”，还促进创新与变革。马奇和西蒙（2013）认为，企业成员间的诠释多义性是“备选方案”的源泉，模糊性信息促使人们进行“机会搜寻”，有利于企业创新；Weick（1979）认为，模糊性带给人们进行反思的压力，而这种“反思能力”正是知识创新的前提条件（竹内弘高等，2006）；Van de Ven 等（2013）也认为“模糊性”是创新过程的根源。

综上，组织模糊性①是指：在企业这一协作式组织系统中，企业成员由于所处的具体情境不同，彼此之间对企业目标、组织制度、工作动机等方面的诠释理解是多样的、有差异的，这使得企业目标及正式制度成为象征性的存在，一方面形成企业中的“混乱”，另一方面促进互动沟通及相应的创新与变革，需要通过沟通、注意力、意义管理等组织过程来进行管理。

二、组织模糊性的理论根源

理性决策论隐含两个假设：（1）当前行动的未来结果（Y）是可预测的，即不存在“不确定性”问题；（2）未来结果（Y）的参照系、偏好或价值是可预测的，即不存在“模糊性”问题（Thompson，1967）。针对第一个假设的局限性，Simon 提出了“不确定性”及其限制下的“有限理性”决策理论，却忽略了第二个假设中的“模糊性”问题。“模糊性”是指人们对未来结果的偏好、诠释与估值的不可预测性（March，1978），在决策中表现为因变量 Y 本身的变动性，它会导致人们对信息的诠释差异，使企业中产生组织成员对企业目标及制度、员工动机的诠释差异。因此，“有限理性”决策论不能涵盖“模糊性”。

（一）有限理性与不确定性

“有限理性”论认为，人们的决策行为主要面临着“不确定性”的限制，

① 本书中的组织模糊性仅指企业组织内部成员之间的诠释多义性，不包括企业外部存在的模糊性关系。后续章节中的“模糊性、企业模糊性、组织模糊性”具有同样的内涵。

因而人们会开发、形成一些决策程序（如图式、知识等）来处理信息并进行决策，遵循“满意”原则，可以实现基于“有限理性”的决策（Dahl，1957）；不确定性是人们决策信息、知识的不足而导致的对未来结果的不可预测性，因而人们常常进行信息的“本地搜索”（Forgas & George，2001）。

面对“不确定性”，成员需要企业组织提供明确可信的“决策程序”。因此，此时企业组织管理的重点在于为成员提供“决策程序”，包括明确的战略、制度及规则。伊丹敬之（1992）认为，企业的战略只是企业成员遵循的“行动指南”，具体的操作性和经济有效性并不高，战略的制度功能在于缩减了成员决策中的不确定性以帮助成员进行决策、实现成员间的集体协作，包括高层的“战略图式与愿景”、中层的“战略共识”；组织管理中注重观察企业成员的“决策程序——即动机模型”，以制定相应的组织制度。再者，致力于研究正式组织有效性的行政理论认为，正式组织中的制度和规则为组织成员缩减了成员间的行为不确定性，提高了成员间行为的可预测性，即不确定性的应对是正式组织存在的必要前提。

显然，不确定性及有限理性理论论假设下，企业成员只面临着不确定性的约束，仍然可以遵循理性逻辑拥有清晰的、可观察到的“决策程序”；而现实中企业成员还时刻面临着“模糊性”的约束，事前并没有清晰的目标及“决策程序”，组织管理过程中需要对成员面对的各类信息（如战略、制度）进行诠释、理解方向的引导，忽略了模糊性管理的组织理论与实践常常陷入战略及组织管理的困境。

（二）有限理性论的疏漏：基于主体间诠释多义性的组织模糊性

有限理性只考虑了“不确定性”约束下的决策过程，而没有考虑“模糊性”条件下的决策过程。模糊性在组织中体现为各成员主体间的诠释认知差异，现实中时常呈现为决策与认知的事后性（March，1978）。由于人们的目标、动机、偏好往往并不是事前确定的，其决策也时常是不连续、不稳定的，所以人们行动中常出现无意图、无明确目的的现象，如“没有事前的认知与决策、按直觉行事、事后理性”（March，1978）。如战略决策过程中经理人员的直觉、员工动机的事后回溯等（Weick，2005）。

由于有限理性理论对模糊性问题的疏漏，往往造成遵循理性逻辑设计的组织制度，常常与员工真实的或事后的动机相矛盾，企业难以管理成员之间对战略目标、工作动机的认知差异，导致战略目标偏离、员工工作意愿减退等结果。由此可见，组织中的模糊性是成员对外部环境、组织目标、作业制度及诱因与激励等方面的诠释认知差异（March & Simon，1958），是“决策—行为”偏离状态的关键因素，也是组织管理的核心问题。

第二节 各种组织理论对组织模糊性的认识与处置方式

斯科特（2011）将组织理论分为“理性、自然、开放”三个阶段或类型，“理性组织论”将组织视为实现企业战略的工具即组织工具观或技术论，追求的是战略及组织决策中的“精确性”——经济有效的明确战略目标及对员工有效控制的组织结构，完全“去除或忽略”了组织中的“模糊性”；“自然组织论”承认组织成员作为自然人多种多样的工作动机，其中的人际关系学派旨在对员工动机需求的逐个满足与激励，“放大”了企业组织中的“模糊性”——任由成员需求多样化的发展；“开放组织论”也关注于组织成员多样化的偏好或动机，但认为组织作为成员间的协作系统，需要的是对成员偏好多样性、诠释多义性即“模糊性”的“引导与开发”，而不是极端的“去除”或“放大”。

一、理性组织论对组织模糊性的“去除”

理性组织理论主要包括泰勒科学管理中作为任务管理系统的组织、法约尔的组织原则论、组织结构论，强调整体、理性的正式组织的作用，完全忽略了组织各成员多样且变化的目标、偏好或动机，旨在通过组织控制的方式来“去除”企业组织内的模糊性问题。

（一）作为任务管理系统的理性组织论与模糊性

19 世纪末 20 世纪初，工业革命的典型特征是“大规模生产”——集中的工厂体制代替了分散的家庭作坊，蒸汽机带来的生产动力与技术变革为大工厂制提供了产能基础，铁路运输及通信技术的进步则为大工厂制提供了市场条件。然而，成员众多、工序复杂多样的工厂制却给企业内部协调管理带来了巨大的挑战，一直得不到有效的解决，人们对"如何管理大型企业"的争论持续不断。在各项争论中，以工作任务及流程设计、任务绩效标准设定的测量方法为核心的科学管理思想逐渐占据主流，以泰勒为代表；由于只关注于企业中的生产制造环节，因此，科学管理中的组织旨在解决封闭的生产系统中的协调问题；由于没有关注到企业更大范围的、其他部门的活动，因此，假定其他部门的活动是既定的，假设连接外部市场的销售部门的销售量是稳定不变的，即稳定市场中企业组织管理旨在实现既定的生产目标。为此，企业组织过程中以整体的战略目标决策代替成员个体的目标决策、以整体的经济效率动机代替成员个体的动机偏好，认为成员在个体决策中以企业整体战略为目标、以获得最大经济收入为动机，这显然忽略了成员目标及动机偏好的变动性和多样性，即忽略了企业组织内的模糊性问题。

1. 任务管理系统的产生

相比更早的、19 世纪中期的工厂管理，任务管理系统无论在思想理念上，还是在实践操作上都有较大的进步。在管理理念上，更早期的工厂管理中将工人视为消极懒惰的，认为"饥饿的工人才是最好的工人"，工人是迫于生活压力、迫于生计才去工作的，一旦收入提高、经济宽裕就会肆意挥霍时间而不愿努力工作。因此，在管理方式上常常将工资报酬设定在较低的水平上，即使实施计件工资制度以期激励工人努力工作，但也因为企业主常常提高绩效标准以维持较低的工资率而形同虚设，常常导致工人集体的报复或怠工，劳资冲突频繁出现。相反，泰勒作为基层车间的技术工程师及主管，深刻理解并同情工人的想法及其对企业主的抵制情绪和原因，认为工人们"磨洋工即怠工"分为系统性的和本性的两种，前者是源于不合理的组织管理方式（如前述形式上的计件工资制），问题的责任在于企业管理方而不在于工人，后者则源于员工个体行为因素，管理的任务则是消除"系统性磨洋工"①。

---

① 雷恩等．西方管理思想史［M］．孙健敏等译．北京：中国人民大学出版社，2009.

为了消除系统性磨洋工问题及劳资冲突问题，进而实现劳资双方真正的互利共赢，泰勒提出了科学、透明的工资率设定方法。泰勒①认为，当工作任务经过科学的测量、设计、规划后，关于工人是否努力工作、应该获得多少工资报酬就不会再有争议了，正如他谈道："透明科学的工作任务分析及设计之后，如果再有争论，那就如同争辩太阳在何时何处升起和落下一样毫无意义了"。显然，任务管理系统中的组织管理指的是工资制度制定的公正性、透明性，强调客观规则在组织中的作用——为成员提供"确定性"，此时，企业员工的需求、目标是明确而稳定的，不存在模糊性。

基于上述理念，泰勒提出了全新的任务管理系统，包括四方面的内容：(1) 工人任务分析与设计：通过工时研究来观察并分析工作任务，制定工资率或绩效标准；分析后再对工作任务进行流程组合及分工设计；(2) 计件工资制度：当员工的业绩超过标准时可以获得超额的奖励，而没有超过的员工只能获得基本工资；(3) 绩效工资制：按照绩效付给工人工资，而不是职位或出勤；(4) 职能工长制：车间中的工长（或主管）分担了高管（经理人员）对于车间的管理职责，负责车间中的各项管理，这样，职能工长具有基于知识的权威，而不是基于职位的权威，因此容易使工人接受相应的工作任务安排及工资制度②。

2. 任务管理系统组织论的特点

(1) 追求内部经济性、注重对组织的控制。

20 世纪初的市场环境中，企业赢得竞争的关键在于快速生产的低成本优势，最核心的是生产制造部门，面临的主要是生产技术及工人短缺的问题，关注既定目标的实现，注重投入产出比，追求内部生产的经济性及对工人的组织控制。

对于生产技术及流程的改进，企业依赖于雇佣的工程师。工程师不仅包括能生产制造、改进、维修车间设备的纯粹技术人员，还包括能改进生产制造组织流程的工业工程师，最好还懂会计记账、成本核算，也能监督、协调工人的

① W R. 斯科特，G F. 戴维斯．组织理论：理性、自然与开放系统．高俊山译．北京：中国人民大学出版社，2011.

② 雷恩等．西方管理思想史［M］．孙健敏等译．北京：中国人民大学出版社，2009.

现场工作。因此，企业车间主管是集“工程师、会计师、领导者”于一体的特殊人才。因此，工程师主导的企业组织注重对业务流程和成员的控制，旨在去除模糊性，保证不确定性。

（2）假设企业目标稳定，生产系统旨在实现既定的目标。

由于当时供不应求的市场环境，企业只需要按时保质地生产出产品即可获利。因此，企业整体的目标是稳定的，企业内部主要关注的是生产部门的管理问题，组织技术流程是实现产量目标的理性工具。企业内部最重要的是生产系统的流程改进与工人的执行意愿问题，企业生产系统是企业内部组织问题最多的部门，泰勒的任务管理系统显然最为合适。任务管理系统之所以没有考虑更大范围的企业其他部门的组织管理问题，正是因为其隐含着对“企业既定产量目标”的假定，组织管理中只关注于“如何更有效地组织工人进行生产”即可。

（3）将科学透明的流程及任务设计视为解决争议并获得员工协作意愿的组织方式。

虽然后人认为泰勒的科学管理思想留下来的是纯粹的工业设计“技巧”，如工时研究、动作研究、工作分解分析等使工人僵化行事的技术，但往往忽略了泰勒开启这些“技巧”的初衷（尽管不一定实现）——通过流程改进使劳资双方共赢，从而获取工人的工作意愿及协作意愿。泰勒制关注于科学透明的流程、任务设计的背后，是将工人的协作意愿放在第一位的。泰勒秉承的是早期管理思想家亨利·瓦·普尔的管理理念：最有价值的工人是自愿的工人，员工是出于主动性的责任而努力工作，而不是被动性的经济压力及监督压力。尽管他的任务管理系统被贴上了科学管理的标签，走向了与初衷相反的僵化技术方向，但仍然不能否认任务管理系统中的“现代组织思想”烙印。

3. 任务管理系统组织论中的现代组织思想

现代组织思想源于巴纳德的企业协作系统论，将“目标、沟通、协作意愿”作为组织的三个要素。任务管理系统也暗含了这些组织要素，如企业与员工间的互利原则、职能工长制、旨在使劳资双方共赢的任务流程设计，都隐含了沟通及获得工人协作意愿的组织过程。泰勒认为，管理的任务是为工人找到最适合的工作，帮助他们成为一等工人，激励他们做到最好（雷恩，

2009)，科学客观的流程是获得工人“协作意愿”的主要方式。这种寄托于客观流程与规则的“沟通”方式虽然忽略了信息传递中人们的主观“建构性”，但也隐含了信息传递与沟通的组织思想。

“职能工长制”旨在将高管对基层车间的管理降到离工人距离更近的车间现场，在组织沟通方面更有效。虽然泰勒的任务管理系统中没有明确的“沟通”要素及相应的管理举措，但“职能工长制”起到了较为有效的组织沟通作用，因为各个“职能工长”身处车间基层内部，更了解基层工人的工作状况，与工人进行作业流程制度、规则及业绩方面的沟通反馈更有效，而企业车间以上层级的工厂主或其他高管由于远离车间工作的现场，主要采取的是控制、监督的管理方式，在向工人传递同样的流程、制度、规则及业绩反馈也没有车间内的“职能工长”更有效、更能获得工人的认同与理解，二者的比较如图 2. 1 所示：

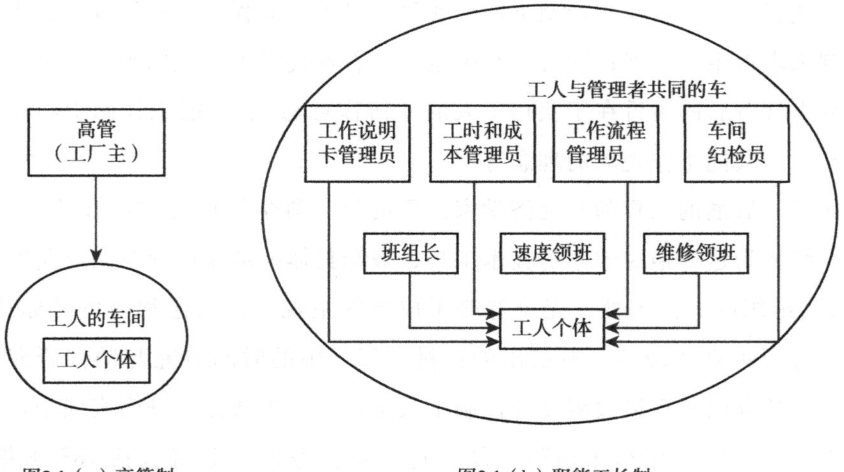

图2.1（a）高管制　　图2.1（b）职能工长制

图 2. 1　高管制与职能工长制的工作现场对比

资料来源：作者参考《西方管理思想史》整理并设计。

在图 2. 1 中可见，图 2. 1a 中的工人与企业高管的距离较远，工人所属的车间是企业高管难以涉及的场所，高管对基层工人采取的是自上而下的正式权力控制与监督，双方是完全对立的姿态。而在图 2. 1b 中，组成车间内部“计划部门”的各个职能工长承担着原来高管或工厂主的职责：“工作流程管理员”制定工作的流程并对各级工人、机器应承担工作进行指示；“工作说明卡片管理员”提供工具、原料、计件工资率、额外奖金和其他操作说明的书面信息；“工时和成本控制管理员”负责分发工时记录卡，记录花费的时间和消耗的成本，并确保回收这些数据；“车间纪检员”负责记录每位工人的优缺点，调解工人间的矛盾，并挑选和解雇工人；“班组长、领班”负责监管具体的作业操作过程（雷恩，2009），显然，围绕工人个体的协调、管理工作的本质没有变化，不同的是协调管理的主体与工人距离更近了，犹如当今倡导的管理“下沉”一样使人力、财务、行政等管理职能下沉到基层员工身边，此时的车间是工人与管理者共享的工作现场，双方对规则有着共同的感知，车间工人的协作意愿、工作意愿明显提高。

4. 任务管理系统组织论对组织模糊性问题的忽略

从上述可知，作为理性组织论的任务管理系统，其产生有着相应的大规模生产时代背景，大规模生产制下的企业只能以生产流程与技术的改进、生产过程控制来求得生存发展；同时，其中也存在着现代组织管理思想，如科学客观的流程设计背后的主旨在于获得工人的“协作意愿”、职能工长制中隐含的管理者与工人共同工作现场的理念等。

然而，后继的工程师和经济学家注重的只是科学管理的“小技巧”，任务管理系统成为达到绝对效率的技术工具，极端具体的动作设计及相应制度旨在“去除”组织内的模糊性，完全忽略了成员的主观协作意愿和个体目标选择。正如马奇和西蒙（2013）所指出的：科学管理中的时间研究与动作研究旨在通过规定任务以实现最大限度地控制工人个体的行为选择，进而实现企业整体的动作经济。如“用车床切削零件”这一项任务的指令就包括 183 项指令，极度地限制了工人选择操作方法的自由，这显然是将企业整体上追求的生产效率目标强加在了成员个体的决策中，认为工人也是以生产效率最大化为个人目标的；而在对成员动机的设定上，以效率工资制度为核心的科学管理组织方式显然假设成员以“收入”为动机偏好。这些假设与限制显然与事实上组织成员个体决策过程不相符，实际上人们的目标、动机、偏好会因具体的工作经历或情境而不断变化。因此，企业中时刻存在着成员间目标、偏好的差异化及多样化，模糊性问题不能被忽略。

（二）基于管理原则的组织理论与组织模糊性

法国企业家、工程师亨利·法约尔继承了麦卡伦在铁路企业中的管理原则论，认为组织管理依赖于一系列的正式制度及原则。

法约尔从企业整体来考虑组织管理问题，他认为管理并不仅是设计制度和方法来提高生产速度（如同科学管理一样），而是对组织的生产、销售、融资及会计职能进行有序的安排和整合，管理不仅是技术活动，还是社会组织活动（雷恩，2009）。最终，他根据自己多年的高管经历总结出经典的 14 条管理原则，包括：工作分工、权力、纪律、统一指挥、统一领导、个人利益服从整体利益、报酬、集权、等级链、秩序、平等、稳定的员工任期、主动性、团结精神 14 个管理原则。

与泰勒的任务管理系统只关注于生产部门不同，法约尔关注到企业内部所有的部门，从企业组织整体的视角来考虑组织管理问题。统一指挥、统一领导等级链的原则中强调的是为保证方向一致性及协调性而采取的举措，使得每个员工都只听从唯一一个上级的指挥和领导，而不像泰勒的职能工长制所设置的多头指挥；等级链原则中所强调的是融合横向与纵向沟通汇报关系的组织信息流向图，每个职位上的成员都处于纵向的权力关系之中，负有上下级沟通的职责，同时也处于横向、平等的职能结构之中，可以灵活地越过上级而进行平级间的沟通协作，即横向的“跳板”原则。法约尔扩大了泰勒的企业组织范围，将组织管理的视野扩展到了整个企业组织，涵盖了企业所有的职能部门与层级职位。

但是，与泰勒的任务管理系统相同的是，原则论也将企业组织视为实现既定的企业目标的“工具”即理性组织论，假设企业有明确而具体的目标，更为强调组织是一个正式化的设置结构、制定规则的过程，重视组织正式化，而无视组织成员多样的信息诠释与认知。因此，可以说，各类强化正式组织体系的管理原则也旨在“去除”组织内的模糊性。

西蒙通过对这些管理原则的一一考查，发现许多原则是成对出现的，进一步地分析则会发现它们之间是互相矛盾的。而有些原则要么缺乏具体性，要么只是提示了一种“虚化的简单性——掩盖实质上的含混的表面上的简单性”

(斯科特，2011)。虽然法约尔也提出了“计划、组织、命令、指挥、协调”的管理过程（要素），但这些只是对管理过程的描述性总结，即只是说明了管理过程具体是什么、包括什么（What 的问题），并不能告诉我们管理过程为什么是这样的、为什么包括这些过程（Why 的问题），出现这些问题的根源正是对组织内模糊性的忽略和去除、无视成员主观诠释及认知作用的缘故。

（三）组织结构论与组织模糊性

Hanks 等（1993）认为，组织结构是指企业组织对员工的工作职位或角色进行的正式设置，以及对跨职能、跨部门的组织业务流程进行整合的协调机制。组织结构是用来明确企业内部纵向汇报关系（即层级）与横向分工关系（即职能）的显性、有形的管理方式，它将法约尔的各项组织管理原则予以制度化，是一种更为正式化的组织观。

企业组织的结构管理及图示法在早期的大工厂生产时期就存在着，尤其是在铁路企业中更为普及。因为在铁路企业中，员工地理位置分散，但对员工作业间的紧密配合要求却较高，此时，需要的是促进协作的严格纪律或组织原则，为此，麦卡伦制定了一套非常详细的组织细则来确保员工间的分工与协作关系，还制定了全面的规章制度来限制个人随心所欲地从事工作的权力，并将这些分工、协作关系及权力关系绘制成了树状的组织结构图以明确汇报关系，他认为工人应该服从正式的权力网络，注重基于个人责任的控制系统（雷恩，2009）。

麦卡伦的组织结构法及正式组织方式对铁路企业内部的组织有效性及铁路事故的有效管理起到了关键的作用，因此得以在其他企业普及开来。随后，泰勒的职能工长制也进行了“职能”岗位、“参谋”岗位设置的结构性尝试工，希望用正式制度化的方式来确保其效率工资制的开展。之后，泰勒的职能工长制因违背了“统一指挥”原则、容易出现“多头领导”得以改进，形成了最初的最简单的组织结构：直线职能制；随着环境的变化、企业变革的需要，逐渐出现了“事业部制、矩阵式结构、流程型组织”等组织结构的变形。显然，组织结构的这些有形的形态是组织理论的重要内容，不仅为人们描绘了具体的企业组织形象，也提供了一种高效的管理工具。

组织的结构论还关注于组织结构的某些形态特征，如规模、集权化程度、正式化程度、专业化程度、层级数、决策参与度等，并据此来判断企业组织的有机化程度（或机械化程度）（Bacharach & Aiken，1979）。显然，集权程度越低、层级数越少、决策参与度越高，则说明企业组织结构越是有机的、灵活的，Pierce 和 Delbecq（1977）认为，这种有机的组织结构使企业对环境的适应、变革能力变强；此后，越来越多的研究将组织结构作为组织学习、知识共享、创新的前因变量进行研究，认为组织结构在企业成长与发展过程中起着关键的作用，如 Pertusa - Ortega 等（2010）认为，集权程度较高的组织结构不利于基层员工多样性思维、知识的提炼与扩散，抑制了企业知识的储存量与创新变革的能力，Jansen 等（2005）认为，正式化程度较高的组织结构下员工只能按照既定的规则处理问题，不利于员工向外学习、吸收新知识，因而抑制了企业的组织学习能力及创新能力。

国内学者也进行了类似的探索，孙永风、李垣（2007）在对转型经济下中国企业创新行为的研究中得出了与国外研究不同的结论，发现正式的、集权的组织结构有利于中国企业资源的集中利用及创新决策效率的提高，有助于企业进行高风险的探索性创新；李忆、司有和（2009）在对企业组织结构与创新关系的研究中发现，组织正式化对探索式和利用式创新都有促进作用，而组织集权化不利于探索性创新。显然，组织结构的特征形态论追求的是一种“组织理性”，即通过组织中有形的制度、规则来实现企业的目标、效率及创新活动。

然而，上述组织结构及形态论只关注了企业内的制度、规则即组织理性，而忽略了组织中的“实体——人”的作用即实体理性，同时，这种组织结构观和法约尔的组织原则论一样，只是描述了组织是什么（What），并没有解析组织为什么是这样的、组织结构背后的设置规律是什么（How）的问题。

总的来说，前述三种组织论（作为任务管理系统的组织论、作为管理原则的组织论、作为组织结构的组织论）都忽略了组织内的模糊性，采取各类制度与规则代替成员的诠释、认知及决策，以控制、去除成员多样化的目标诠释。这种无视组织中成员主动认知、去除模糊性的组织观无法理解企业组织中的非理性行为及整体的“目标替代”，也就无法解决相应的组织实践问题。

二、自然组织观中人际关系学派对组织模糊性的“放大”

自然组织观将企业组织视为一个社会群体，而不是实现企业目标的理性工具，主张依据组织成员的行为特点来制定组织管理的措施，核心特点是“目标的复杂性和组织的非正式化”。自然组织观主要包括人际关系学派和巴纳德的组织系统论，旨在满足员工个体动机需求方向的人际关系学派“放大”了组织内的模糊性，而主张经理人员沟通以促进组织成员协作的组织系统论则“引导”了组织内的模糊性。

（一）自然组织观的核心特点

斯科特（2011）在对自然组织观进行总结时强调，“目标的复杂性和非正式组织”是其核心特点。目标复杂性是指组织的目标不仅是“宣称”的客观理性目标，还包括组织成员行为结束后形成的“实际”目标，这两种目标常常是有差距的。这种差距形成的原因在于组织成员各自对信息诠释、决策及行为的差异性难以被正式理性的组织方式“去除”掉。显然，目标复杂性的观点承认了组织成员对信息诠释、认知的多样性，正是诠释多义性即模糊性导致了企业宣称的目标难以实现。非正式组织则是人际关系学派的核心观点，关注于成员个体的心理及行为特征、成员间的人际关系特征对组织理性目标及正式组织过程的影响作用，反驳正式组织对成员个体行为特点的忽视。显然，自然组织观承认组织中存在的模糊性问题。

（二）人际关系学派的观点与走向——对组织模糊性的“放大”

早期工业社会学的先驱怀廷·威廉姆斯（Whiting Williams，1878—1975）通过参与式研究发现，工人们很注重人际间的社会互动与对比，工人需要社会归属感，作为管理层代表的监工与工人之间的良好人际关系对员工具有正面影响（Nelson & White，1988）；之后梅奥主导的霍桑试验发现：员工间存在着非正式组织即群体行为并形成“公平工作量”，为强化这种集体规范，成员们采取了一些纪律措施，如嘲笑、讽刺和“给一下——在那些讨厌的人的上臂上用力打一下”（雷恩，2009），非正式组织是对工人的行为和情绪进行控制的一种工具，是影响工人工作行为及效率的关键因素。

1. 梅奥提出了反驳理性组织论的三个核心观点

（1）员工不是完全经济理性的，经济收入不是员工工作的唯一动力；（2）社会人假设，工人不是孤立的个人存在于企业组织中的，而是寻求加入非正式群体；（3）完全正式化的组织方式及职能专业化不一定能为组织带来效率（Whyte，1956）。

非正式组织论完全颠覆了之前的理性组织论，理性组织论认为通过企业组织中的结构、制度及工作流程设计可以约束或控制企业成员的行为，强调的是布朗所主张的“个体努力行为之前先要有组织”，这一点却被批判者认为是极端的“没有人的组织”，即完全忽略了组织成员的作用（Yoder，1948）；然而，非正式组织论则强调了组织成员的作用，认为企业中员工个体的行为特点及个体间的非正式人际关系主导着企业组织的运转（Haveman，2001），如塞尔兹尼克发现的“目标替代”现象、组织由手段变为“目的”的现象（组织的存在不是为了实现之前的特定组织目标，而是为了组织成员有个归属的群体，如行政组织）。然而，本尼斯（Bennis，1959）即将这种只关注于成员个体需求及满意态度的现象称为“没有组织的人”，对人际关系学派提出了批判。

2. 纯粹人事管理技巧对组织模糊性问题的“放大”

人际关系学派之后的发展一度陷入了纯粹的“人际关系技巧”中，人们将领导风格、新型领导角色培训、激励、人际关系技巧作为人事管理的核心职能，认为这些人际关系技巧就像科学管理中的“效率技师”一样对企业中的组织问题能一蹴而就。

人际关系技巧在发展的初期受到了企业界的广泛欢迎，正如阿吉里斯（2007）所谈到的：管理人员大力宣传梅奥的人际关系及非正式组织论，无论什么会议都会有人际关系学派的相关议题，人际关系及非正式组织思想成为企业所有问题的万能药。如梅奥的访谈计划结束后建议企业对监工即管理人员进行领导风格的培训，使管理人员能倾听和理解工人们的私人问题，管理人员被培训成访谈者，需要积极去倾听而不是说教，通过这种人际关系导向的领导风格为企业带来更高的士气、更少的悲观情绪、更高的产量。总之，霍桑试验提倡一种新型的综合管理技能，强调管理人员在技术能力与人际能力间的综合平衡能力，这些人际能力包括：理解员工行为的诊断技能即心理学技能，与工人交流及劝告、激励并领导工人的人际关系技能。

人际关系技巧旨在观察分析员工的工作动机或偏好，以满足组织成员个体目标，满足成员目标或动机的过程实际上“放大”了组织内的模糊性——组织管理措施以成员个体对动机需求的诠释界定为导向而忽略了组织整体目标。如马斯洛的需求层次论、激励理论等都在围绕员工的个体需求来采取相应的管理方式；对员工幸福感的研究、加班行为、负向行为或组织公民行为等的研究都旨在寻找影响这些个体行为的因素，包括领导方式、组织氛围、工作时间等。这些研究中的人际关系实践举措只关注了员工个体的目标或偏好，而完全忽略了企业组织的整体性目标和系统性，因而失去了组织管理的意义。

另外，人们逐渐认识到，管理人员的诊断技能与人际关系技能的本质目的依然是为企业的理性目标及效率服务，根源上依然是理性组织的思想。人际关系学派与工业心理学的目标是一致的，都寻求员工个体在工业中的最高效率，研究企业提供什么样的工作条件会获得最高的“人的效率”。因此，人际关系及非正式组织论最终被贴上了“操纵人的技巧”的标签，最终走向了与科学管理一致的方向上。阿吉里斯认为，它们有着同样的传统理性的组织观，在传统的组织观及管理者理性逻辑思维占据主导地位的时代，即使采用人际关系技术，更多的时候是使企业的情况变得更糟（饭野春树，2004）。

因此，人们需要新的处理组织内模糊性的组织方式，这正是巴纳德的组织协作系统论所填补的空白及理论贡献。

三、组织协作系统论对组织模糊性的“引导”

切斯特·巴纳德（Chester I. Barnard，1886 - 1961）创建了现代管理理论中的组织系统学派，于 1938 年出版了经典著作《经理人员的职能》一书，强调企业正式组织体系的作用，认为企业通过正式组织信息体系中的重要主体或节点——经理人员与成员进行有意识的沟通和协调，“引导”成员对企业整体目标的诠释与认知，使成员认同企业整体目标及制度，以组成有效的协作交互系统。

（一）企业正式组织系统的要素

企业组织包括“目标、信息传递、协作意愿”三个要素，经理人员通过信息传递的各种方式获得员工的协作意愿，使员工认同企业目标并愿意为企业目标而努力工作。

巴纳德的组织协作系统论一方面承认企业组织中成员的个体心理及人际间关系的作用，认为成员的主动性及非正式组织对正式组织系统具有积极作用，另一方面强调以经理人员为代表的正式组织系统能够包容、解决非正式组织及员工个体心理行为的问题，从而获得组织成员的协作意愿。显然，巴纳德通过社会学理论将组织理性观与人际关系学派的观点进行了有效的融合，最终形成了以正式组织为中心的现代组织理论，为西蒙的组织决策理论理论及权变组织论提供了理论基础。

（二）经理人员的沟通职责在于“引导”组织内的模糊性

托马斯·马龙（Thomas W. Malone，2004）倡导一种灵活分权的组织形式，但仍然承认在每个企业组织中必须要有正式的流程与规则即正式组织，因为正是清晰的规则流程使得成员间的协作成为可能，组织成员才会有更大的行动自由；Hilton（2005）发现，甲骨文公司、谷歌公司用实际的变革经历向人们展示了正式的纵向层级控制给员工带来更大自由和创造空间的益处。

在这些表面上“正式、理性”的企业组织体系中，内部都强调中层经理人员对成员们的沟通责任，以引导组织成员对正式组织目标及制度的理解和诠释，从而使有形的正式组织体系与无形的组织诠释沟通进行有效的结合，引导组织成员间的诠释差异即模糊性，提升组织管理的有效性。

虽然早期的组织协作系统论思想认识到了中层经理人员在企业信息体系中的重要性，但只强调了中层经理人员的“沟通及道德形象”的作用，没有探讨经理人员诠释沟通的方式及其在组织信息体系中的位置和设置原则。因此，容易使人们只关注于中层经理人员的个体行为而忽略了中层经理在组织体系中的位置设置。所以，理论与实践中需要围绕企业组织模糊性管理为核心的中层经理人员诠释作用及相应组织条件的研究，这也是本研究的主要目标。

第三节　组织模糊性的核心与具体内涵界定

模糊性在决策理论中表现为人们目标的变动性与情境性，外部信息进入人们认知过程的顺序决定了人们对目标的界定与认知，关注外在于决策者的客观信息顺序或决策程序的作用，这显然忽略了决策者即人的主动作用及实际的认知过程；组织过程论则将模糊性的研究引向了具体的认知环节——诠释，认为企业组织中的模糊性是成员间对信息诠释的多义性，基于此，管理学理论则研究了企业组织过程及战略过程中的诠释管理。因此，企业组织中模糊性的核心是诠释，包括成员的诠释过程及组织的诠释管理。结合企业成员认知方面的研究，将企业组织中的模糊性的表现界定为企业成员对战略目标、制度规则、工作动机诠释的多义性，在具体研究中界定为企业成员对战略目标、制度规则的认知图式差异。

一、作为组织模糊性核心的诠释过程

（一）诠释与认知

认知的信息处理过程论认为人们的认知过程包括“刺激—注意—诠释—储存”等环节，外在于认知主体的信息开启（或刺激）了人们的认知过程，通过认知主体内在对信息刺激进行“注意、诠释”的过程人们形成了某种认知框架，并将认知框架储存下来，以备用于将来对类似信息的简化处理与认知过程。因此，诠释与认知的关系有以下三方面：

1. 诠释是认知主体的主观内在过程，在企业中表现为成员各自对问题的不同理解方式

面对同样的信息或问题，不同的人会有不同的理解，建立起不同的解释或含义即意义建构，产生问题的往往不是问题本身，而是人们诠释问题的方式

（Watzlawick et al.，1975），如面临网络销售市场带来的冲击，传统经销商渠道的市场主管认为这是企业的巨大危机，而网络市场渠道的市场主管则认为这是企业发展的良机，再比如面对企业进行的绩效薪酬制度的改革，有的员工认为这是企业对自己的不信任或逼迫，而有的员工则认为这是企业给自己提供的机会。因此，诠释体现的是每个企业成员的内在主观认知过程，构成了企业组织内模糊性的根基。

2. 诠释是认知结果形成的必经过程

从认知的“刺激—注意—诠释—储存”环节来看，诠释是储存下来的认知结果——认知模型的前期过程，没有经过人们内化的诠释过程是难以形成有效的认知结果的。正如卡斯特对认同与角色的区别中所指出的那样：角色是由社会的组织与制度所架构的规范来界定的，是外在于主体而存在的，认同则是行动者意义的来源，由行动者经过自己的内化诠释过程而建构的（卡斯特，2003），即只有通过个体内在的诠释过程的认知结果——认同才是有效的。在企业中成员对企业目标及制度的认知、认可也依赖于成员个体的诠释过程，因此，企业在向员工传递组织目标及制度时依赖于中层经理对员工的意义管理过程——包括“翻译、解释、引导”等过程（Rouleau，2005），即企业管理过程中不能只是用组织结构、组织角色、规则这种外在于员工认知过程的措施，更需要关注的是员工内在的诠释过程——即组织成员的“意义管理、诠释管理”（Weick，2009）。

3. 认知的变革依赖于成员诠释的多义性即组织模糊性

经过一系列认知过程形成的既定认知结果或模型被人们用于对环境信息的处理，当用原有的认知模型即知识来对新信息进行理解时，常常出现不一致的地方即产生偏差或认知中的模糊性，这种偏差或模糊性激发了人们的思考和好奇心，人们会思索“发生了什么、为什么会发生、发生的事意味着什么结果、应该怎么应对”等问题，这些问题使人们对新事物进行重新诠释、形成新的理解即新的意义建构过程、新的认知模型即新知识（Brown，2000）。因此，创新及变革研究中认为模糊性、诠释多义性是创新的根源（Balogun，2003）。

虽然企业组织中的模糊性表现为企业成员对战略目标、制度等方面的不同诠释认知，但根据上述诠释过程在认知中的重要作用可知，企业组织中模糊性的核心在于成员各自主观的诠释过程。

（二）诠释过程、组织模糊性与企业诠释过程管理

组织模糊性的核心在于组织成员各自主观的诠释过程及多样的诠释方式，基于这种理论和实践中的观察，组织过程论者认为企业组织管理的关键在于对成员的诠释过程、意义建构过程进行的管理。

1. 企业成员各自的诠释过程形成了组织模糊性

企业成员因为在组织结构中的位置和角色不同，则接触到的信息及相应的认知刺激不同，因而产生了不同的诠释及认知，处于不同层级的成员对环境、战略信息的理解不同——高层侧重于从环境对整体组织的影响出发考虑战略问题而中层则侧重于从与自己部门相关的战略议题来考虑问题。因此，一线员工最熟悉战略中的具体问题，常常能发现细微而重要的战略机会，而不是高管（Regnér，2003）；即使面对同一种信息，由于成员各自的情境、经历不同则诠释也会不同，正如后现代主义思想所指出的那样：客观的“现实”离不开人们主观上的重新建构，世界是什么样的依赖于人们怎么诠释它，即存在“主观现实”（Rabinow，1986）。因此，企业组织中不同的成员对相同的企业战略及制度信息会有不同的诠释和理解，形成组织中的模糊性。

2. 组织模糊性需要企业进行有组织的诠释过程管理

企业成员间的诠释多义性即模糊性会导致企业内部的“混乱或无秩序状态”（Cooper，1989），阻碍成员们为企业整体目标共同的努力和行动，因此，需要对成员间的模糊性进行组织管理。基于后现代主义的“主观现实”思想，Burrell（1994）认为，在企业组织管理中不能只是让员工“参与、接触”到相关的信息，还应该对员工所参与或接触到的“现实、事实”进行诠释理解上的引导即诠释管理。企业诠释管理从内容上包括战略过程中的诠释管理及组织过程中的诠释管理，从方式上包括巴纳德主张的作为正式组织代表的经理人员的沟通职责、企业文化（Smircich，1983）、企业形象（Turner，1986）等。

二、战略管理与组织管理过程中的诠释管理

企业战略管理过程中常常出现执行不力及战略漂移问题，早期的战略研究

中认为企业成员间的部门利益及政治冲突导致了高管制定的战略在执行中出现问题，但战略诠释观认为成员间对战略的诠释、理解差异是导致战略执行问题的关键，而且并不是所有企业成员都需要对战略信息的各方面都要有全面、客观、理性的认知，高管制定的愿景、经理人员间的谈话常常引导着企业成员对环境信息的诠释，是企业成员战略信息诠释的来源。

（一）主观诠释的战略过程

传统的战略管理理论隐含着“企业战略环境信息是客观的”这一假设，认为经理人员可以客观、理性地分析并认知到战略环境信息，并制定出正确无误的战略目标，企业战略管理过程中，只需要建立起与战略目标要求相匹配的组织结构及组织制度即可；然而，战略的实践观却认为，战略是做出来的、实践中来的，而不是某些人头脑中理性分析而来的（Vaara & Whittington，2012），战略实践观强调的是战略谈话与战略过程中企业成员间的社会实践关系，正是企业内不同角色成员间的活动、互动、谈判形成了战略过程（Jarzabkowski & Balogun & Seidl，2007）。

因此，作为主观诠释的战略管理过程中，主张通过企业成员间的沟通互动来引导成员们彼此对战略的理解与认知，以实现企业战略的变革、制定与执行，而不是理性的战略分析及工具性的组织方式。

（二）战略过程中的诠释管理措施

战略过程中所进行的诠释管理包括以下两种措施：

1. 经理人员对下属员工的沟通管理

早期巴纳德在组织协作系统论中就认为经理人员的主要管理职责就是做好对下属员工的沟通工作，使员工理解并支持企业整体目标、产生协作意愿，这种沟通实际上就是经理人员对下属员工进行有关战略目标的解释或诠释。Floyd 等（1992）则提出，中层经理的战略作用之一就是对上下级进行战略方面的诠释，如对高层进行的战略议题营销及意义传递，对下属员工进行战略意图的解释以支持战略实施过程。

2. 企业成员间沟通平台的建设

Smircich 和 Stubbart（1985）认为，企业的战略信息及战略目标制定不是通过经理人员个人的理性分析获得的，而是经理人员通过与其他企业的交流、参与论坛得来的，企业内部的战略执行也依赖于经理人员与企业成员间的交流互动。因此，企业需要加强沟通平台的建设。这与战略实践观的观点类似，Balogun 等（2014）认为，企业工作现场中白板、百事贴、日程表、会议室等互动场所为战略讨论、战略诠释过程提供了客观的场所条件，是至关重要的战略沟通平台。

（三）组织过程中的诠释管理

组织诠释管理的目的是使成员理解、认可企业整体目标和制度规则，为战略管理提供保障，包括了上述战略过程中的诠释管理措施（即经理人员的领导作用及工作现场的设置），但组织过程中的诠释管理更关注于成员具体认知过程的管理，旨在形成成员间一致性的认知，包括企业文化、企业形象、意义建构等方面的管理措施。

1. 企业文化与形象管理

企业文化与形象管理代表着企业成员的共享意识，源于企业成员间认知上的混乱，借鉴了组织诠释观的后现代主义思想假设——企业成员对企业战略及制度等信息的诠释与认知是主观的、可以被外在因素引导的。因此，企业组织过程中希望用共享规范、共享精神或意识来塑造、引导成员对企业的认知（Kilmann et al.，1987），如企业使命宣传语、员工服饰、工作规范原则等。

2. 具体的意义建构过程管理

诠释过程的目标是建立起人们对环境信息的认知图式，这种认知图式正是人们新建构起来的意义感知即意义建构（Hill & Levenhagen，1995）。因此，意义建构的具体社会过程研究为企业的诠释管理实践提供了借鉴，指导着经理人员具体的诠释活动过程。

人际间的意义通过频繁的互动得以建立，成员会一起参与一件事并共同建立他们对事件的理解，爵士乐队成员通过互相倾听、轮流做领唱和跟唱、即时互相和唱来建立起成员间有效的共享认知及对团队组织的高度认同（Hatch，1999）；Maitlis（2005）比较了领导在对成员进行诠释时主动性的大小，并据此总结出四种不同的组织赋义形式，按领导者作用由大到小排列为：引导型、限制型、分散型、缺位型；Cornelissen 和 Clarke（2010）的研究发现人们之间进行意义建构的有效语言方式包括“描述性叙事和隐喻（narratives and metapher)”；Ashforth 等（2008）认为，企业通过让成员进行身份扮演、自我叙事、意义建构的具体过程来实现对企业认知的“祛意和赋义”，“祛意”是让企业成员反思自己之前对企业目标、使命的不同看法或偏见，最终去除这种偏见，“赋义”是企业让成员通过身份扮演、自我叙事、意义建构来建立起对企业目标、使命的积极肯定看法即认同。

因此，意义建构具体过程中的领导者作用、祛意及赋义过程、具体的叙事及身份扮演方法都为企业的诠释管理提供了实践上的借鉴。

（四）小结

通过上述分析可知，企业成员各自的诠释多义性是组织模糊性的源泉。因此，企业组织管理及战略管理过程的关键在于“诠释管理”；战略与组织过程中诠释管理的最终目的是使企业成员对企业整体目标及制度规则有着共享的理解与认可，消除企业成员间的模糊性，实现成员间的协作、共同为企业整体目标而努力，如图 2.2 所示：

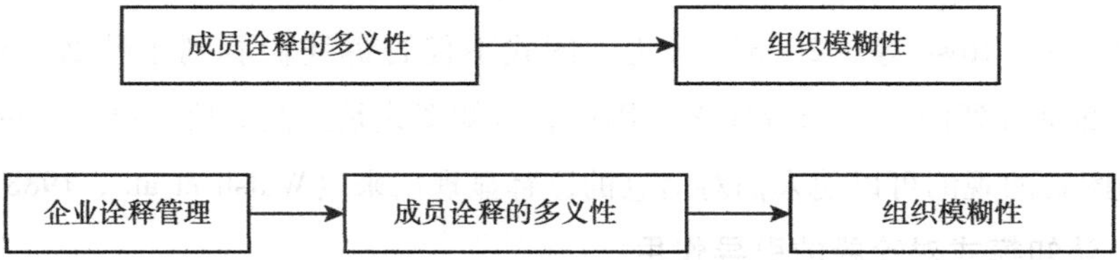

图 2.2 组织模糊性、诠释、诠释管理

资料来源：作者研究总结。

如图 2.2 所示，组织模糊性的来源与核心表现是企业成员对战略及组织制度的理解多样性，因此，企业需要进行有组织的诠释管理，以降低企业组织的模糊性。具体的诠释管理举措包括三方面：（1）领导或经理人员的诠释沟通职责；（2）诠释沟通的客观载体，如工作现场中的交流物；（3）具体的诠释过程和方法，叙事、身份扮演等。

三、组织模糊性的具体内涵界定——战略及组织制度模糊性

为了在后面的研究中测量组织模糊性，需要界定其具体内涵，在研究操作中化为具体的变量。在此，通过与诠释多义性即模糊性相反的变量——成员共享认知来对组织模糊性进行操作与测量，当共享认知高时就意味着组织模糊性较低；相反，当共享认知低时就意味着组织模糊性较高。

（一）诠释与认知图式或模式（schemata，cognitive model）

1. 认知图式是诠释的结果与表现形式

从认知的信息处理过程来看，人们对外部刺激信息进行诠释后形成的认知结果就是认知图式或认知模式，个体为了给信息环境一个格式或形式，会建立起知识结构或图式（schemata），企业中每个成员都有自己的诠释及相应的认知图式，将成员个体的环境信息进行结构化、简单化，决定了成员对企业各种信息的理解（Graesser & Nakamura，1982）。正如 Neisser（1976）说到的，图式就像是电脑中的开本程序，当大家对某个信息有一致的诠释理解时，它就会将信息处理的过程程序化，因此，图式就像是一个人们将信息环境赋予格式和意义的工具。Rose 等（2003）认为，图式不仅告诉我们看到了什么，还告诉我们在哪里看到的、意味着什么。因此，认知图式是人们对信息诠释后的结果，对认知图式的观测可以使人们对信息的诠释显现出来（Walsh et al.，1988）。

2. 认知模式对诠释的引导作用

有的研究用认知模式来描述人们诠释后认知的结果，认为认知模式是有组织的知识结构，使得个体能与他们的环境进行交互，认知模式使人们可以对其周围世界中的行为进行预测、解释，认知并记住环境中各部分间的关系，建构起未来可能发生事情的预期（Rouse & Morris，1985）。认知模式使人们能产生推理、预测，理解现象、做出行动决定，间接地感受到事件的真相。因此，认知模式帮助人们对环境信息进行诠释，在初期引导、框定了诠释或理解环境信息的方向，帮助人们对信息进行描述、诠释及预测（Mathieu et al.，2000）。

3. 诠释是认知模式变革的途径

当人们按照原有的认知模式难以解释当前环境信息时，就会出现思绪中

断、认知混乱、难以行动的状况，此时人们会反思环境信息，寻求解释“发生了什么、意味着什么”，以重新诠释并建立起新的认知模式，即实现认知模式的变革或知识结构的创新（Corley & Gioia，2004）。因此，知识创新及其过程中的认知模式变革依赖于诠释过程。

（二）诠释多义性与成员共享认知

1. 企业组织协作系统需要降低成员间的诠释多义性，以形成共享目标

巴纳德的组织协作系统论认为，成员对企业目标的理解与认同即共同目标是企业组织的重要要素之一，只有成员之间存在共同目标才能形成有效的企业组织协作系统，为此，巴纳德主张通过经理人员自身道德和责任承担来提高其权威，以此来获得成员对经理人员或领导的信服即形成“无关心圈”——成员信服经理人员的目标解读、听从经理人员的任务安排。Floyd（1992）则强调，中层经理人员在说服下属员工进行协作努力中的作用，认为中层经理人员在降低成员对目标诠释的多义性即模糊性中起到关键作用，确保了企业成员形成共享目标及相应的协作行为。

2. 企业成员之间存在着共享的认知，可以用认知模式的相似性或相关性来测量共享程度与组织模糊性程度

企业组织研究中需要关注成员们的信息决策和行为，而不是个体信息处理过程（Walsh，1988），企业成员之间存在共享的认知地图或知识结构，企业是一个群体“思考者”，企业成员之间存在着相似的思考框架，这种集体框架影响着群体行为（Bettenhausen & Murnighan，1985）。Walsh 和 Fahey（1986）认为，企业组织成员间的集体框架是通过成员之间的政治协商、权力关系而形成的“协商信念结构 negotiated belief structures”，并研究了战略决策过程中决策组成员间“协商信念结构”所起到的重要作用。而社会互动论则认为成员间的共享认知源于互动沟通，而不是政治、权力上的协商。因此，Cannon - Bowers 等（1993）基于社会认知心理学及团队动力学研究，提出了“共享认知模式 shared mental models”，认为成员间的社会互动过程是形成共享认知的关键；话语实践即语言沟通是企业成员间重要的社会互动过程，是形成组织规范及共享心智模型的重要因素（Tsoukas & Papoulias，1996）。

对于共享认知的测量，当前最常用的方法是通过对比成员们认知模式或认知图式的一致性或相关性，在战略共识研究中认知模式或图式代表了经理人员对组织成功因素的认知，研究中以经理人员的战略认知模式为基础来测量战略共识（Markóczy，2001）。

（三）组织模糊性的操作化——战略与组织的共享认知

依据前述“模糊性、诠释、认知、共享认知”的逻辑关系分析可知，企业组织成员间的诠释多义性即模糊性可以通过企业成员间认知模式的共享程度来进行操作及测量，团队成员认知方面的研究为此提供了基础，再结合企业组织成员间多义性诠释的核心内容或对象——战略目标及组织制度，在具体研究操作中可以将组织模糊性分为两个方面：战略与组织制度的共享认知或模糊性，这两方面的共享认知程度越高则组织模糊性越低，这两方面的共享认知程度越低则企业组织模糊性越高。

1. 战略共享认知暨战略共识

企业战略的组织及执行过程中常常出现偏离的关键原因就在于企业成员之间缺乏对战略的理解与认同即“战略视野”（Boswell，2006），又被称为“战略共识 strategic consensus”（Markoczy，2001），为此，学者们研究了战略共识的形成因素、影响因素及测量方法等问题。

Fredrickson（1983）指出，如果研究者想理解并改善战略决策过程，就必须先研究是什么因素决定了人们对信息线索刺激的诠释过程。研究发现，战略共识会带来企业成员群体内的协作、群体一致性及在动态环境中获得一致性的能力，进而提高团队绩效（Mathieu et al.，2000）；组织层次上战略共识会导致更高效的战略执行及组织绩效（Wooldridge & Floyd，1990）。Thomas 和 Mcdaniel（1990）将经理人员对战略信息的诠释用“标签”来操作处理，将战略标签分为“积极或消极、收益或损失、可控或不可控”三类来进行测量。

因此，结合组织模糊性内涵中成员对战略目标诠释的多义性，可以将战略共享认知即战略共识作为企业组织模糊性的一个具体方面，以开展操作性研究。

2. 组织共享认知

成员共享认知的研究源于团队型组织研究，Cannon - Bowers 等（1993）

认为，团队型组织中成员的共享认知从维度上分为四个方面：（1）成员对团队使用的工具、设备知识的认知；（2）对任务程序、战略、引致任务变革的环境线索方面知识的认知；（3）对团队成员特点的认知，如兴趣、偏好、习惯、特长等；（4）对团队角色、团队互动模式、团队组织制度等信息知识的认知。其中，前两个可以归为"任务认知"——与任务目标和完成方式有关，后两个可以归为"团队认知"即组织制度共享认知——与成员间关系有关（Smith－Jentsch et al.，2005）。如果把这些团队成员认知方面的研究放到企业层面，则需要内容上的扩充，考虑进来企业成员整体信念、文化、互动关系方面的因素。

综上所述，研究中将企业组织中的模糊性具体化为"战略共识与组织制度共享认知"两个方面，如图2.3所示，以进行操作化研究中的测量和实证检验分析。

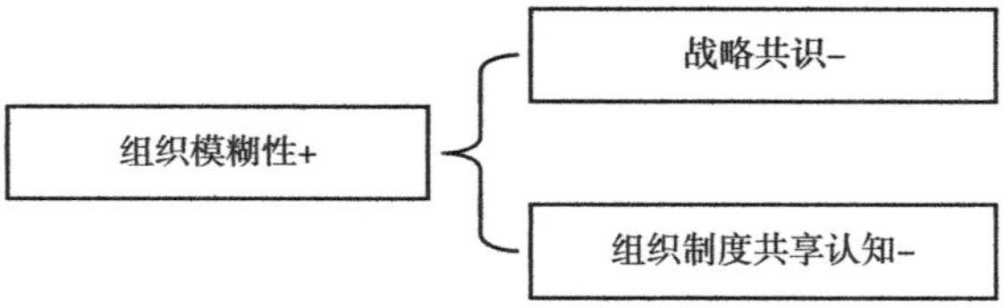

图2.3 组织模糊性的具体内涵界定

资料来源：作者研究总结。

如图2.3所示，组织模糊性包括成员对战略目标及组织成员互动方式即组织制度两个方面的诠释多义性，研究过程中用战略共识和组织制度共享认知来测量企业组织模糊性，二者与组织模糊性之间的关系是反方向的——战略共识和组织制度共享认知越高则企业组织模糊性越低。因此，在数据处理上最后要乘以－1。

小结：对组织模糊性的既有理解与未解课题

已有研究对模糊性在决策模型中的表现和理论根源分析的较为深入，认为模糊性表现为人们对自身行为的目标或动机价值的多样性、变动性，在企业组织中则表现为成员对战略目标、工作动机价值或意义的理解与界定多种多样，不断变化，从而形成了成员之间对战略目标、组织制度的多义性理解与诠释。这种多义性理解与诠释即组织模糊性制约了成员间的一致性行动，对战略执行与组织绩效产生负面影响；另外，对战略变革与创新则起到了促进作用。

虽然人们认识到了模糊性问题对企业组织过程及组织绩效的重要影响，但对企业组织模糊性的形成及调控机制的研究还很有限，这制约了企业对模糊性的有效组织管理过程。因此，接下来需要对组织模糊性的生成机理、分布、调控机制做进一步的研究。

第三章

组织模糊性的生成机理与调控机制研究暨理论模型构建

第一节　情境—认知理论与组织模糊性的生成

组织模糊性表现为成员之间的诠释多义性及认知差异，但根源在于企业成员作为决策、认知的主体，其处理信息的认知模型具有情境性和变动性。因此，借鉴社会认知理论中的情境模型来分析模糊性的生成机理。

一、社会认知理论的情境模型

在社会认知的过程理论中，信息处理模型是其核心。Wyer 和 Srull（1986）认为，信息处理模型是人们对信息进行加工的工具，如认知图式和战略认知论中强调的主导逻辑；Wyer 和 Radvansky（1999）认为，情境模型就是“理解器”，是指人们在理解社会信息的过程中形成的关于具体事件和情节的知识，在人们之后的诠释与认知过程中起到重要的指导作用。

（一）情境模型的信息结构：时空框架、实体及实体间关系

时空框架是事件发生的背景，这类信息有助于把情境模型应用到实际的场景中，也是人们认知结果差异化的根本原因；实体是认知对象；实体间的关系则是人们认知的结果。时空框架不同，则人们认知过程中建构起来的实体间关系则不同。由于组织中各成员所经历的事件不同、事件的时空框架不同，则其

认知模型自然会不同。

因此，萨其曼（Suchman，1987）认为，根据企业家所感知的企业环境而制订的战略计划，对于工作现场的员工而言是难以产生意义和难以理解的，但高层的计划却决定着工作现场员工的行为，这就使企业组织中的成员之间产生了信息模糊性。

（二）情境模型的作用过程：情境信息互动

情境模型形成后，当人们所接触到的新信息与情境模型的信息结构一致时，新信息才会被整合在情境模型中，即人们才会按原有的情境模型进行信息处理及认知；而当新信息与情境模型不一致时，人们会调整原有情境模型，即建构起新的情境模型。

Wyer 和 Radvansky（1999）把前一个过程称为情境模型作为“分析器”的作用（用来分析人们已经历过的事物），把后一个过程称为情境模型作为“新模型建构器”的作用（根据新的不一致信息来调整认知模型）。因此，情境模型中三类信息间的互动（时空框架、实体及实体间关系）是情境模型作用于人的认知的过程机制。

（三）情境模型与组织模糊性

根据上述情境模型理论可知，认知主体所处的时空背景不同，则关注的信息实体不同，因而产生不同的认知模型及多义性诠释。特定时空背景中的各种工作经历所形成的认知模型就是情境模型，情境模型意味着主体认知的情境性、变动性，在企业组织中则表现为企业成员因所处角色、职位、工作等方面的情境不同而产生的诠释及认知差异，即组织模糊性。

企业角色理论将成员分为高层、中层、基层，角色、职位等方面的差异导致各层级员工间的诠释认知差异：高层代表企业整体，关注于企业的战略环境信息，其认知的情境模型中主要信息包括企业环境、战略、组织制度；基层员工则关注于个体的信息，其认知的情境模型中的主要信息包括工作条件、工作行为、个体工作动机；中层因位居前两者之间，因此其认知模型中的信息则是战略与行为的混合——即任务，整合了上下级的信息内容。

企业是通过成员之间的协作形成的组织系统，因而产生了成员之间情境模型的交互及认知诠释的交互。但成员各自认知模型的情境性使得成员间自然存在着认知差异，在成员协作过程中产生摩擦阻力。这种因情境差异而产生的摩擦阻力导致组织系统中出现“合成的谬误”，即旨在整合员工个体行为以实现企业整体目标的组织制度却最终没能实现组织目标，进而产生战略漂移。

以科斯为代表的制度经济学家认为，之所以出现“对员工个体正确的事对于企业整体组织来说却是错误”的现象，是因为社会摩擦成本造成的“合成的谬误”；对于企业组织来说，这种社会摩擦则是企业成员对制度的不同理解即组织模糊性造成的。因此，企业成员之间的多重情境交互过程中产生了组织模糊性，进而导致了“合成的谬误”，使企业组织功能陷入困境。

综上，情境模型差异与组织模糊性之间的关系如图 3.1 所示：

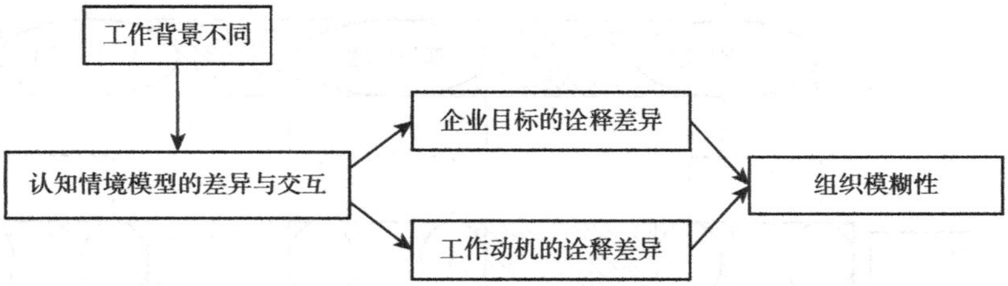

图 3.1 情境模型差异与组织模糊性的关系

资料来源：作者研究总结。

二、企业中各类情境的分布与组织模糊性的生成

（一）企业中各类情境的分布

企业成员处于不同的工作情境，形成各自不同的诠释、认知模式，因而生成了组织模糊性。综合来看，企业中各类不同的工作情境分布在纵、横两个截面上：一是横向部门之间的工作情境差异；二是纵向层级之间的工作情境差异。

横向部门间的工作情境差异主要源于业务流程的技术特性差异，如生产、研发、销售部门之间的业务性质迥异，因而其关注的决策信息及认知模式不同，相应的组织设计也不同。汤普森（2007）在《行动中的组织》中谈道：生产部门比销售部门需要更大的稳定性，而销售部门则需要更大的多样性、自主性；纵向的高层、中层、基层成员之间因为工作角色职责不同，其所处的工作情境要求就不同。牧野（2013）认为，高层代表企业整体的机器装置空间，以理性逻辑为主导，而基层员工则处于个体的行为空间，以感情逻辑为主导，因而企业内存在纵向模糊性。

综上所述，企业中各类工作情境分布在企业组织体系的纵横两个方面，是生成组织模糊性的关键因素，具体如图 3.2 所示：

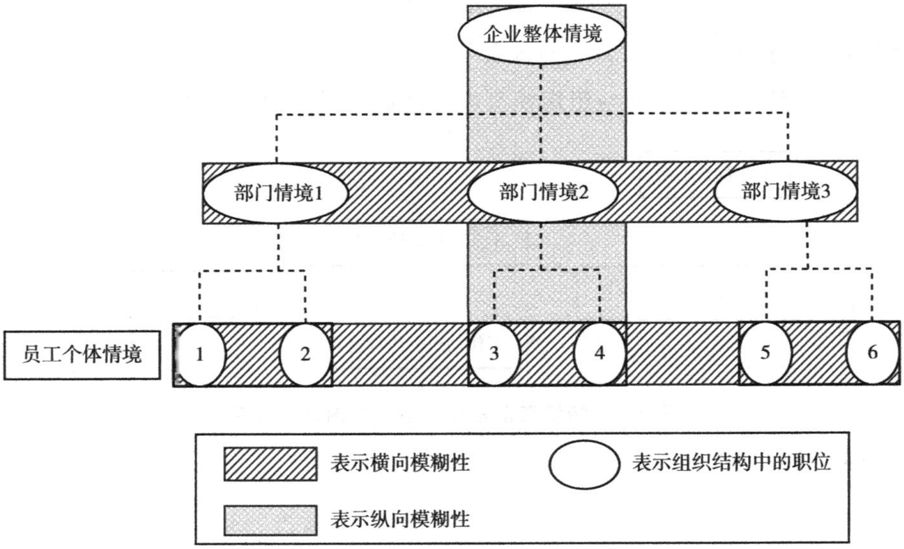

图 3.2　横向与纵向的工作情境分布与组织模糊性

资料来源：作者根据相关分析总结设计。

图 3.2 中，以职能层级式组织结构为例描述了企业内模糊性的生成与分布，最高层代表企业整体关注于企业整体环境及战略目标；部门包括职能部门、事业部门，关注于部门的任务、技能及员工特点；员工个体则关注于个体的工作任务与行为。因此，企业各部门之间、平级员工之间、纵向各层级之间都存在着不同的认知环境与信息，相应的情境性认知模型则不同，从而产生了企业内横向与纵向的模糊性。

组织的开放系统论就强调企业组织是一个松散联结的系统，并不是如

"技术—结构"所设置的紧密联接的、严格前后因果关系式的理性系统，表现为：（1）依企业目标而设计的组织结构及制度并不一定导致相应的行为；（2）目标激励不一定带来员工的相应行为；（3）员工个体行为及绩效并不一定带来企业整体的绩效。

据此，Harris（1994）解释了生产率悖论现象——在信息处理技术上的巨额投资并未换来企业生产率的普遍提高，因为除了技术之外，企业内的社会系统所产生的模糊性也是决定企业效率及组织效率的主要因素。因此，纵向、横向组织模糊性对企业组织管理过程具有重要的影响作用。

然而，静态分布的工作情境差异及组织模糊性是难以产生作用的，只有在组织成员进行业务协作、工作情境信息交互的过程中才能形成组织模糊性的汇聚、变动及巨大的作用。

（二）各类情境的交互与组织模糊性

企业内的纵向、横向分工即专业化导致了企业各职能部门及各职位角色之间的工作情境差异。分工越细、专业化程度越高、设置的部门或职位越多，则企业内不同的子情境越多；而企业组织系统的整体性需要各部门、各职位之间进行协作，要求这些不同的子情境之间进行交互，因此组织模糊性得以扩散、增强。

复杂组织系统理论学者 Rivkin 和 Siggelkow（2003）运用 NK 模型来分析组织设置中的社会交互问题。N 是组织内的部门（或职位）数量，意味着存在 N 个子情境；K 是与某一部门（或某一职位）Xi（i = 1……N）有交互关系的部门（或职位）数量，见图 3.3 中的 X_2 面临着 2 个交互关系，K = 2。

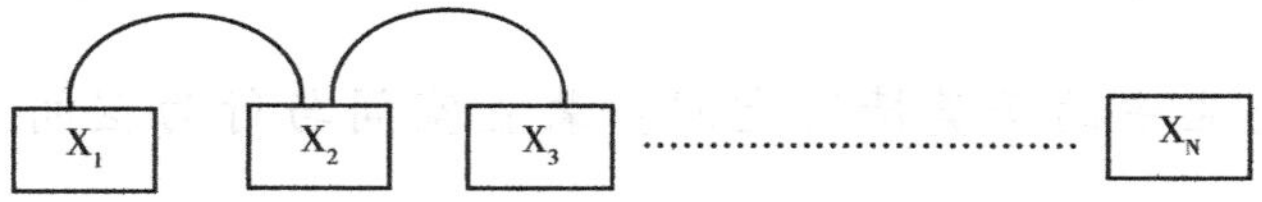

图 3.3 各部门或职位的情境交互

资料来源：作者根据相关理论研究总结。

那么对于某一部门（或某一职位）Xi（i = 1……N）来说，它就面临着 KN 个交互关系，而对于整个企业组织其总的交互关系数量（Y）就是：Y = N *

KN；交互数量 Y 越多，企业组织内不同情境间的交互则越多，那么，组织模糊性就越强；反之，组织模糊性就越弱。

因此，组织模糊性的程度强弱取决于两个因素：1. 部门或职位的数量 N，即专业化分工程度；2. 成员间的交互关系：（1）当成员间的关系较为独立或属于汇集型依赖关系时，如销售成员间的独立关系，其成员面临的 K = 0（或趋于 0），此时模糊性虽然存在但难以在企业中产生广泛的横向分布并起到制约作用，因为此时的总交互关系量 Y = 0；（2）当成员间关系属于序列型关系时，如流水线制，成员只与前后两个流程相交互协作，因此 K = 2，此时 Y = N * 2N；（3）当成员间关系属于倒易型关系时，其他成员都会与某一成员交互协作，K = N − 1，因此 Y = N *（N − 1）N。

综上可见，专业化程度与成员间交互关系设置是影响组织模糊性程度大小的关键因素，前者属于技术系统因素，后者属于社会组织系统因素。专业化分工程度越高，且成员之间存在着倒易型关系（如团队制、矩阵制）时，组织模糊性最大；企业在特定的专业化分工程度下，通过减弱成员间的交互关系（如将团队制改为流水线制）可以降低组织模糊性的影响。但是，在当前网络化背景下，企业外部竞争加剧，亟须通过组织的平台化、矩阵化来应对，此时组织成员之间存在较强的倒易型关系，组织模糊性问题日益突出。

三、纵向层级中两类情境的差异及交互与组织模糊性的生成

由上述分析可见，企业员工之间各类不同的工作情境是生成组织模糊性的根本原因，牧野（2013）将这种客观工作情境称为信息空间。这里借鉴牧野（2013）的两个信息空间理论对组织模糊性的生成机理做进一步分析。

（一）企业中的两类情境空间：装置空间与行为空间

牧野（2013）将组织模糊性称为企业成员间的信息差异性，这种信息差异性使得企业高层的战略计划在现场中的执行受到阻碍，其根源在于企业组织中存在两类信息空间：

1. 企业组织：作为机器装置的信息空间

企业是一个经营组织，对外是一个以给消费者提供产品和服务为目标的整

体，重点是对外的经营与对内的整体组织制度，员工个体需要服从企业整体。因此，企业类似于机器装置一样理性、精确，员工个体的视角与需求往往被忽略。

企业对外将外部环境信息经过加工分析后输入企业家的认知系统，之后企业家制定企业战略目标；对内，企业将员工与其他物料资源一样视为企业运营过程中的投入，之后员工实施企业目标要求的相关行为就会输出相应的产出。传统的理性战略决策观及组织观中，认为“战略目标—组织制度—员工行为”是企业战略及组织管理的主要过程机制，这一过程中的企业组织是完全理性的，但忽略了企业中还存在着员工群体基于情感交互的行为逻辑。

2. 员工群体：作为行为空间的工作现场

员工所能感知到的是自己所处的工作现场，其认知、释义的形成是根据自己具体的工作实践而来。自我知觉理论（Shamir，1991）早就提出人的内部认知与动机是自己实践或行为的结果，所以工作现场中员工的具体实践决定了员工对企业目标、制度规则的释义与理解。

在员工的行为空间中，企业组织的规则只是特定情境中通用的信息处理模式，需要根据员工具体的工作情境进行变通、调整，Friedberg（2008）也认为，企业正式规则只是为员工提供了特定的行动环境，员工之间会根据实际需要形成不同的权力关系（非组织正式化规则）。因此，员工个体的、个别事件的立场是处于装置空间的高层管理人员难以理解的。

（二）两类空间的交互融合导致的组织模糊性

1. 机器装置与行为空间的交互融合

组织的系统观认为，企业是成员间的协作系统。企业系统中的环境信息包括企业内部、外部两方面：企业系统面对外部环境信息时是一个机器装置，产生的是企业整体的战略及组织制度；企业系统面对内部成员所构建起来的环境信息是成员群体的行为空间，产生的是员工个体的工作动机及行为。但企业作为组织系统，其生存与发展的关键在于不断地将内外环境信息进行交互融合，在企业组织内表现为机器装置空间与行为空间的交互融合，这两种空间的融合继而引发组织中的模糊性，如图 3.4 所示：

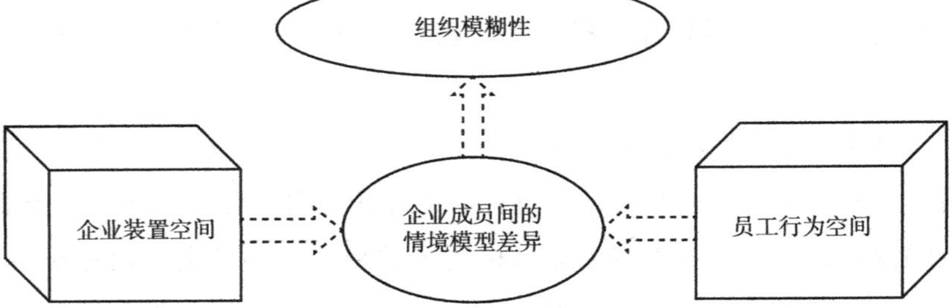

图 3.4　组织模糊性的生成——两个信息空间

资料来源：作者研究总结。

如图 3.4 所示，企业整体与员工个体因为所处的时空框架即情境不同而产生了不同的认知模型，并由此引发了企业组织中的模糊性。组织协作的需要促使两类空间进行交互、融合，以实现组织成员之间的集体行动及企业的整体目标。图 3.1 只是依据情境模型理论给出了产生模糊性的认知模型差异，却没有说明认知模型差异背后深层的企业内部机制；而图 3.4 中所结合的企业两个信息空间的理论则明晰了组织模糊性的生成机理。综合来看，"两类信息空间——情境认知模型差异——组织模糊性"是组织模糊性生成机理的具体描述。

2. 纵向层级间的组织模糊性与组织执行绩效

企业各层级成员之间的诠释差异即模糊性主要体现在上述两类情境空间的差异上。企业高层、中层、基层员工由于所处的工作情境、承担的工作角色、关注的环境信息不同而有着不同的认知情境模型，从而引发企业内纵向分布的模糊性，其中最突出的是代表企业整体的高层成员与处于基层的成员之间的诠释差异。

因此，战略共识论强调企业所有成员都应该了解、认同企业战略目标，而不仅仅是企业高层决策者们（Boswell，2007），企业所有成员都应该具有战略视野，这样才能促进成员们的集体协作、提升组织的执行绩效；另一方面，企业各部门成员之间因部门利益、工作情境不同，关注的环境信息及相应的认知情境模型也不同，因此引发了企业内横向分布的模糊性，如决策层或经理人员间的政治冲突及目标冲突（Child，1972）。认知模式论早就发现：企业不同部门负责人来进行企业环境信息扫描认知时，关注的信息常常与其部门业务相关，生产部门主管关注于生产材料、生产技术方面的信息变化，而销售经理则关注于市场信息的变化。因此，政治利益冲突与认知情境差异是导致组织横向模糊性的两种表现及因素。

四、横向部门之间的情境差异及交互与组织模糊性的生成

企业的业务及组织流程决定了企业内部横向的部门划分与设置，不同部门的业务、技术环境存在差异，成员的认知情境不同、相应的决策也不同，因此造成了模糊性在企业内的横向分布。Nadler 和 Tushman（1988）提出了部门设置的四种原则：（1）按活动分组，将执行同样功能、来自同一专业的人员安排在一起，即传统的职能制；（2）按产出分组，将提供同样产品或服务的人员安排在一起，即产品事业部制；（3）按用户分组，将为同一顾客服务的人员安排在一起，即客户事业部；（4）多焦点分组，同时用上述（1）与（2）或（1）与（3），即矩阵制或团队制。其中第一种职能制是最基础的企业横向划分方式。因此，这里只分析企业各职能部门间的情境模型差异及其带来的模糊性问题。

（一）企业职能部门的工作情境维度——业务流程域、部门内交互关系、有意义的目标

Wyer 和 Radvansky（1999）认为，认知的情境模型包括实体、时间、空间、关系，实体是指具体的事件及涉及的人员，时间与空间是事件发生的背景，关系则为人们理解具体事件及人员间的作用提供线索，关系是具体事件的认知框架。

Schatzki（2005）的组织场景理论认为：事件发生的客观空间、场地并不是组织场景的核心，具体的事件、主体、主体对事件的意义认知是情境的三个核心要素，因为具体的事件（业务流程或流程域）本身就包含了时空的要素。对比这两个理论，可以发现，通过将事件及人员具体化——即关注于企业中不同部门的具体业务及人员，可以省却对认知情境模型中时间与空间的维度考查；而认知情境模型中的“关系”要素相当于组织场景理论中的“意义”，

在企业中表现为：各部门各角色的成员对于自己负责的业务流程或工作的目标价值及制度的理解、认知。因此，情境模型包括三个维度：事件、人员和意义。

基于上述理论分析，将企业各部门的工作情境维度分为以下三个方面：

1. 业务流程及业务流程域

业务流程是企业经营的具体过程，组织结构设计的“技术—结构”学派将企业业务流程按职能分为研发、生产、市场与销售等，表现为职能部门的各种业务流程。

2. 人员、角色间的交互关系

交互关系指各职能部门的成员及其所承担的角色关系，Rivkin 和 Siggelkow（2003）的组织系统理论认为企业成员间的交互关系是企业组织系统的核心，交互关系越多则不同的部门工作情境越多、横向的组织模糊性越强，此时会需要更多的、更有激励领导能力的管理人员；反之，管理人员的激励领导能力越强则成员间的交互过程越顺畅，企业执行绩效越好。

部门或成员间的业务交互关系除了上述数量特征以外，交互关系的互依特性则更为重要。汤普森（2007）研究了工作业务互依关系的实质特性，认为成员之间在工作业务交互关系中的互依特性包括汇集型依赖、序列型依赖、倒易型依赖三种，矩阵式或网络式组织中的成员之间是一种汇集型依赖关系——员工工作之间的关系只体现在为同一个目标服务，职能制或流水线式组织中成员间是一种序列型依赖关系——各成员的工作之间是按业务流程的前后顺序关系排列进行的，先有企业战略产品计划再有客户需求的满足，而团队制组织中的成员间是倒易型依赖关系——成员的工作之间是按照由后到前的业务流程顺序开展的，客户的问题及需求倒逼着企业的生产、规划及目标。

在汤普森所界定的三种交互关系中，倒易型关系中的成员之间的业务关系更为紧密、沟通更多，存在着更强的组织现场关系，因此组织模糊性程度较低；而序列型关系中成员之间的业务关系依赖于机器流程及工业设计，成员之间不需要较多的沟通，组织现场关系较弱，因此组织模糊性程度最高。

3. 意义感知

意义感知是职能部门成员对于所负责的业务或工作的目标价值感、对于为实现目标而设置的组织制度的理解诠释。因此，将企业横向各职能部门的工作情境模型绘制如图 3.5 所示：业务流程、成员间的交互关系、意义感知构成了员工工作的现场情境。

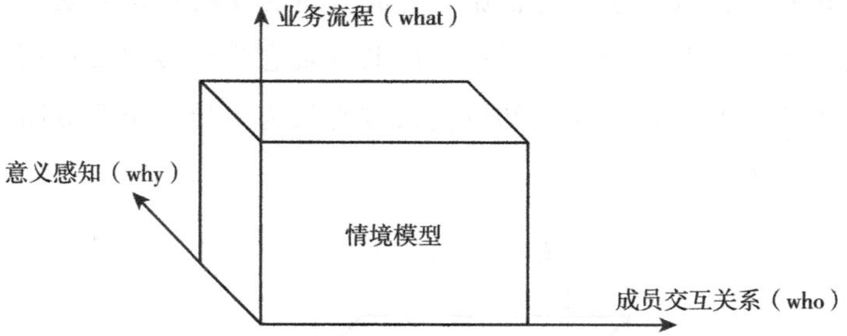

图 3.5 企业职能部门的工作情境模型

资料来源：作者研究总结。

（二）企业各职能部门的具体情境模型

企业职能部门是按业务活动来划分设置的，主要包括战略部门、研发部门、生产部门、营销部门等，各部门的活动连接起来是一个完整的产业链条。理性的“技术—结构”组织部门设置只考虑了图 3.5 中的一个维度——业务流程，忽略了其他两个维度——成员间交互关系与意义感知。企业的“社会—技术系统”理论强调组织成员间的社会过程影响了技术与结构的关系，Barley（1986）发现：组织成员间的交流模式影响着企业结构的设置。因此，组织过程管理中需要同时考虑三个因素，按图 3.5 中的三个维度分别描绘各部门的工作情境。

1. 战略部门的情境模型

企业高管团队是企业战略管理的主体。高阶理论认为高管的个体特征影响着企业整体战略及组织过程（Hambrick & Mason，1982）。尽管战略的学习学派强调了高管以外的其他成员在战略形成与执行中的主导作用，但依然强调核心领导者建立的主导逻辑对发散性学习的收敛作用，认为战略是企业成员在企业高管所建立的主导逻辑指引下通过问题处理过程而逐渐形成的（Mccann，1982）。因此，企业战略管理的部门是高管团队组织。

企业高管成员间的交互关系呈现出汇集型的依赖关系。汇集型依赖关系指的是成员间关系表现为只为同一个目标服务，成员间只有理念上的共识而难以存在工作业务上的紧密依赖关系。战略与组织诠释观强调了经理人员在战略与组织管理过程中的意义管理、文化管理（Smircich & Stubbart，1985），Kellermanns 等（2005）则致力于研究企业高管成员间的战略共识问题。因此，企业高管成员之间是汇集型的依赖关系——以共享观念为连接纽带；高管成员对企业整体战略及组织目标的意义感知以使命或愿景为主导。企业战略部门的情境模型绘制如图 3.6 所示：

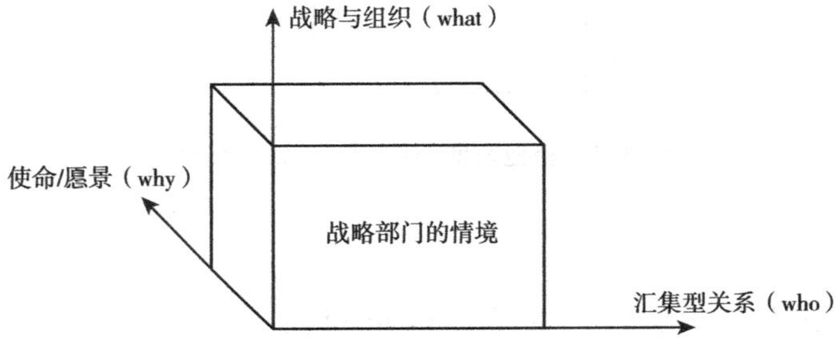

图 3.6 战略部门的情境模型

资料来源：作者研究总结。

2. 生产部门的情境模型

首先，企业生产部门发生的具体事件是产品的研发与生产业务；其次，生产部门成员的共同意义感知则是产品质量；最后，企业生产部门成员间的交互关系更为紧密。

Thompson（1967）认为，企业生产部门以技术为核心，需要稳定可预测的环境，因此企业会通过专业化的、细分的部门设置将生产技术部门与动荡的环境进行隔离，遵循的是"技术—结构"的理性组织逻辑，用技术上的交互依赖关系来保持生产过程的稳定；但 Lincoln 和 Kalleberg（2005）在比较日美企业的"技术—结构"实践时发现，同样的技术条件下，日本公司比美国公司的专业化程度更低，而层级体系更高，日本企业是在用成员间严密的层级体系来保持生产过程的稳定；Lincoln 和 Kalleberg（2005）所发现的这种"技术—结构"悖论可以用"社会—技术系统理论"来解释——企业是由技术系统与成员间关系系统共同组成的（Fox，1995）：美国企业更依赖于技术上的紧密交互关系（流水线制）来实现生产过程的稳定，日本企业则更依赖于成员间的紧密交互关系——高的层级体系来实现生产过程的稳定，如团队制。

综上，为保持生产过程的稳定性，企业生产部门的成员间交互关系呈现出更为紧密的序列型关系；在以丰田为代表的精准、柔性的生产系统中、在海尔所践行的组织平台化、网络化的系统中，企业生产部门的成员间交互关系则是最为紧密的倒易型关系——成员间的工作业务流程时刻都保持着互相依赖关系，但本质上生产部门内部成员之间的工作业务关系较为紧密，更符合序列型关系特征。据此，将企业生产部门的工作情境模型绘制如图 3.7 所示：

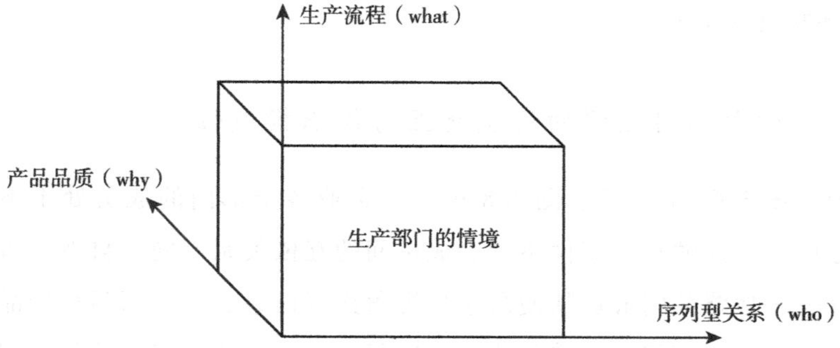

图 3.7　生产部门的情境模型

资料来源：作者研究总结。

3. 营销部门的情境模型

发生在营销部门的具体事件是市场与销售业务，关注于客户需求与客户价值，营销部门员工之间在工作上较为独立——即松散的交互关系。

营销理论的中心点从推销向营销的转变，背后原因在于供大于求及买方市场的形成，企业更注重对市场需求的调研及客户价值的迎合，为生产部门提供更为稳定的环境——起到对技术核心的隔离缓冲作用；即使在与消费者零距离的互联网时代，依然需要企业探析、挖掘客户的需求，只是方式有所不同。由于市场、客户的独特性需求，营销业务常常需要员工独立、发散的思维及工作模式。因此，营销部门成员间的交互关系比战略部门还要松散，呈现为彼此独立的交互关系。

综上，将营销部门的工作情境绘制如图 3.8 所示。

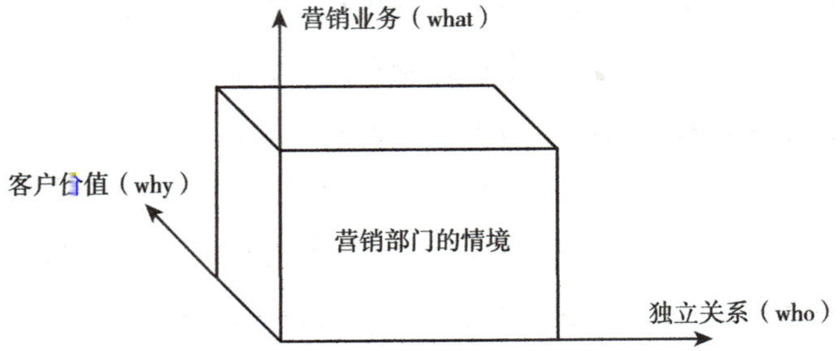

图 3.8　营销部门的情境模型

资料来源：作者研究总结。

（三）横向部门之间的情境交互与组织模糊性

从前述图 3.6、图 3.7、图 3.8 可见，企业各个部门的成员处于不同的工作情境之中，关注的核心事件不同、成员间的互依关系不同，自然有着不同的目标诠释——战略部门成员从使命愿景视角诠释信息、生产部门从产品品质视角诠释信息、市场部门从客户价值视角诠释信息。因此，横向部门之间存在不同的工作情境及组织模糊性。

由于横向部门之间业务流程协作的需要，不同的部门情境之间也需要交互融合，如图 3.3 所描述的那样，交互关系越多，则组织模糊性越强。

五、小结：工作情境差异及其交互关系生成了组织模糊性

综上所述，企业中的工作情境差异是组织模糊性生成的前提条件，而成员之间的工作业务协作关系则是组织模糊性得以增强及产生作用的条件。因此，情境差异与各类情境之间的交互关系是组织模糊性的主要生成机理。

具体来说，纵向层级间的机器装置情境与行为情境差异、横向部门间的工作情境差异形成了组织模糊性的初始静态分布。业务协作需要形成了各类工作情境之间的交互关系，这种交互关系增强了组织模糊性，造成了组织模糊性的动态变化，对企业组织过程及绩效产生着重要的影响。

因此，企业需要对组织模糊性进行有效的组织管理，理论上亟须研究组织模糊性的组织调控机制。

第二节 组织模糊性的调控机制——中层经理的诠释作用

组织模糊性不仅分布在纵向层级的成员之间，还分布在横向部门的成员之间，组织体系中的纵向层级与横向部门构成了组织模糊性的分布状态。由于成员之间业务协作的需要，促成了各类工作情境间的交互关系，强化了组织模糊性的作用。实质上企业组织已不是静态的结构，而是动态的情境信息传递体系。

在成员之间进行各自情境信息的传递过程中，中层经理处于关键的节点位置，通过战略诠释与组织诠释的方式对组织模糊性起着调控作用，融合了处于不同情境的成员之间的诠释多义性。同时，也会有效激发并引导诠释多义性，在组织模糊性与企业执行绩效及创新绩效间的关系中起到了重要的调节作用。

一、不同层级角色之间的工作情境差异

通过第一节分析可见，组织模糊性源自企业组织成员之间的工作情境差异及其交互关系，然而，工作情境差异具体的表现并不清楚，制约了对组织模糊性调控机制的分析。因此，需要从情境模型的三个维度——事件、主体、关系来具体分析不同的工作情境，以明确不同工作情境中的各类主体（Who）及其对组织模糊性与组织绩效间关系的调节方式，从而探索组织模糊性的调控机制。

企业角色理论将企业成员按纵向实体分为高层、中层、基层，分别承担着决策者、执行者、具体行为实施者的角色（Katz & Kahn，1978）。高层管理者代表企业，处于机器装置空间，基层员工处于行为空间，中层经理处于两类空间之间起着连接、调控的作用。因此，本节依据“角色不同——情境空间不同——情境模型不同——纵向的组织模糊性”逻辑来分析组织模糊性在企业中的具体表现和中层经理在其中的调控作用。

（一）高层管理人员的装置情境空间及认知逻辑

依据管理角色理论，企业高层管理者是所有者的代理人和经营管理的实施者，负责战略的制定及目标的分解，处于企业的装置信息空间之中。他们一般关注企业环境、战略决策、组织结构与机制等方面的信息，承担着决策者、命令者、监控者、协调者等角色职责（Katz & Kahn，1978），其认知的特点是：理性逻辑、由外而内、自上而下。

此外，企业代理理论、战略理论也都将高管视为企业的代表，关注于企业整体的战略目标及组织制度；高阶理论的核心也是分析高管的个体特征对企业整体战略及组织过程的影响（Hambrick & Mason，1982）；高管对企业使命愿景的界定影响着其他成员对管理信息的诠释，Prahalad 和 Bettis（1986）以管理认知论为基础提出，高层管理人员的战略管理方式不仅包括组织正式化结构，还包括向下属的战略诠释及认知图式的传递，以形成中高层管理人员间的共享战略图式。因此，高管承担着战略决策及执行的重要职责，其认知模式倾向于理性逻辑。

综上可知：（1）高管的情境空间是一种装置性信息空间，关注的信息主要包括：外部环境、战略、组织整体等。（2）高管情境空间的特点包括：①核心关系是环境、战略、组织三者间的整体关系；②理性逻辑为主，一般遵循“环境——战略——组织”由外而内的顺序，代表企业整体作出战略及组织决策。如图 3.9 所示：

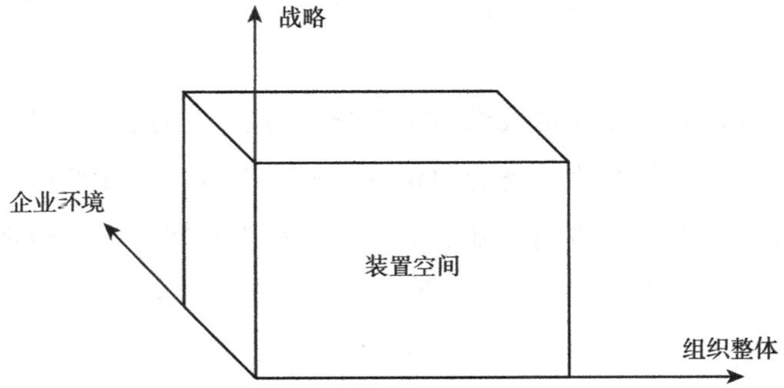

图 3.9 企业高管所处的装置空间及其情境模型

资料来源：作者研究总结。

（二）基层员工的情境空间及认知逻辑

与高管对企业整体战略及组织的关注不同，基层员工关注的是与其工作任务相关的工作条件、工作行为及相应的动机回报，其角色主要是业务的执行者，处于工作现场基于分工协作的行为空间。

基层成员的认知情境模型中的核心关系是个体的工作行为与工作动机，一般遵循由内而外、自下而上的顺序，倾向于情感逻辑。例如 Katz 和 Kahn（1978）的角色理论，依据“战略——组织结构——角色”的思路，来界定企业成员所承担的职责，认为基层员工所面对的是工作任务及工作行为；组织成员根据组织正式化提供的基本环境来设定自己的行为方向（Friedberg，2008）；组织现场论认为员工依据工作现场中的具体实践流程来诠释工作信息（Schatzki，2005），因此员工处于行为空间的情境中。

综上所述，可以将基层员工的行为空间界定为一个包含工作现场、工作行为、工作动机三方面信息的情境模型。员工根据对工作现场信息的诠释，形成自己个人的工作动机需求，作出相应的工作行为。如图 3.10 所示：

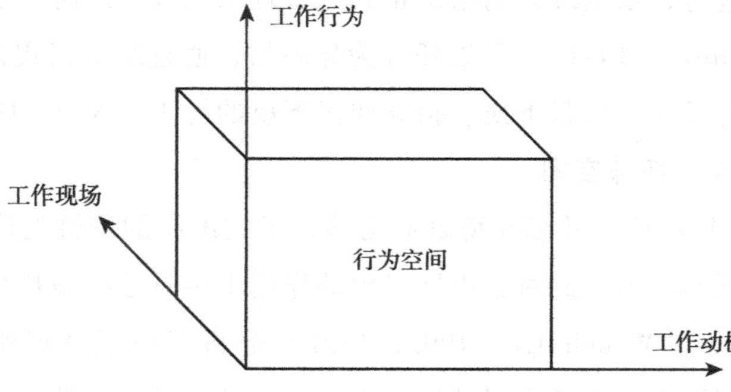

图 3.10 企业基层员工的行为空间及其情境模型

资料来源：作者研究总结。

（三）中层管理者的两类情境空间——战略执行与战略参与的任务空间

中层管理者处于组织高层与基层之间，面对的是“战略——任务——行为”链条中间的任务空间，其认知情境模型是高层与基层的混合，既需要考虑高层关心的战略与组织问题，又需要考虑基层的情感动机。

在组织设计与工作分工中，“任务”居于高层战略与基层执行之间，既是对高层战略的分解，又是对基层员工行为的集成；中层经理既要面对高层战略与组织结构制度的理性要求，又要面对基层员工行为与动机的情感诉求。明茨伯格（1985）认为，在动荡环境中企业高管以外的其他成员也会起到战略作用，为企业战略决策提供信息和方向。Floyd 和 Wooldridge（1992）以此为基础，明确提出中层经理具有战略性功能，他们通过向上、向下的诠释沟通对高层的战略形成及基层的任务执行起到关键作用。

中层经理的任务空间分为两种：当被界定为战略执行者时，中层与高管保持一致，依赖组织正式化管理基层员工，处于战略执行的任务空间；当被界定为战略参与者时，其管理活动常常是向基层员工进行战略目标与组织制度的诠释、取得基层员工的理解认同，同时向高管反馈战略信息，处于战略参与空间。

1. 战略执行的任务空间

在外部环境相对稳定的情形下，企业运营以“环境—战略—任务—行为”为传导链条来进行，依据理性的组织正式化管理来完成。此时中层经理是战略的执行者（Andrews，1971），是以任务为导向的，通过组织正式化授予的权力向下属员工分配任务、监督下属、指导纠正下属的行为（Nutt，1987）。

2. 战略参与的任务空间

20 世纪 80 年代后，外部环境日益动荡，正式组织的理性逻辑难以推动企业经营管理的顺利实施。此时，中层经理的作用不再只是战略执行，而倾向于战略参与。Floyd 和 Wooldridge（1992，1997）分析了中层经理的四种战略作用，指出动荡环境下更注重中层的诠释沟通方式及传递信息的角色而不是执行者的角色，中层经理通过将战略计划及相应组织制度向员工进行释义和说服来对基层员工进行管理。

因此，战略执行与战略参与的任务空间下，中层经理分别采取两种组织管理方式：正式的组织规则与诠释沟通。如图 3.11 所示：

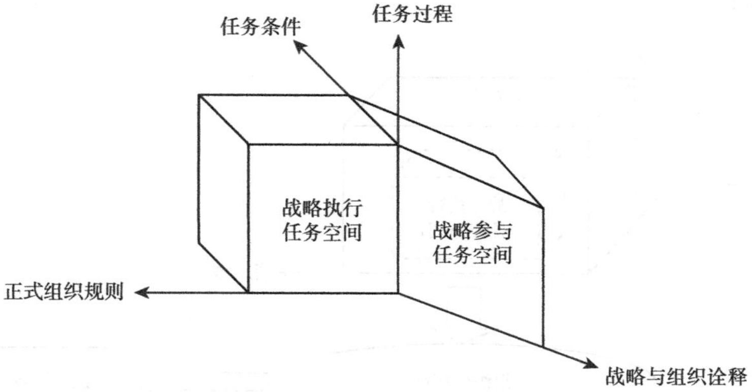

图 3.11　中层经理的两个任务空间

资料来源：作者研究总结。

二、中层经理的两类情境空间对情境差异及组织模糊性的不同调控作用

综上所述，无论外部环境稳定还是动荡，高层、中层、基层成员所处的情境空间分别是装置空间、任务空间、行为空间，他们认知情境模型中的核心关系分别是组织整体、任务、个体行为。但中层的任务空间可分为两种：战略执行与战略参与，这两类任务空间中的组织模糊性程度显然是不同的。

（一）中层经理的战略执行任务空间与组织模糊性的广泛扩散

在相对稳定的环境条件下，企业依赖于理性的战略决策及相应的正式组织来运营，中层经理的任务是依据高层制定的战略目标对下属员工进行任务分配、监督执行。此时中层经理的任务空间被组织整体及高层的装置空间所包含，中层经理仅仅是装置空间内高层的代言人，往往造成中层经理无视基层员工的情境差异及诠释多样性，因而组织模糊性会在企业中广泛扩散，组织模糊性对组织执行绩效产生了负面影响。

此时，组织模糊性在企业中呈现扩散状态，中层经理依赖正式组织方式（规则、监督）难以对组织模糊性与执行绩效之间的关系起到调控作用，如图

3.12 所示：

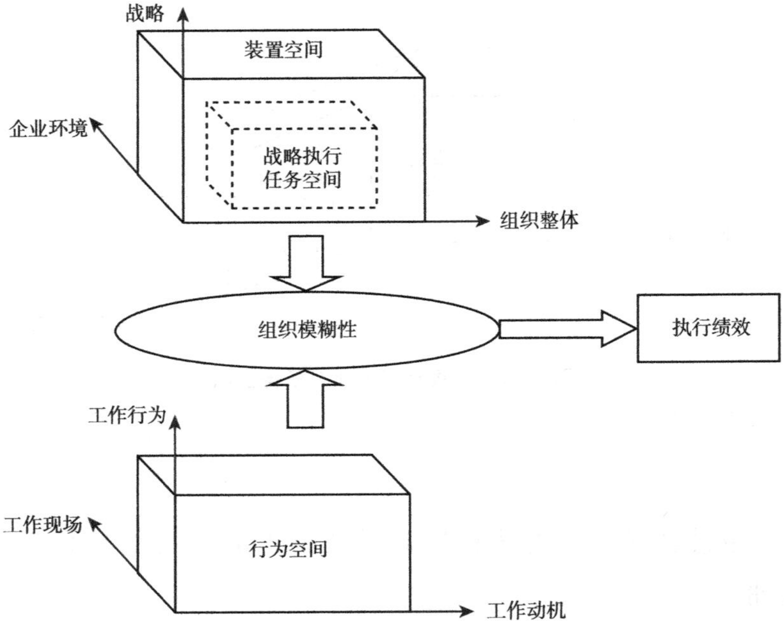

图 3.12　中层战略执行任务情境下组织模糊性与执行绩效间的负向关系

资料来源：作者研究总结。

（二）中层经理的战略参与任务空间与组织模糊性的有效调控

继 Floyd 和 Wooldridge（1992）提出中层经理的战略参与作用后，学者们研究了中层经理对战略及组织的诠释作用；Rouleau（2005）认为，中层经理运用释义和沟通技巧对下属解释战略意图从而使组织协调一致，是战略的翻译官与解释者；Beck 和 Plowman（2009）认为，面对动荡环境中的新奇事件，正是通过中层经理的诠释活动才使得组织得以学习与创新，并以此来降低高层与基层之间对于战略目标的诠释差异；CurrieG 和 Procter（2005）认为，面对企业组织中的不一致问题，中层经理对战略及组织制度的诠释沟通起到重要作用。

因此，中层经理往往并不仅仅是处于企业整体理性的装置空间来处理人与事，中层经理会在一定程度上默许基层员工的创新行为或越轨行为，并为下属提供时间及物质支持即冗余资源（Kanter，1983）；中层经理还会对既有战略及相应组织规则向员工解释沟通，促进组织变革与创新（Feldman，2000）。

此时，中层经理会考虑高层与基层双方的立场，并试图整合、反馈双方的诠释差异，通过战略诠释与组织诠释来调控组织模糊性对组织绩效的影响：一方面弱化组织模糊性对执行绩效的负面影响；另一方面促进组织模糊性对创新绩效的正向影响。如图 3.13 所示：

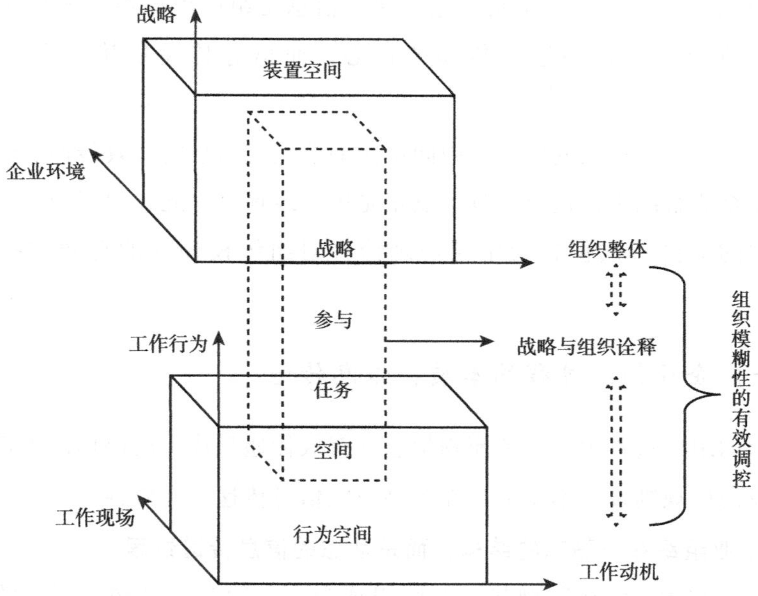

图 3.13 中层战略参与任务情境下对组织模糊性的调控

资料来源：作者研究总结。

（三）中层经理诠释对组织模糊性与组织绩效间关系的调节作用

通过图 3.12 与图 3.13 之间的对比可见，当中层经理通过对成员进行战略与组织制度方面的诠释、沟通，参与战略与组织管理过程时，组织模糊性的广泛扩散与负面效应得到控制。因此，中层经理诠释对组织模糊性与组织绩效间的关系起到了调控作用，是组织模糊性的重要调控机制。

然而，中层经理之所以能通过战略诠释与组织诠释对组织模糊性与绩效间的关系起到有效的调控作用，是因为中层经理在企业组织信息体系中的关键节点位置。因此，还需要研究组织信息网络的特点及中层经理在其中的作用。

三、中层作为组织网络的关键节点对组织模糊性的调控作用

企业各部门、各角色之间的情境差异是客观存在的，企业组织协作的需要使得情境之间的交互关系产生。基于情境的信息要素及组织的信息过程论发现，情境交互过程的本质是信息传递，信息是组织模糊性（不同情境间交互产生）在企业组织中连锁传递的核心，而信息传递依赖于企业的信息网络。

在企业组织的信息网络中，中间层次的节点对信息的有效传递起到了关键作用，在企业组织中，这个关键节点正是中层经理。因此，中层经理在组织信息网络中的关键节点位置为中层经理诠释对组织模糊性的有效调控提供了条件。

（一）企业组织过程的本质：信息传递

无形的组织过程中，业务流程信息的有效传递是成员间协作的关键，有形的结构及制度规则设计本质上旨在提高组织信息传递的有效性。

1. 企业组织并非静态的结构，而是动态的信息传递过程

早期“技术—结构”观将企业组织视为一个静态的结构，不同的技术条件对应着相应的组织结构，尽管经过权变理论的修正，其关注点依然是组织结构；Katz 和 Kahn（1978）的组织角色结构论强调了企业中不同层级的成员——高层、中层、基层的不同社会角色或身份，特别分析了高层、中层领导者应该承担的相应角色，如决策者、监督者、执行者等，但依然是一种静态的角色结构，与“技术—结构”观一样都忽略了成员、角色间的互动作用及互动方式。

Galbraith（1974）提出，分析工作任务流程的关键是其中需要处理的信息数量；Thompson（1967）认为，组织结构中的层级体系承担着处理大量任务信息的责任，任务信息处理量越大则越需要更多、更高的层级体系。因此，企业组织本质上是动态的信息传递、沟通的过程。

2. 情境模型是企业组织过程中传递的核心信息

传统的组织结构观遵循着“战略—组织结构—员工行为”的理性逻辑，认为组织结构及制度是传递战略目标的机制，Barnard（1938）也强调了经理人员最重要的职责是向成员传递目标方面的信息，以使成员形成共通目标。显然，目标是组织网络的核心信息。

但是，情境—认知理论对形成目标认知的情境的强调说明：人们各自的工作情境不同，则目标界定不同。因此，企业目标只代表了企业高管及企业整体的情境，而基于行为情境空间的个体员工及基于任务情境的中层经理是很难理解高层制定的企业目标的；而信息的建构观（Brenda Dervin，1976）认为，人们之间沟通传递的信息是基于具体“情境 context”的，信息是个人主观理解、诠释的结果。因此，企业组织中传递的信息形式上、表征上是企业目标，实质上是目标产生的具体情境及情境模型；由高层自上而下的企业目标信息传递过程受到其他成员即信息受众的具体情境制约，企业成员之间能有效传递的信息是情境模型中的各类信息。

（二）不同类型的信息组织网络与组织模糊性的有效调控

企业组织是一个协作系统，组织网络是企业系统的核心，各个部门、各个成员的具体情境信息在他们进行协作交互的传递过程中依赖于组织的信息网络，因此，基于信息的组织网络来分析情境模型差异即组织模糊性在企业中的连锁传递过程，以明晰组织模糊性的调控机制。

1. 企业协作系统与网络

巴纳德（1997）认为①，企业组织是一个协作系统，是有意识地统一起来的、两个以上的人的活动或各种力量组成的系统，经理人员的主要职责是通过沟通向成员传递、赋予企业的目标，以诱导员工愿意与其他成员协作从而实现企业目标；系统是由相互作用和相互依赖的多个组织部分相结合而成的有机体，具备特定的功能（Newman，2003），网络是系统中各个子系统或各组织部分相互关联的载体，网络中的节点和连线是系统中子系统之间相互连接的必备

---

① ［美］巴纳德，孙耀君（译）．经理人员的职能［M］．北京：中国社会科学出版社，1997．

条件，因此，网络是研究系统的有效方式（Albert & Barabasi，2002）。

巴纳德认为，经理人员是企业协作网络中的关键节点（联系点），企业成员间的连接方式是正式组织中的等级链；Peter 等（2003）认为，在动态环境中，企业是以问题解决为导向的，问题解决与组织业务流程及相应的组织结构是同时进行的，企业经理人员的主要作用不再体现在分配任务上了，而是协调、沟通，即信息处理的作用。

因此，企业中的组织网络是企业系统的核心，需要注重企业层级体系（即正式组织系统）中组织网络的特点与模糊性及组织过程管理间的关系。

2. 信息的组织网络

按照网络中各节点连接的方式不同，网络分为规则网络、随机网络、小世界网络（Watts，2011）。

（1）规则网络是最简单的一种，其中的节点按一定的规则、结构来连接。在企业系统中则表现为员工按照企业正式结构及指挥链来相互连接，典型的如职能制组织结构，也可以理解为企业中正式建立起来的业务流程中固定的员工间工作关系，对某类固定的问题，员工不用自行寻找问题的解决方案及工作连接人，只需要按照固定的流程和连接人逐级上报或下传即可，其信息搜索是典型的点对点即 P2P 式的方式。

（2）在随机网络中，节点间以特定概率而任意的连接起来，企业系统中表现为矩阵式组织结构、网络化组织，其中的员工需要自行寻找问题解决方案及相应的工作流程，员工间的隶属关系不确定，此时的信息搜索是一种广泛随机的方式。

（3）小世界网络则是介于规则网络与随机网络之间的一种节点连接方式，类似于互联网中的局域网，在企业组织中则表现为工作团队制。

Watts（2011）认为，现实的组织网络中，人们不会随机、广泛地去搜索信息，而是先从其所隶属的关系网络中寻找，人们通常是通过自己的朋友、熟人、同事与外部取得连接的，在企业组织中则表现为员工依赖于与其紧密连接的同事来获取问题及解决方案的信息，而不是与所有企业员工进行联系。所以，组织成员之间的客观工作关系对信息诠释的有效传递至关重要。

上述三种信息的组织网络如图 3.14 所示：

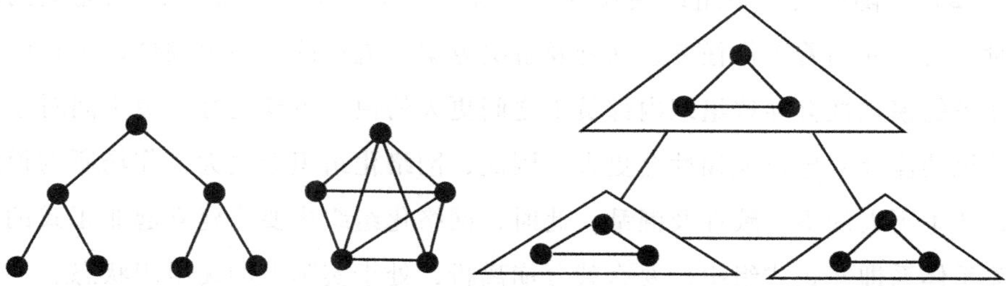

（a）规则网络（层级制）　（b）随机网络（网络化组织）　（c）小世界网络（层级+团队网络）

图 3.14　信息的三种组织网络体系

资料来源：Watts，六度分隔［M］. 陈禹译. 北京：中国人民大学出版社，2011：202－205.

3. 信息的三种组织网络与组织模糊性程度大小的关系

组织模糊性是员工对企业目标、工作意义、工作动机的诠释差异性，属于人际间、社会性的认知信息传递问题，即人与人之间在观念、思想上的互动与互相影响。对于认知或思想上的社会性传递，Watts（2011）在《六度分隔》一书中谈道：实际的社会网络中，人们之间的信息、认知传递是基于“客观的隶属关系网络”，如人们所属的地理空间、职业群体都会影响社会网络的传递方向和距离。人类学家 Russell Bernard 和一位海洋学家 Peter Killworth 的“反小世界实验”发现，大多数人只会将信件投寄给他们的邻居、朋友、同事，而不是随机投寄，即在社会网络中人们会使用“有标度的网络”传递信息。企业中，同一个地理空间如一个办公室的员工、同一类职业群体如同一部门中的员工，他们之间会更有效地传递信息及互动，会有更为相似的工作动机，即相似工作情境的员工之间容易保持一致性，存在较低的工作场所模糊性。

因此，图 3.14 中信息的三种组织网络与组织模糊性的关系是：

（1）规则网络中组织模糊性较大，组织集体目标只是个象征。因为企业正式组织忽视了员工间信息传递的社会属性，企业组织网络中只存在点对点的工作关系网络，而没有考虑员工间的其他关系网络——如位置网络、职业网络、兴趣网络等。这样，工作场所中虽然企业目标是明确的，但是存在着极大的工作动机诠释差异即认知模糊性，这种诠释模糊性会导致企业目标及相应激励机制的偏离或失效。

（2）在随机网络中组织模糊性呈现无限放大的状态。企业组织完全网络化时，员工面临着工作任务、问题及解决方案、流程的无限模糊性，工作问题和任务的模糊性会导致组织内部员工之间更大的模糊不确定性，员工间对于工作动机的诠释差异及模糊性会更大。因此，网络化组织会放大工作场所的模糊性，产生更大的不一致性及混乱，此时，网络化组织中要么建立起非正式的权力关系体系即非正式组织，要么就分崩离析，处于实际上的无组织状态。

（3）小世界网络中组织模糊性呈现大而可控的状态。当企业组织既有稳定性的层级制，又有各层级的网络化团队组织时，组织模糊性受到节点的有效调控。层级制有利于明确工作场所的工作任务及主导问题，有利于整体网络的稳定性；而各层的网络化团队组织则有利于工作意义、动机的统一认知，有利于解决工作场所的模糊性。因此，最为有效的应对组织模糊性的是小世界网络式的“层级＋团队式”组织体系。

（三）中层经理在小世界网络中的关键节点位置与调控作用

1. “层级＋网络”式组织体系中的小世界网络

1984 年，萨贝尔等在《第二次产业分化》一书中认为，20 世纪 70 年代后随着消费者个性化需求的增加，使得大规模生产模式及大型公司的作用降低，人们重新关注于能工巧匠的手工作坊式企业组织及其合作网络、灵活专业化下的小批量生产方式、订制化。因此，认为网络型企业组织是更为有效的组织形式，这一思潮引发了人们对正式组织及其固定网络的怀疑，走向了网络化组织、完全柔性化组织的变革之路。

但是 20 世纪 90 年代后，学者们发现正式组织是难以取代的，柔性制造系统总是伴随着紧密的雇佣关系，日本企业常常通过限制员工的外部流动性（数字式的劳动力柔性），即保证员工的终身雇佣，使员工在组织的不同部门间流动，发展高层次的职能性劳动力柔性（即提高工人的技能多样性）①。业务流程的网络化再造即网络化组织掩盖了另一种更为深层次的模糊性，造成了企业组织的混乱和更大的模糊性、不确定性，使企业难以成为有效的协作系

① 亨克·傅博达．创建柔性企业［M］．项国鹏译．北京：人民邮电出版社，2005．

统。因此，萨贝尔、Watts依据小世界网络对组织模糊性的调控作用，提出了“网络+层级”式的组织体系设计方式，如图3.15所示：

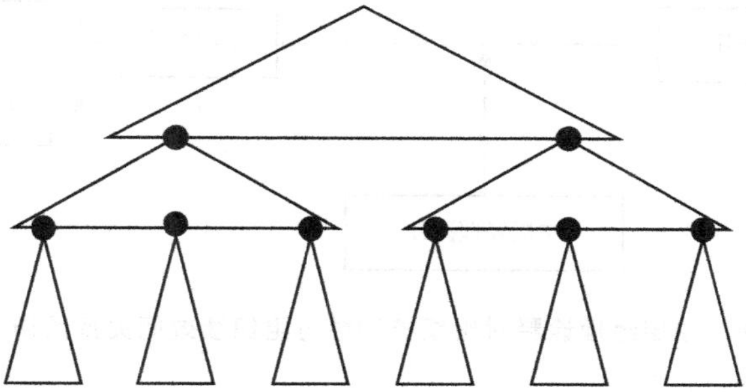

图3.15　“层级+网络”的小世界组织体系

资料来源：Watts，六度分隔［M］．陈禹，译．北京：中国人民大学出版社，2011：202－204.

图3.15中，三角形区域表示企业各部门或团队的“小世界”，其内部的成员之间形成互相连通协作的网络组织关系；各部门或团队之间通过节点（图中的黑色实点）互相联结、协作，形成企业整体的网络组织体系。

小世界组织网络既能实现各部门或团队内部成员间的一致性认知和行动，又能通过成员间的互相连通、互动促进创新，在这两个过程中，中层经理作为中心节点（图中的黑色实点）对团队或部门都起到了重要的影响作用。

2. 作为中心节点，中层经理通过诠释方式对组织模糊性与组织绩效之间的关系进行调控

从图3.15可见，小世界组织体系中最关键的是中心节点（图中的黑色实点），企业的中层经理处于组织体系的中心节点位置，对企业组织的内聚与连通都有重要的影响作用。内聚的成员之间对组织信息有着共享的诠释与认知，容易形成共享目标或共识，实现一致的行动，提升执行绩效；互相连通的成员之间能有效地进行整体业务问题挖掘、知识更新与共享，提升创新绩效。

战略管理与组织诠释管理的研究发现，中层经理通过诠释的方式对组织模糊性与组织绩效之间的关系进行调控：一方面会减弱组织模糊性对组织执行绩效的负面影响，另一方面会促进组织模糊性对创新绩效的正向影响。

因此，中层经理对组织模糊性与组织绩效之间的关系起着双重调节作用，如图 3.16 所示：

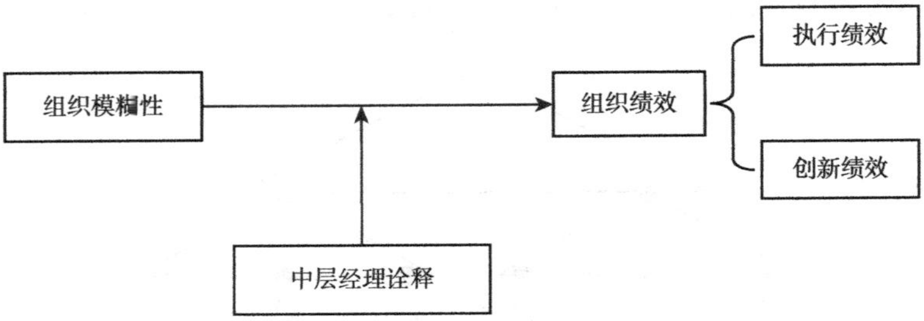

图 3.16　中层经理诠释对组织模糊性与组织绩效间关系的调节作用

资料来源：作者研究设计。

（1）中层经理作为部门或团队的管理者，承担着对内部成员的认知、诠释进行管理及引导的职责，影响着部门或团队的内聚性或一致性，有利于提高组织的执行绩效。在战略诠释管理过程中，中层经理把高层战略意图翻译成短期可操作的行为，向员工进行释义，消除员工间的模糊性，使员工理解、认同并一致地执行高层的战略意图（Floyd & Wooldridge，1992）；在组织过程中，中层经理有助于应对组织成员的认知混乱即模糊性，在诠释组织目标、组织制度的过程中起着关键作用（Balogun，2004）。

（2）中层经理处于企业组织网络中心节点的位置，影响部门或团队内成员间的连通、沟通关系，有利于客户问题挖掘、信息反馈与创新，提升组织的创新绩效。小世界网络中除了各主体或节点间的连接关系之外，节点的不同作用也很明显，与其他节点连接最多的是中心节点，具有最高的集聚系数，这些中心节点对网络的连通性和整体有效性起到重要的作用（冯锋等，2008）。在企业组织中这些中心节点显然是中层经理，因为中层经理与其下属员工、其他部门经理、高层、消费者等企业网络中的其他节点联系的最多（Floyd & Wooldridge，1997），便于将基层成员发现的新问题、新线索向高层进行反馈，推进企业整体的创新过程和创新绩效。

综上，由于中层经理在企业信息网络中的关键节点位置，可以通过有效的战略诠释与组织诠释来调节组织模糊性对组织绩效的影响，对组织模糊性起到调控作用。

第三节 综合研究模型与研究路径

综合前述关于组织模糊性生成机理与调控机制的分析可知，企业成员分散、独立的工作情境差异是导致成员诠释多义性即模糊性的前因，但组织模糊性对企业组织绩效的影响依赖于中层经理诠释作用的大小。本节结合研究中的操作性及诠释的组织现场理论提出可行的综合研究模型，以及相应的研究路径。

一、综合研究模型

由模型图 3.16 可知，中层经理通过有效的诠释过程对组织模糊性起到了关键的调控作用，但前提条件是中层经理在组织网络中的关键节点位置。基于组织现场理论的研究发现，中层经理的关键节点位置具体体现在其与组织成员之间紧密的工作现场关系，这种工作现场关系是中层经理诠释对组织模糊性的进行有效调控的前提条件。

（一）组织现场理论概述

组织现场理论是 Schatzki（2005）在 Heidegger“栖居地”哲学论基础上提出的，认为人们主观上的信念、意义感只能产生于相应的生活场地之中，客观的生活场所决定了人们的主观意义诠释。Schatzki（2005）在社会学中把哲学上的“栖居地”引申为人们共同生活着的“现场 site”，认为人们共同的现场才是社会群体关系的纽带——成员之间的信念、诠释才能互相影响。

1. 组织现场（the site of organizations）

现场（site）是事件发生的某个空间场所，也可以是引致事件发生的一系列流程，只有参与这一空间或流程的人们（主体）才会有共同的意义感知和信念结构，或者共同的事件发生现场是群体成员之间进行诠释信息互动、影响彼此诠释或认知的关键。因此，中层经理与成员之间的共同现场是中层经理诠释对组织模糊性调控的前提条件。

组织现场包括“空间、事件、主体、意义（where，what，who，why）”等方面，本质上是一个“意义共享空间”。因此，组织现场不只是有形的场地或空间，更重要的是参与其中的人们通过反思、回溯形成的对事件相似或一致的理解即共享意义，人们可以理解其中事件意义的现场就是“意义空间 the place of meaning”，人们只有在自己能理解的这个意义空间或组织现场中才能自主地进行决策和行动，企业组织中的成员只有在共享的意义空间中才能形成相似或一致的组织认知及有效的组织过程。

2. 组织现场的具体界定与操作

组织现场理论将组织现场具体界定为“实践集”，社会组织成员共同参与的实践活动越多，实践集越大，那么社会组织成员间的意义传递更有效，成员间的共享意义感越强。

战略实践观对组织现场理论进行了操作性应用研究，关注于组织成员共同参与的具体战略实践活动对组织成员的共享战略认知及战略决策过程的影响。战略实践观将战略的定义从“组织的所有物 possession of an organization”转变为“组织成员共同实施的实践活动 activity that its members perform”（Jarzabkowski，Balogun，Seidl，2007），不仅丰富了战略研究的内容，也为组织现场理论在研究中的操作性提供了借鉴。

战略实践观的研究中，将组织现场操作化为具体的战略实践活动。Hydle（2015）将组织成员共同参与的战略实践活动作为组织现场“实践集”的操作性研究方法，探索了战略在企业组织中不同时空现场中的具体过程：基层员工常处于正式结构的约束之中，参与的是工具性、常规性战略活动与流程；中层经理参与的是战略认知或知识方面的非正式实践活动，通常能进行战略创新；而项目式非正式战略实践活动要解决的是非常规问题，通常会带来突破性的战略创新。因此，这里将中层经理与其下发成员的共同实践集（共同参与的业务流程数量）作为组织现场的操作性内涵。

（二）共同实践集影响着中层经理诠释对组织模糊性的调控有效性

结合组织现场理论及实践活动集的具体内涵界定可知，中层经理与成员间的组织现场程度——中层经理与成员共同参与的“实践活动集”大小影响着中层经理诠释对组织模糊性的调控效果。将中层经理诠释与共同实践集同时考虑的综合研究模型如图 3.17 所示：

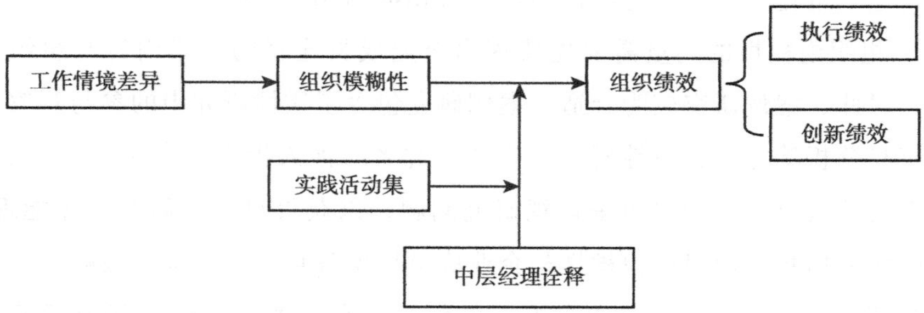

图 3.17　综合研究模型

资料来源：作者研究设计。

根据组织现场理论，当中层经理与成员共同参与的实践活动越多，即实践活动集越大，则中层经理与成员的共享意义空间越大，互相影响的有效人际关系越强，那么中层经理的诠释对成员的诠释、认知影响越大，也就是说中层经理的诠释对组织模糊性的调控作用越大；相反，当中层经理与成员共同参与的实践活动越少，则中层经理诠释对组织模糊性的调控作用越小。

二、研究路径

研究路径上分别对组织模糊性的生成机理（图 3.17 模型的前半部分）与调控机制（图 3.17 模型的后半部分）进行了研究，采用了案例分析和大样本问卷调查两种不同的研究方法。

（一）组织模糊性的生成机理研究路径

根据认知情境理论及组织诠释观，建立了“工作情境差异——组织模糊性”的模糊性生成机理理论模型。因此，研究中采用了案例分析方法，原因如下：

1. 工作情境需要丰富性的测量方法，更适合用案例研究来分析。企业成员工作情境的多样性、丰富性是生成组织模糊性的关键因素，而量化测量的方式通常舍弃了情境丰富性的特点。案例研究则不同，它整合了定性分析与定量分析的双重优点，既能充分展现工作情境变量的内涵，还能用分类、计频次的方式来适当量化变量，以进行模型检验（Eisenhardt，2007）。

2. 组织模糊性的测量需要先梳理出企业成员诠释的战略内容与组织制度内容，对此，案例研究较为合适。案例研究包含了质性研究中的参与观察、访谈、资料分析等方法，质性研究承认“研究者所涉入世界的主观性”，认为研究者需要从被研究者的视角来审视研究问题，以获得只有被研究者才能理解、提供的研究信息。而组织模糊性是企业成员根据各自工作情境对战略及组织的诠释与理解，诠释与理解方向和方式的信息只有企业成员即被研究者才能提供。因此，案例研究方法为后续对于成员间诠释多义性的测量即组织模糊性的量化提供了基础。

（二）组织模糊性的调控机制研究路径

对于组织模糊性的调控机制（即图 3.17 模型的后半部分），采取了量化研究方法，以问卷调查方法为主，以资料分析为辅。

1. 需要对中层经理诠释这一变量进行量表开发研究工作。本研究关注中层经理诠释的两个方面：对企业战略及组织制度的组织诠释、对工作中模糊不定的非常规事件的诠释。虽然诠释属于沟通能力的范畴，但通用的沟通能力量表不涉及企业具体的组织内容，因此需要围绕中层经理诠释的内容（组织和模糊事件）进行量表开发。

2. 通过问卷调查进行实证数据分析，检验图 3.17 模型的后半部分即组织模糊性的调控机制模型。问卷调查主要测量的是模型中的五个变量：组织模糊性、中层经理与员工间的共同实践集、中层经理诠释、执行绩效、创新绩效，这几个变量均在团队层面上进行测量，不涉及跨层模型，直接用 SPSS、MPLUS 统计软件进行调节模型的分析即可。

第四章

工作情境对战略及组织制度模糊性的影响：模型构建与案例分析

企业组织中模糊性是企业成员对战略目标及组织制度的诠释多义性或不一致性，企业成员所处的不同工作情境是产生组织模糊性的根源，本章分别研究了工作情境对战略模糊性及组织制度模糊性的影响。

第一节　工作情境对战略共识暨战略模糊性的影响

在复杂多变的环境中企业需要通过构建战略来确定“我们是谁”“我们要到哪里去”“我们如何到达那里”等基本命题，以指导各种经营活动。战略既是其在外部环境中基于定位展开经营活动的“旅行指南”，也是内部汇聚组织成员向心力和贡献意愿的“心灵鸡汤”或必要形式①（斯科特，2011）。因此，战略不仅是企业市场竞争的需要，还是企业成员协作的关键。

然而，企业组织成员由于所处的客观工作情境不同，关注的战略问题则不同，对战略的诠释和理解是多种含义并存的、不一致的，而企业又需要组织成员间在一定程度上的共享战略理解即战略共识来实现协作及一致行动，同时在达成战略共识的过程中实现战略问题的发掘及战略创新变革。因此，人们基于

① “目标、战略计划”只是个象征性的东西，其主要作用是提供一个各方互动的缘由，并不一定是理性决策的结果。

战略模糊性问题提出了“战略视野”“战略共识”等目标（Boswell，2006），战略模糊性与战略共识是两个对立的问题，研究战略模糊性离不开对战略共识的考察，在某种程度上可以说，战略共识程度越强则战略模糊性越弱，战略共识越弱则战略模糊性越强。因此，这里用战略共识作为战略模糊性的替代变量，研究工作情境对战略共识及战略模糊性的影响。

战略共识主要是指组织成员对战略重点的共享式理解与认可，在很大程度上决定着战略实施的成败。但现实中，这种共识往往停留在表面形式上的认同而非内心深层次的认可，非常脆弱且容易动摇。其原因在于，组织成员都是基于特定的工作情境所获取的信息而形成认知的。工作情境结构化了他们看问题的视角，而视角的多样性必然导致对战略认知的差异，使深层次的战略共识难以达成。在战略共识研究已从高管团队成员间的共识扩展至高中基层间的共享式理解的情况下（Kellermanns et al.，2005），有必要依据情境—认知理论，重点分析职务层级和工作流程特征等工作情境对战略共识的影响。

具体而言，研究中以河南某食品企业为案例，通过对其各个层级、各个部门的员工关于公司战略认知情况的访谈及分析，阐明工作情境对战略共识的影响机制。结果表明：（1）不同层级人员战略共识内容的侧重点存在差异：高层侧重于整体战略目标与手段，中层则是战略议题、方案、重点，基层是具体业务操作方式；（2）工作情境的时空特征影响战略共识程度：在时间连续、空间集中的工作流程下，成员越容易达成共识，组织模糊性程度较低。

一、战略共识的相关研究

（一）战略共识概念与共识内容的界定

战略共识的概念与内容界定随着战略管理理论与实践的发展而变化。早期的战略理论与实践中，企业高管团队是唯一能影响战略决策的主体，以控制为核心的组织管理是确保其他成员执行高管制定的战略目标的工具；尽管战略目标在其他成员的执行过程中常常出现“偏离或漂移”——实现的目标与高管之前制订的战略计划不一致（Ansoff，2013），但人们认为通过组织控制、沟通可以解决漂移问题。此时，中基层成员在企业战略决策过程中的作用较为消极被动，战略共识被界定为“企业高管团队成员 TMT 对环境认知、战略目标、竞争方式等战略因素的一致同意（agreement）”（Bourgeois & Singh，1983）。

20 世纪七八十年代，企业环境日益动荡，人们期望通过削减中层经理人员来提高组织柔性及环境适应能力，但事实却相反：去除中层的运动并未持续地提高企业绩效，具有变革能力的中层和专业人员才是企业绩效的关键，而不是高层（Currie & Procter，2005）。中层经理比高层管理者更贴近市场环境，能不断提出新的战略方案并以此为基础形成“战略方案池 pool of initiatives”，而企业战略是从“战略方案池”中挑选出来的某个方案（Burgelman，1991）；而且，中层经理还通过向高管进行战略议题营销来影响高管的战略决策过程（Dutton et al.，1997），事实上，中层经理在企业战略过程中起着关键的作用。

因此，Floyd 和 Wooldridge（1992）认为，中层经理更了解的是特定战略目标中相对重要的部分即战略重点（strategic priorities），战略共识是指中层经理们对企业战略重点的共享理解与认可。

近年来超竞争环境下，企业更注重基层员工发现、解决战略性问题的能力，这种持续不断地关注战略线索的能力正是打破管理者认知凝滞的关键，也是企业动态能力的微观基础（Gavetti，2005）。为此，Rapert 等（2002）将高管外的其他中基层成员都纳入了战略共识的主体范围，认为战略共识是企业组织内所有成员对战略重点的共享理解，跨层级的纵向沟通是实现战略共识及绩效的关键。而 Kellermanns 等（2005）则验证了基层团队成员对战略重点（安全、效率）及其实现方式的共享认知模式对组织绩效的正向影响。

综上所述，可以将战略共识的主体（who）与内容（what）总结如表 4.1 所示：

表 4.1　　战略共识内容及主体的演变

战略共识的主体	战略共识的内容	代表学者
高管	战略目标、手段、环境	Bourgeois & Singh（1983）
中层经理	战略重点、战略方案	Wooldridge & Floyd（1992）
基层员工	战略重点	Rapert 等（2002）
	实现战略的具体工作方式	Kellermanns 等（2005）

资料来源：作者研究总结。

从表 4.1 可见，战略共识的两个主要维度——主体、内容随着时间而演进变化，当前的共识主体范围包含了企业所有成员，将战略重点作为共识的唯一内容，完全去除了早期战略目标及手段这些共识内容。

事实上，战略共识的内涵、内容界定是因研究目的而异的。因此，实证研究中才会出现共识程度与绩效间关系的不一致结果（Kellermanns et al.，2005）；Tarakci 等（2014）认为，应该建立起跨层级的、跨纵向时间点的战略共识内涵及共识内容等维度的界定。为此，这里将建立起上述三方面战略共识内容在组织中同时存在的模型。

（二）战略共识的维度研究

维度展示了战略共识的不同方面，有助于进行综合分析。Markoczy（2001）认为，战略共识包括四个维度：（1）共识程度，即成员对某些战略内容达成一致认知的程度；（2）共识内容，即成员需要对战略的哪些方面达成共识；（3）共识焦点（locus of consensus），即需要企业中哪些层级（高、中、基）的成员达成共识；（4）共识范围，即需要达成共识的人数。然而，Tarakci 等（2014）认为，还需要考虑战略共识的“空间及时间”特征，“空间”是指纵向企业层级成员间的共识，也包括横向企业各部门成员之间的共识，“时间”是指战略共识的各个方面或维度随着时间而变化的情况，主要关注的是共识程度的变化情况，并勾勒出了战略共识地图即 SCM（Strategic Consensus Mapping）。

因此，战略共识的维度分析需要考虑多方面的因素。然而，上述研究中并未分析这些维度间的关系，如主次关系、互相影响关系等，SCM 对战略共识时空维度的刻画与员工的具体情境较远，难以探析战略共识的具体成因，对此，拟通过“情境模型”来进行研究。

（三）战略共识的影响因素

战略共识旨在不同成员之间形成一致意见，因此离不开各成员间的沟通交流，如高管团队的协商，上下级之间的宣贯与反馈等。但这一进程往往被多种因素阻断。已有研究从三个方面进行了探讨：（1）高管团队的人口统计学特征，如年龄、经历、部门背景等，在这些特征方面越相似，高管成员之间的共识越强（Priem，1990）。（2）群体决策过程特征，包括决策的综合性、决策辅助工具的应用、沟通等。研究发现：计划过程工具的应用、频繁的沟通、认知多样性都有利于共识的形成（Rapert et al.，2002）。（3）组织结构，包括集权度、正式化、纵向等级分工、任务专业化等。通常高度的集权、正式化会限制个体的自主选择，会增强成员对战略方案的一致程度，但并不意味着达成了真正的共享理解（Kellermanns et al.，2005）。

通过以上梳理发现，战略共识研究已取得较大进展。但当其内涵扩展至组织全员对战略重点的共享式理解及认可时，就意味着需要对不同工作情境下成员的认知进行整合。而组织中的工作情境多种多样，如纵向有管理层级，横向有分工协作，并且不同工作情境之间存在大量交互活动，由此既会引发成员的认知多样性，又会导致共识达成的难易程度不一。在此，本研究依据情境—认知理论，通过对工作情境的划分，一方面说明纵向工作情境间的因果关联性，职责范围如何影响各层级战略共识内容设定，另一方面探讨工作情境的交互联结程度对战略共识程度的影响。

（四）战略与战略共识内容的组织层次性

战略共识是企业战略过程的重要环节。企业战略的过程观（战略是如何形成、执行、反馈的）不仅包含了战略及战略共识的内容，还包含了企业的组织过程——企业应该建立怎样的组织体系来实现战略（Baack，2010）。孔茨（1993）按自上而下的组织层级体系对战略计划进行了层次分类，认为企业战略包括“愿景或使命、目标、战略、程序、规则、方案”，它们依次由高、中、基层成员负责制定并组织实施，而且其约束度依次递增——基层负责的规则和方案必须按照上级的战略、程序来制定。这种组织层次性在组织制度学派看来，是企业战略的制度特性：企业战略及组织体系是一种为缩减组织成员面临的不确定性的必要条件，而制度的层次性要求战略需要具备组织体系上的层级性；基于此，项保华（2001）的研究发现，企业战略过程需要组织体系的支持——高层负责战略使命及目标的制定、中间层级部门负责战略转换过程、基层处于战略实施过程中，这种系统的组织体系有利于成员进行决策并保障组织的系统性与整体性。基于此，结合前述战略共识内容的总结，将企业战略的组织层次性与战略共识内容的层次性描绘如图 4.1 所示：

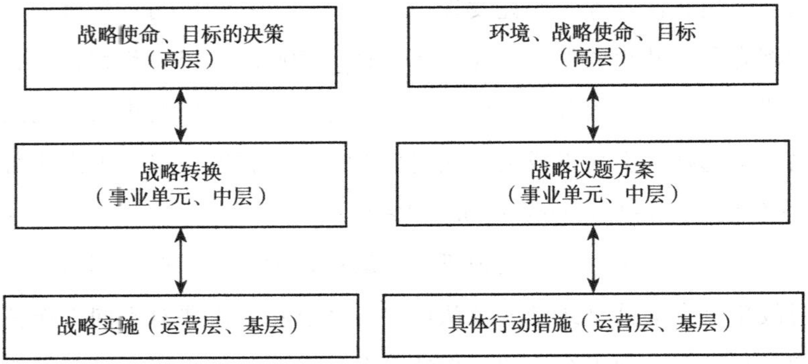

图4.1a：战略的组织层次性　　图4.1b：共识内容的层次性

图 4.1　战略的组织层次性与共识内容

资料来源：作者研究设计。

由图 4.1 可见，战略的内涵在企业组织各层级部门中是不同的，战略共识的内容“目标、手段、战略重点、具体行动措施”在企业组织体系中是同时存在的，只是不同层级、不同部门的成员关注的战略内容不同，因此战略模糊性或共识的内容也会因组织层级而异，即战略共识在内容上具有组织空间上的特征——企业组织内不同层级关注的战略内容不同。所以，战略共识研究不应将高管关注的“使命、目标、手段”去除掉；相反，抽象层次的战略内涵——使命或愿景是组织体系整体性的信念保障、是自上而下的有形组织控制制度的必要补充。

（五）战略的组织层次性与战略模糊性

战略在组织体系中的层次性使得战略共识的各项内容（目标、手段、战略重点、具体措施）在企业组织中同时存在（只是处于的组织层次或部门不同而已），进而也说明了企业成员对战略诠释与理解的层级差异——高中基各层级成员对战略诠释的方式、方向是不同的，即战略模糊性是客观存在的。因此，战略本质上的组织层次性是战略模糊性存在的客观前提。

二、基于情境—认知模型及工作情境的战略模糊性分析

战略共识的本质在于成员认知的合成，自然需要基于成员认知视角的分析（Kellermanns et al.，2011）。Edwards 等（2006）分析了团队成员间心智模式（team mental models）的相似性（认知的一致性）及精确性（与战略要求的匹配）对团队绩效的影响，发现成员认知模式的精确性比相似性对团队绩效的影响更大。Hodgkinson（2005）认为，成员对战略的认知是一种“因果图式 causal maps”，工作团队认知结构的相似性对绩效有正向影响。

但这些研究只是将成员间共享认知作为既定的前因变量，并没有探析导致成员共享认知的因素。

（一）情境—认知模型

人们认知的形成过程包括“刺激—感知—诠释—储存”等环节。其中，“刺激”是人们形成某种认知模型的前因，源于人们认知的情境；“储存”下来的则是最终的认知结果——认知模型，这种认知模型逐渐成为人们的“现存知识或既有分析框架”，对人们之后认知过程中“刺激信息的感知程度、诠释方向”起到了框定作用，节约了人们信息处理的时间（Byrne & Eysenck，1993）。

Wyer 和 Srull（1999）将“认知模型”与作为刺激因素的社会情境因素结合起来，提出了“情境—认知模型”理论，认为信息处理模型即认知模型是人们对信息进行加工的工具，是一种情境模型；“情境—认知模型”就是“理解器”，是人们在理解社会信息的过程中形成的关于具体事件和情节的知识。

情境—认知模型意味着主体认知的情境性、变动性，在企业组织中则表现为企业成员因处于特定角色、职位、工作情境中而产生的认知与理解，由于组织中各成员所经历的事件不同、事件的时空框架不同，其认知模型及认知结果自然会不同。

（二）工作情境与战略共识

根据情境—认知模型，“情境”差异是导致人们认知模型差异的根源。牧野（2013）将企业成员的认知情境界定为“工作情境”，它根植于员工的工作现场，包含员工各自工作中的问题、讨论、诠释沟通及解决方案。

工作现场的情境多样性形成了成员对战略的不同理解即模糊性。时空社会学将时间和空间作为人们认知的关键“情境”维度，员工工作的场所与时间影响着他们对企业战略目标的理解程度（景天魁等，2012）。

因此，按照工作情境在空间与时间上的表现对工作情境进行了如下划分及操作化，包括“组织职位层级体系与工作流程”两个方面，二者与战略共识的关系如下：

1. 工作情境的空间与时间维度在组织体系中的表现与战略共识内容

成员所处层级（高、中、基）形成其在组织内的纵向空间位置，成员所处的横向部门形成其在组织作业流程中的时间位置。

项保华（2001）对战略的组织体系的研究表明，成员所处的纵向层级及横向部门决定了成员对战略诠释及共识内容的选择，职位层级决定了成员关注的战略共识内容（如图 4.2 所示），员工所处的横向部门对战略共识内容的影响体现在具体的战略内容上，如处于中层的市场部经理关注市场策略方面的战略议题，而生产部经理则关注有关生产研发的战略议题。

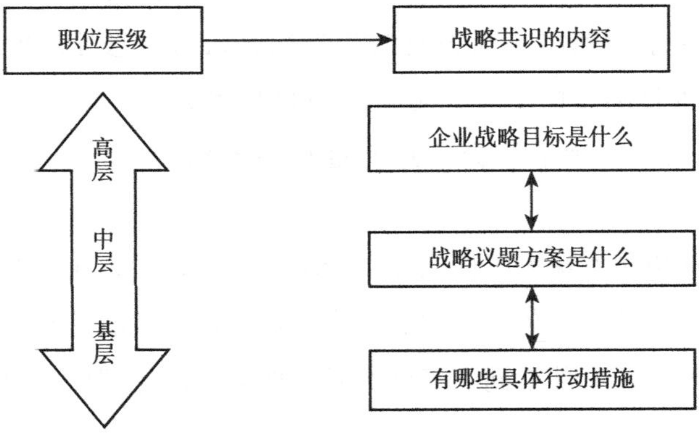

图 4.2 职位层级体系与战略共识的内容

资料来源：作者研究设计。

2. 工作情境的时空维度在具体工作流程中的表现与战略共识（模糊性）的程度

工作流程在时间上表现为是连续的还是间断的，如化工作业、物流配送、餐饮等工作中的员工面临的是连续性的工作时间过程，而办公文员、管理人员的工作在时间上是可以间断的，可以累积一些工作后再处理；工作流程在空间上表现为员工们是集中在一起还是分散开的。

时空社会学的研究发现，人们所处时间与空间的上述特征影响了人们进行信息交互的方式及频率，进而影响了人们之间的共享认知及社会一致性（景天魁等，2012）。

因此，工作情境在时间、空间上的本质特征决定了共识的程度。具体而言，从时间（断续 VS 连续）、空间（集中 VS 分散）维度上划分工作情境的四个类型，以及与之相对的战略共识程度。

综上，工作情境在工作流程中的表现及其与共识或模糊性程度间的关系具体如图 4.3 所示：

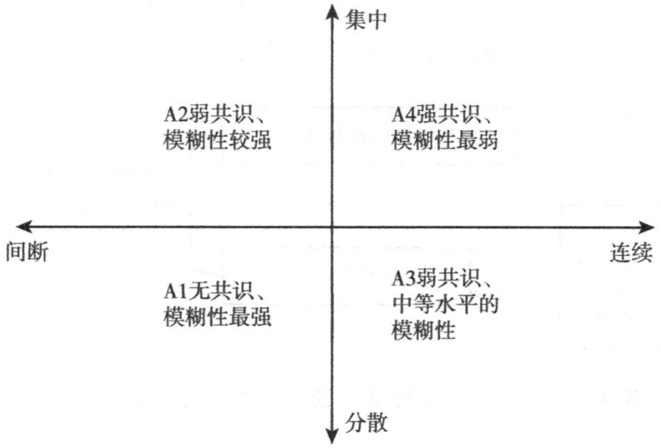

图 4.3　工作时间、空间情境与战略模糊性（暨共识）的程度

资料来源：作者研究设计。

图 4.3 中，当成员工作地点分散、时间上也没有紧密的继起关系时（A1），他们之间就缺乏信息交流的必要，其工作情境是碎片化的，每个人基于不同的工作情境的认知差异较大，企业成员对战略的诠释与理解有无限多种可能即无限模糊性，难以达成战略共识，战略模糊性最大；反之，当成员工作地点集

中，时间上连续、需要紧密协作时（A4），其工作情境交互频繁，成员间存在共享的工作现场，因而对战略的诠释与理解逐渐趋向一致，呈现较低的战略模糊性，战略共识的程度就较强。

因此，组织成员在工作时间上的连续性和工作场所上的集中性构成的客观工作情境是影响战略模糊性及战略共识程度的关键因素，而且战略模糊性与战略共识之间是反向关系。

三、研究模型

情境—认知理论表明，人的认知都是在特定情境中形成的；企业成员的工作情境影响其对战略的理解与诠释，因而影响着战略共识的内容与程度。通过前述工作情境的理论分析可见：一方面，成员在企业组织中的职位层级影响着战略共识的内容，处于不同层级的成员在战略共识内容上具有明显的层次性（如图 4.2 所示）；另一方面，工作流程的连续性与工作场所的集中度影响着战略共识的程度（如图 4.3 所示）。因此，综合工作情境的这两个方面（图 4.2 与图 4.3）提出了研究模型，如图 4.4 所示：

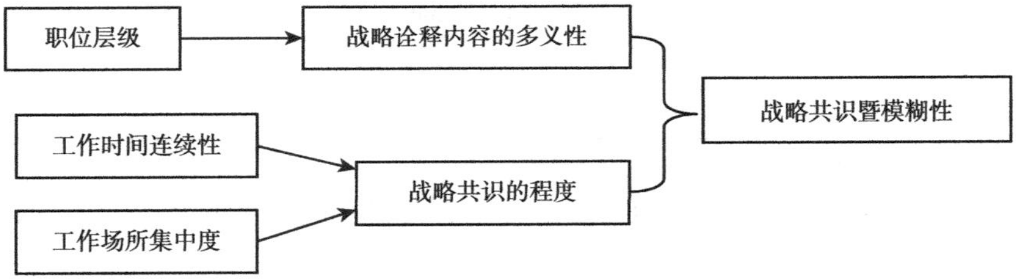

图 4.4　工作情境与战略共识暨模糊性关系的研究模型

资料来源：作者研究设计。

根据上述模型，将分析过程分为以下方面：首先区分工作情境，即纵向高层、中层、基层成员的工作情境特征，并说明不同工作情境中的成员所关注、理解的战略内容特点，既阐明各层级成员战略关注点的差异，又说明了其内在的“精神实质”的统一性；之后按照图 4.3 中的四种工作情境类型，分析工作时间连续性与工作场所集中度对战略模糊性及共识程度的影响。

四、研究设计

（一）研究方法与案例选择

1. 研究方法

研究中采用的是单案例嵌套式研究方法。首先，案例分析有利于机制与过程的阐释，能较好回答“怎样、如何”等问题，符合战略模糊性生成机理研究的需要；其次，有助于战略内容的具体化、情境化。战略因企业而异，适合用案例来探究战略共识的具体内容，以提高研究的信效度（Elsbach et al.，2010）。

由于工作情境在组织中因层级、部门、时空特征而异，因此本研究中采用嵌套式的研究设计，即在同一个案例企业中分层次进行分析，按照“高、中、基层”成员分析其战略共识的内容、按照各部门工作流程的时空特征分析成员间共识的程度。这种方法比单一分析层次更有利于获得稳定可靠的理论（Eisenhardt & Graebner，2007）。

2. 案例企业概况

河南省某食品股份有限公司（以下简称 A 公司）是集食品研发、生产和销售于一体的大型企业，致力于为大众提供健康的“方便正餐”。组织结构为“职能 + 分公司制”，现有员工近 7000 人，17 家分子公司。

选择 A 公司作为案例企业的理由在于：（1）规模较大，分布地域较广，组织成员之间存在战略共识及协调问题；（2）部门层次、种类全面，便于对比不同部门成员工作情境对战略共识的影响作用，同时，由于这些部门在一个企业内部，战略内容一致，成员们理解的核心内容相同，有利于研究的有效性及战略内容的实质化。

结合图 4.2、图 4.3、图 4.4 中的研究框架与理论模型，研究中的访谈对象包括：（1）企业高层、中层、基层各层级成员。高层有品牌总监及执行副总；中层包括媒介部部长、河南分公司市场部部长、市场部各部门经理、销售经理、生产服务部部长；基层包括媒介部、市场部及生产服务部的主管和基层员工。（2）访谈对象所属的部门涵盖了图 4.3 中工作情境的四种类型：生产服务部门属于A4象限——部门成员在工作时间上连续、空间场所上集中，高管团队和销售部属于A1象限——时间间断、空间分散，市场部门属于A3象限——部门成员在工作时间上连续、空间上分散，媒介部门属于A2象限——工作时间上间断、空间上集中，不同的工作情境便于对比成员战略共识程度上的差异。

（二）数据收集与数据分析

数据来源包括一手访谈资料和二手文字资料。一手访谈资料的收集包括面对面深度访谈和电话访谈。要收集有关整体战略方向的信息时采用与高管面对面访谈，以确保内容的有效性；对中基层成员先采用面对面访谈了解具体内容后，再用电话访谈收集资料。二手文字资料主要是企业宣传资料、会议资料等，作为对一手访谈资料的补充。

访谈中采用的是半结构式访谈，事先根据二手文字资料信息对企业有大致了解，根据研究框架和研究模型设计出问题提纲。访谈从2016年7月至2016年12月进行，进行了24人次的访谈，其中面对面访谈8人次，电话访谈16人次，同一个部门内部的成员都会问到其与同事之间、与其他部门同事之间在工作时空上的关联程度，每次访谈的时间都在60分钟以上，具体见表4.2所示。为便于记录，访谈过程中会在征得被访者同意后进行录音，访谈结束后及时对录音和文字记录进行整理、分类，并做好初步分析。

表4.2　　访谈对象情况

岗位	访谈内容	访谈次数	访谈时长（小时）
执行副总	企业战略发展方向；近期企业战略内容，例举某个战略决策具体过程；与战略过程关系紧密的部门；	1	2
品牌总监	企业战略内涵；分公司各部门如何影响战略过程；	2	2.5
市场部部长	企业战略方向，市场部在企业战略发展中的作用；市场部与其他部门的协作关系；市场部内部的协作关系；作为部长如何与成员进行战略方面的沟通；市场部成员的整体凝聚力及工作状态；	2	3.5

续表

岗位	访谈内容	访谈次数	访谈时长（小时）
销售部部长	企业战略内容；销售部在战略过程中的作用；销售部内外的协作关系；部长与成员间的战略沟通过程；	1	1.5
媒介部部长	企业战略内涵，媒介部的职责；媒介部内外的协作关系；部长与成员间的战略沟通方式；	2	2
生产服务部部长	企业战略内涵，本部门职责及在战略中的作用；本部门内部成员的工作过程及成员间的协作紧密度；	2	3
推广经理	企业战略内容；岗位职责及在战略中的作用；本部门内外的协作关系；	1	2
渠道经理	企业战略内容；岗位职责及在战略中的作用；本部门内外的协作关系；	2	2.5
产品经理	企业战略内容；岗位职责及在战略中的作用；本部门内外的协作关系；	2	2
某区销售经理	企业战略内容，工作职责，支持企业战略目标及过程的方式；	1	2.5
执行主管	企业战略内容，工作职责，支持企业战略目标及过程的方式，工作时间、空间状况，与他人的协作；	2	3
品牌主管	企业战略内容，工作职责，支持企业战略目标及过程的方式，工作时间、空间状况；	2	1.5
媒体主管	企业战略内容，工作职责，支持企业战略目标及过程的方式，工作时间、空间状况；	2	2.5
调度员	企业战略内容，工作职责，支持企业战略目标及过程的方式，工作时间、空间状况，与他人的协作；	1	2
接单员	企业战略内容，工作职责，支持企业战略目标及过程的方式，工作时间、空间状况，与他人的协作。	1	2

资料来源：作者研究分析。

访谈数据的分析过程采用了主轴编码法。结合研究框架和模型，根据二手文字资料及两名高管的访谈内容，以战略内容和工作时空情境为主逻辑进行数据信息的整理。整理过程请两名硕士生和两名博士生进行背靠背的编码方式，以便于相互印证，确保分析的信度。

五、研究结果分析

（一）职位层级对战略诠释内容的影响

1. 高层管理人员界定的战略内容：战略导向与文化建设

通过对执行副总与品牌总监的访谈，发现高管对战略的界定包括：（1）健康新形象。由于方便食品一直饱受“不健康、垃圾食品”的非议，在当前消费升级、注重健康和生活质量的市场环境下，企业核心业务产品的产销量在近三年内一直止步不前，始终维持在每年100亿包左右，因此高管们认为企业应向“健康”战略转型，以开发健康又方便的食品为目标；（2）质量控制。高管认为“质量”是食品企业生存发展的根本，企业注重建立产前、售后的质量控制体系的建设；（3）科技创新。高管认为，企业追求健康、品质的战略目标需要科技创新为支撑，因此，创新是实现战略的重要手段；（4）企业文化建设带动战略实施。企业成立二十年来一直快速发展，人员、地域规模较大，需要用传统文化来提高员工的食品安全责任感及企业的凝聚力，因此，近两年来企业战略中提出了“传统文化”建设战略。

2. 中层管理人员界定的战略内容：重点产品与核心部门

通过对媒介部、市场部、销售部、生产服务部各中层管理人员的访谈，发现中层对企业战略内容的界定通常与其部门职责有关，也更为具体，表现为企业的战略性产品和工作重点。具体表现如下：（1）市场部是企业战略的引领者和实现者。通过销售部与市场部、生产服务部与销售部的协作关系调查发现，企业市场部通过对消费者市场进行产品、渠道、推广等方面的调研制定出一系列的市场策略，用以指导销售部门的销售工作，销售部门可以向市场部反馈信息，但在市场部没有做出相关决策之前销售部必须执行市场部原有的市场策略；另外，生产服务部门作为生产部与销售部中间的沟通、调度部门，以服务市场销售为第一要旨，做到调度听市场，满足市场销售需要，在市场销量停滞、下滑时需要生产服务部门对销售部、市场部进行调查。因此，市场部是企业战略的核心部门。（2）骨类面、儿童挂面是企业的重点产品。中层各部门负责人在谈到自己工作职责的核心内容时，都会提到骨类面、儿童挂面的产销工作至关重要，因为这些产品最能体现战略中“健康、品质”的主旨，而且他们对这些产品的生产原料、过程的严谨性及健康品质都高度认可。（3）新产品是战略的重点。市场部部长及各职能负责人都认为，企业所属的快速消费品行业对产品的更新、媒体宣传的依赖性较大，新品增长率最能体现企业战略的执行与变革情况。媒介部在媒体宣传过程中发现，消费者最容易接受的信息是那些与他们有互动交流、信任的朋友传递的，即 Dervin（1998）所发现的信息的社会建构性，自媒体能满足消费者的这种信息需求，因此自媒体是进行新品推广的重要传播渠道。

3. 基层成员界定的战略内容：保障产品质量和新品供销的工作方式

企业基层员工对战略的认知通常不明显，需要访谈者就某个战略方向（如质量、市场、新品）的提示才能将自己的具体工作对号入座，被访的基层员工普遍表示“我的工作范围和能力有限，对战略的了解不多”，因此对企业高层关心的整体战略目标、手段大多持“盲从或不关心”的态度。

基层员工在战略共识的内容上主要表现在对其自身工作方式的理解上：（1）市场部基层员工的战略性行为是：经常深入市场做调研、多与销售部门沟通、关注竞争对手的市场策略并向对手学习；（2）生产服务部门基层员工的战略性行为是：遵守工作规范以确保及时供应市场销售、与部门内同事紧密协作、与前端销售和后方生产部门多沟通反馈信息；（3）媒介部基层员工的战略性行为是：研究消费者信息接收的渠道、关注媒体传播效果、传播策略不断创新。上述研究结果得以支持的访谈内容如表 4.3 所示：

表 4.3　职位层级与战略诠释内容关系的访谈引用语举例

职位层级	战略诠释内容	引用语举例	题项数
高管	健康	市场增长停滞的主因是消费者的方便食品“不健康”认知，所以企业将主打“健康”战略；通过“重新定义健康大餐”来树立企业在消费者心中的新形象；	4
	质量	品质是食品企业的立足点，这个方向一直没有变过；	5
	科技创新	之前传统的方便食品生产技术确实已经成熟，但健康又方便的食品研发需要的技术含量较高，只有创新才能支撑战略的实现；	4

续表

职位层级	战略诠释内容	引用语举例	题项数
高管	文化建设	传统文化是进行企业组织管理的重要方式，会提高员工的工作投入和无私行为，对员工间的合作有利，近几年主推文化建设；	6
中层	核心产品	骨类面系列上市以来市场表现良好，儿童面系列在健康形象和市场表现上也不错，二者绝对是我们的主打产品；	6
	主导部门	销售部受市场部策略的指导，以保证企业市场销售工作的统一协作能力和市场效果；生产部门要听市场销售的指挥，市场需要什么我们就生产什么；快消品行业比其他行业更依赖市场营销工作推动销量和利润，相比生产部，市场部有较高的话语权；	10
基层	工作方式	我这个推广专员水平不高，不了解太多战略内容，但知道工作中要不断出新，积极活跃、有新想法的人在市场部才有前途；我负责在销售与生产间的协调调度工作，一旦有销售订单下来，必须尽快安排发货，部门同事都是三班倒，以保证24小时待命、不耽误产销，这样才能保证产品的新鲜和品质；大的方向我不敢说，但生产过程中绝对保证用真正的大骨熬汤、用料真实，我们都吃自己的产品，品质绝对没问题。	14

资料来源：作者研究分析。

综上所述，企业不同层级的成员由于具体工作内容和情境不同，关注的信息和战略内容也不同，验证了图4.2中的框架和图4.4中的上半个模型——“职位层级影响着战略共识的内容”。

基层成员普遍表示自己在工作中接触不到企业整体战略信息，组织角色、职责也没有这方面的要求，因此对高层制定的战略“不了解、不关心”，只关心自己最熟悉的工作业务流程及相应的工作方式。而高管对战略内容的理解或诠释主要从抽象、整体的战略方针或愿景来界定，关心企业大的战略方向和企业整体的信念与形象。因此，战略诠释内容受职位层级的影响。

另外，基层成员间的战略共识程度相对较高，但基层成员间的这种高共识却在战略内容上是“无关紧要、没有方向性的”，基层成员一致认可的某个战略内容可能是不支持战略的、不利于企业发展的，Bowman 和 Ambrosini（1997）称为“贫乏的战略共识”。因此，企业仍然需要中高层管理者在战略诠释内容上的框定、引导作用，需要关注高层、中层、基层成员在战略诠释内容上的差异与特点，不能将战略诠释内容只界定为中基层员工注意到的“战略重点和工作方式”，高层关注的整体战略目标方向依然是战略共识的重要内容。

（二）工作情境对战略共识（暨模糊性）程度的影响

根据图4.3、图4.4的研究模型，将工作情境与战略共识程度关系的访谈内容整理如表4.4所示，具体包括以下四种情况。

1. 时间连续、空间集中的工作情境与最高的战略共识及最低的战略模糊性（图4.3，A4）

生产服务部门主要负责连接生产部门和市场、销售部门的业务，主要设置的岗位包括：接单岗（接收销售部门发来的客户订单，交给调度员协调）、调度岗（向生产部门下单、安排物流公司、处理单传给结算岗）、运费结算岗（监控、处理产品运送费用）。这些岗位的员工在工作流程上有严格的时间顺序，而且岗位之间的工作不能中断、环环相扣，必须及时、无误地进行处理；在空间上生产服务部的员工都在一个工作场所工作，以便于随时沟通、协作，保障产销间业务连接的效率。显然，生产服务部门员工的工作时空情境属于图4.3中的A4象限。

在集中而连续的工作情境下，成员之间不仅时刻传递着业务流程信息以进行工作上的协作，还形成了成员间紧密的社会关系。调度员杨某谈道："工作中一个流程接着一个流程，不能有任何差错，一个岗位出错其他岗位的工作也会出错，所以我们部门的人都会互相帮助，谁的活儿没做完都会有人帮一把；再说，大家三班轮流工作，以办公室为家，都是好朋友、互相信任、互相帮扶。"

因此，该部门成员之间对战略信息的理解较为一致，李部长向成员们宣传、要求的"及时、无差错"的工作标准，以及这种工作标准对企业战略的重要性，企业成员都较为了解、认同，接单员李某谈道："谁出错谁负责，企业考核我们的出错率是对的，我想只有准确无误、及时地安排产销才能支持企业的'健康'大战略吧"；调度员杨某也谈道："大家都在为及时、无误地工作流程努力，不能因我个人的活儿多、责任重而落下"，如表4.4所示。

显然，时间连续、空间集中的工作情境下成员之间通常有较高的战略共识、较低的战略模糊性程度、较好的协作能力。

2. 时间间断、空间分散的工作情境与最低的战略共识及最高的战略模糊性（图4.3，A1）

在企业的高管团队及销售部中，成员们虽然有集中的办公场地，但由于出差较多，实际的工作空间是分散的，同时，成员们在工作流程上没有紧密的环环相扣关系，各自独立负责一部分业务，需要协作时才会通过电话、会议进行沟通，因此，这些部门中员工的工作情境属于图4.3中A1象限：时间间断、空间分散。

工作时空上的割裂，使成员们接触到的信息差异较大，因此对企业战略的认知与理解极为不同即战略共识程度最低，如表4.4所示。在企业传统文化建设方面，品牌总监王总认为："企业的发展靠的是效益、利润及对员工的激励，这传统文化的作用可是值得商榷"；销售部经理谈道："传统文化总在强调怎么做人，但市场推广工作要的是策略、利益，这让我很困惑"。另外，在企业进行"重新定义健康大餐"的战略方向上，销售部员工认为："要引领消费者是不可能的事，方便食品的'健康'概念炒了这么多年，我们的主要消费者依然集中在学生、未成家的年轻人以及打工一族群体中，高端消费群体依然还不认可我们"。

因此，在工作流程、时间间断，空间分散的工作情境下，成员之间的战略共识程度最低、战略模糊性最高。

3. 时间连续、空间分散的工作情境与较高的战略共识及较低的战略模糊性（图4.3，A3）

市场部与销售部相比，虽然在工作空间上都相对分散——有集中办公场所却常常出差，但是市场部比销售部在工作流程上的关系更为紧密，即时间上更为连续，如表4.4所示。

市场部房部长和渠道经理李某都认为：作为制定统一销售策略的部门，市场部更需要成员之间的密切配合、统一作战。李经理谈道："我之前就在销售部工作，销售业绩不错才调到市场部，感觉市场部成员间的工作流程更紧密，比如产品经理老王一旦发布研发的新品，推广、渠道经理的工作马上要跟进，即使大家不在一个地方，也要用各种方法进行联系沟通，相反，推广或渠道那儿一旦发现新市场走向，产品经理也要马上跟进与生产研发部的联系"。

由于市场部内部成员间的紧密工作流程，市场部成员之间的战略共识程度较高，暨战略模糊性程度较低。

共识较高的内容包括：（1）市场部需要支持企业的创新战略，对市场部成员应该考核“新品销售增长率”这一指标，成员们普遍认为这个指标的考核是有益于战略实现的；（2）市场部需要与销售部高效地协作才能支撑企业战略。市场部成员普遍认为只有与销售部的有力协作才能实现企业在市场中的领先地位和创新变革能力的提高，推广经理李某谈道：“我们市场部为销售业绩负责就对了，首先是因为销售政策是我们制定的，其次是因为这能保证我们与销售部的通力合作，只有这样快消品才能领先市场、推进战略实现与变革”。

综上，时间连续、空间分散工作情境下，成员之间的战略共识程度较高、战略模糊性较低，如图 4.3，A3 所示。

4. 时间间断、空间集中的工作情境与较低的战略共识及较高的战略模糊性（图 4.3，A2）

A 公司媒介部是总部的职能部门，负责根据企业战略及市场需要制定合适的广告媒体投放策略，维护良好的媒体关系，支持产品品牌及企业形象建设。

部门设置“部长、品牌经理、媒体经理、执行经理及专员”岗位，各个经理通常独立地开展自己的业务工作，只有在部长根据临时项目或者执行经理在制定、执行整体媒体投放流程策略时，才要求各个业务经理之间进行协作沟通，因此，媒介部成员之间在工作流程上协作关系松散，即时间上属于间断型。同时，媒介部有集中的办公场所，成员们经常一起集体办公。所以企业媒介部员工的工作情境属于图 4.3 中 A2 象限的“时间间断、空间集中”的类型。

由于成员之间在工作流程上的协作关系松散，尽管有集中的工作场所，但成员之间的工作信息交流有限，对部门业务、战略的共同理解程度较低，即较低的战略共识程度，如表 4.4 所示。

以企业战略中的“重新定义健康大餐”的策略为例，媒介部品牌经理认为，消费者现在接受的网络信息渠道多，自主性强，企业要单方面“定义”很难，最多是“参与”消费者饮食活动革新的过程。

另外，媒介部成员普遍认为当前新媒体（移动终端、楼宇视频等）、网络媒体、自媒体正在兴起，需要用精准的、组合的媒体投放策略，但是在媒体投放的重点和比重上则分歧较大：品牌经理认为企业形象与创新战略需要优质媒体资源的支撑，电视媒体中的王牌节目应该是广告投放重点；执行经理则认为，网络媒体、自媒体的精准度和低成本优势明显，应该加强这些媒体的投放比例。

因此，在时间间断、空间集中的工作情境下成员之间的共识程度较低，战略模糊性较高，与空间上分散但时间上连续的情境（图 4.3，A3）对比可知："工作时间上的连续性、流程上的紧密关系"对成员共识程度的正向影响作用更大。

表 4.4　工作时空情境与战略共识（模糊性）程度关系的引用语举例

工作情境	战略内容	共识程度	引用语举例
A4 时间连续 空间集中 （生产服务部）	及时； 无误； 反馈；	最高 ****	工作节奏很紧张，订单一接到，所有人都处于工作状态，每个人的工作都环环相扣（李部长）；公司考核我们的出错率、及时率我没有任何异议，准确及时地连接产销是我们支持企业战略的方式（杨某）；除了完成既定的订单外，在销量不佳时，我们也对市场销售部进行询问、催单，对此我责无旁贷（闫某）；同事间常常互相帮助，谁的活跟不上都会影响大家的（王某）；
A1 时间间断 空间分散 （高管团队、销售部）	大健康； 重新定义"健康大餐"；企业文化建设；	最低 *	"重新定义"这个太难了，消费者对方便食品有固定的印象；要想方便和健康兼得挺不容易的，我们的消费者还是以年轻、未成家的人居多（销售部员工）；企业是做产品、追求盈利的，天天讲传统文化就能做到？（高管成员）；我觉得天天给员工讲传统文化，很难影响员工对业务、对工作的理解和感悟，工作就是工作，与传统的孝道有关吗？（高管成员）；
A3 时间连续 空间分散 （市场部）	定义健康战略；品质、创新战略；	较高 ***	市场部员工虽然常出差，不在一起工作，但我们的业务——市场政策是要统一协调的，所以大家的业务关系很紧密、沟通很多（房部长）；我们产品的用料绝对可靠，品质有保证（渠道经理）；除了品质，我们还注重产品创新，在新品推广和研发上我们属于前列（产品经理）；用"新品增长率、市场占有率"来考核我们的工作是可行的，但还有改进的地方（推广经理）；"定义"健康的方向不错，但可行性还需要考虑（渠道经理）；
A2 时间间断 空间集中 （媒介部）	重新定义健康的战略；媒体组合、投放策略。	较低 **	消费者信息渠道广泛，企业单方面界定健康这个概念很难（专员）；企业健康的战略和形象应该注重媒体的品质，应该以优质电视媒体的投放为主（品牌经理）；优质媒体的成本高、精准度有限，我们应该加大网络媒体、新媒体的投放（执行经理）。

资料来源：作者研究分析。

六、小结

通过以上研究可知，企业成员所关注的战略内容及成员间战略诠释的一致程度即共识程度均受其工作情境影响。高层、中层、基层成员间工作情境的差异导致成员关注的战略内容不同，进而使企业成员对战略内容的诠释方式也不同——生成战略模糊性。另外，工作情境之间会有交互、重叠，可以增加不同工作情境下成员间战略共识的程度，降低战略模糊性。当企业成员之间在工作时间上连续、工作场所上集中时，成员间的战略模糊性最低，战略共识最强，但是当成员之间在工作时间上间断、工作场所上分散时，成员间的战略模糊性无限大，不存在战略共识和有效的一致行动，而且，相比工作场所的集中来说，工作时间上的连续性对成员间的交流和共识影响最大，成员间在工作时间上的连续性是形成战略诠释一致性、降低战略模糊性、提高战略共识的关键。

第二节 工作情境对组织制度模糊性的影响

组织制度模糊性是企业成员对组织制度诠释与理解的多义性，基于情境认知模型可知，客观的工作情境是影响企业成员对组织制度诠释的关键，影响着组织制度模糊性。基于第一节对工作情境的划分，这里依然按照企业成员职位层级情境、工作时间与工作空间情境两方面来分析工作情境对组织制度模糊性的影响。

一、组织制度模糊性与组织诠释研究

（一）组织制度模糊性是企业的常态

组织决策理论表明了以下几点：（1）企业组织中的任何成员都不能做到完全理性的决策，制定绝对客观、正确的决策。有限理性论认为人们收集、分析信息的能力限制及决策时间成本的约束使得决策者常常进行便利性的局部搜

索，难以做出完全理性的决策；而垃圾箱理论则认为人们的决策只是随机出现的结果，是成员间一致行动中需要的暂时结果与象征物，主要作用是为成员间的互动交流、诠释提供了一个平台而已。因此，企业高层决定的战略及组织制度并非绝对正确的、需要成员绝对执行的，而是需要企业成员根据各自的诠释与理解进行交流互动之后不断进行修订、改进的。（2）企业组织的每个成员都在进行自己行为的选择与决策（马奇，西蒙，2013）。组织过程论及诠释观都以企业成员独立的认知、诠释过程为前提，认为企业成员具有诠释认知的条件和动力。

基于上述组织决策理论在企业组织中的表现可知，企业组织中人人都是评论者、诠释者、决策者。而企业组织中对各个员工进行的纵向层级与横向部门划分使得每个成员的工作情境碎片化、分散化、差异化，成员们基于情境的组织诠释与认知也是多义的、模糊性。因此，组织模糊性是企业的常态，表现为无序、分歧、不一致。

（二）组织制度模糊性是组织诠释管理的对象

全球化、网络化加剧了企业组织中的模糊性问题，企业成员对战略及组织制度多样的诠释与理解给企业协调一致的行动带来的阻力越来越大，使企业组织常常陷入“无序、分歧、不一致”之中，使得人们更关注于以组织文化、企业形象为核心内容的组织诠释管理研究（Jeffcutt，1994）。因此，组织诠释（企业文化及企业形象）研究源于企业组织中的模糊性问题，组织成员间的诠释多义性即模糊性是组织诠释管理的对象。

通过组织诠释的方式来管理企业组织成员对组织制度的不一致诠释即组织制度模糊性的思路，源于后现代主义思想。社会学的后现代主义在认识论上认为世界是人们主观建构的，世界是什么样的依赖于人们怎么去诠释它（Rabinow，1987）。据此，企业的组织诠释观认为企业组织是成员通过交流、谈话等活动逐渐建立起来的信念、规范形成的（维克，2009），企业组织过程的关键是成员之间的语言实践，如企业战略活动中的战略谈话（Balogun et al.，2014），组织管理过程中对员工进行“祛意、赋意”的意义建构活动，以形成协调一致的行动体系（Glynn，2002）。

（三）组织诠释的内容：深层的组织结构——文化、形象、惯例

组织管理学者认为，要解决组织制度模糊性，使企业成员协调一致地行动，需要借助于组织的“深层结构 deep structure”（Gersick，1991），“深层结构”是隐藏在企业组织中无形的系统性行动，主要包括企业文化（Smircich，1983）、企业形象（Turner，1986）、组织惯例（Gomez，2000）三方面。企业成员根据这些无形、软性的深层组织规范来解读自己工作中的问题及组织中的信息，进而采取相对一致的行动。

企业在进行组织诠释管理时，向组织成员诠释、宣传、建构的内容正是组织的深层结构——企业文化、形象、惯例，期望组织成员依据这些深层组织结构或规范来理解、解读自己面对的组织信息。

企业文化是关于企业成员“要做什么、为什么做”的信念，包括企业的使命、愿景、抽象的行动信念，沙因认为企业文化不仅是表面呈现的价值观，更重要的是更深层次的基本假设或信念（Schein，2010）；企业形象主要向成员解答“我们是谁”的问题，旨在建构成员的身份及身份认同；惯例则向成员回答“如何做”的问题，是关于完成工作任务的重复的行为模式，表现为规则和指令，是更为具体的行动指南（Pentland，1995）。显然，文化信念属于较抽象的层次，形象较清晰，惯例最为明确具体。

（四）组织诠释的方式：参与、谈话、意义建构

组织现代主义者认为，建立起可靠又具权威的解释的方式是运用合适的参与模式，通过让组织成员参与企业实践活动来使其理解企业的客观状况即“真实而客观的世界”，认识论上认为“真实客观的世界”是存在的、是可以被理解的。因此，在组织诠释方式上主张“参与”模式（Jeffcutt，1994）。

后现代主义者则认为，“真实客观的世界”是不存在的，它依赖于人们的主观建构，世界是什么样的依赖于我们怎么诠释它（Rabinow，1985）。“真实、客观事实”只是被作为秩序的象征，而不是“非真实”的混乱（Burrell，1988）。“真实、真相”成为一个人们倾向的效果，而不是某种绝对的客观位置，是每个诠释者根据情境而得出的特定结果。

因此，对于每个人不同的诠释即模糊性引发的一系列问题，需要通过"权威"（企业中通常是管理人员）对成员们的解释、宣传来解决，权威或管理人员运用"谈话、修辞、拟人比喻"等方式来统一成员们对企业组织的诠释与认知，而不是企业成员人人都参与的模式。

同样基于后现代主义思想，"意义建构"也成为组织诠释的主要方式。相比谈话等语言的单纯方式，意义建构更强调"祛意、赋义"具体过程及成员间的互动活动对组织成员诠释与认知的影响（Boyce，1995）。因此，组织诠释的方式主要包括：参与、谈话、意义建构三种。

（五）组织诠释与组织情境间的关系

组织模糊性及组织诠释本质上属于成员间的社会过程，组织的社会背景即情境影响着模糊性及诠释过程（Stigliani & Ravasi，2012）。企业成员对战略投资项目的诠释受到其所处企业的组织背景的影响，企业的国际化程度、规模、项目资源都影响着经理人员对战略项目中机会和威胁的评价（Denison et al.，1996）；Balogun 等（2014）研究发现，企业工作场所中的白板、百事贴、会议室等客观物理因素影响着组织成员对事件的诠释及相关的谈话过程；组织现场论则将成员共同参与的"实践活动集"作为客观的组织情境或场景（Schatzki，2005）。因此，客观组织情境对诠释过程及效果有重要的影响。

已有的研究虽然表现了客观的情境对人们诠释过程的影响，但主要探析的是企业整体情境，没有涉及组织成员具体的工作情境。因此，接下来将从企业员工所处的具体工作情境的视角来分析成员对组织制度诠释多义性的成因与程度。

二、工作情境与组织制度模糊性的关系模型

情境认知理论及工作情境的划分在第一节已阐明，这里依然对企业成员的工作情境按照组织层级及工作现场中的时间连续性和空间集中度来进行分析。

（一）职位层级与组织制度模糊性的内容——企业成员对组织制度诠释的多义性

企业成员所处的层级（高中基层）决定了员工客观的工作角色和职责，

影响着其对组织规章制度的解读与诠释。高层管理人员常用抽象的信念文化及企业整体形象解读组织制度信息，基层员工将组织制度信息常常解读为工作操作惯例，中层经理关注于组织制度信息中工作惯例与文化、形象的对接性诠释。

企业角色理论认为企业纵向的“高中基”层级体系使成员分别承担着“决策者、执行者、具体行为实施者”的角色（Katz & Kahn，1978），高层决策者负责企业整体战略与组织管理、中层负责执行战略与组织管理制度、基层负责执行具体的工作过程。

因此，企业成员所处的组织层级影响着其对组织制度诠释的方式或内容，如图 4.5 所示：

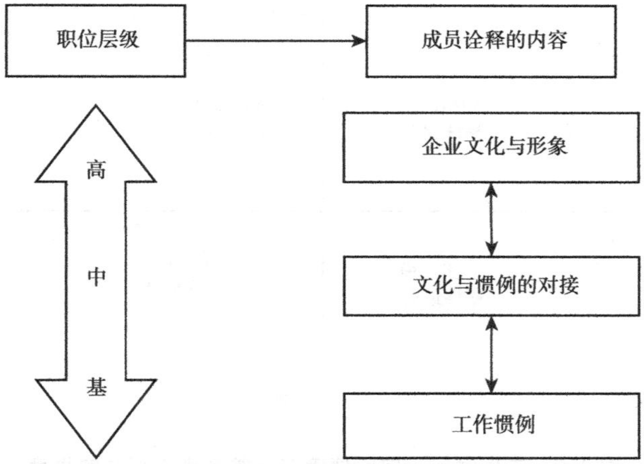

图 4.5　职位层级与组织成员诠释内容差异（组织制度模糊性的内容）

资料来源：作者研究设计。

如图 4.5 所示，企业成员所处的职位层级构成了其客观的工作情境，影响着组织成员对组织诠释的内容：高层作为企业整体的代表，关注于企业整体的文化与形象；基层承担着具体工作任务，关注于工作执行中的具体惯例；中层处于高层与基层的连接处，既要考虑企业组织整体性，又要考虑员工具体的工作执行。因此，常需要以企业文化、信念、形象为基础来为员工解读其工作中的规则或惯例，即文化与惯例的对接是中层的组织诠释内容。

面对同样的组织信息，如企业中的“能力 + 绩效”晋升制度，高层常常将此解读为“竞争文化、企业活力形象的体现”，基层会从自己工作团队经常的做法即惯例上来理解，中层则用竞争文化、企业活力来帮助基层员工解释其工作团队中这种惯常用到的晋升制度。

（二）工作场所的时空情境对组织制度模糊性程度的影响

工作场所中成员之间在工作时间流程上的连续性与工作空间上的集中度构成了员工具体的工作情境，影响着成员之间的协作交流频率，因而影响着成员间对组织制度诠释的一致性及模糊性程度。工作时间流程上越连续、空间上越集中，成员间的组织诠释越一致，组织制度模糊性程度越小；反之则组织制度模糊性越大。具体如图 4.6 所示：

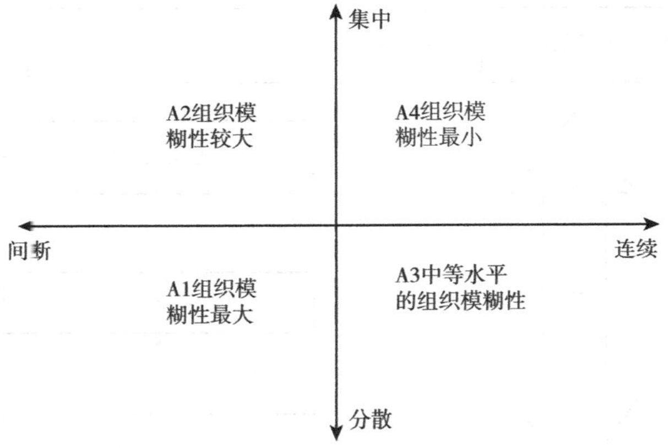

图 4.6　工作时间、空间情境与组织制度模糊性的程度

资料来源：作者研究设计。

三、研究过程与结果

（一）案例与诠释的核心问题选择

与本章第一节中选择的案例企业一样，这一节中也采用河南某食品企业作为案例进行分析，研究中的访谈对象主要考虑两方面的因素：一是成员所处的层级；二是员工工作时间与空间特征，以涵盖图 4.6 中的四种工作情境。

由于案例企业在 2015～2016 年在推行组织制度改革——实施业务团队结构扁平化，去除各部门中主管以下的各个管理岗位，部门所有成员都直接与主管进行工作协作与沟通，以减少部门组织中的沟通成本，提高快速反应能力。因此，本节研究中以此项制度变革为评价诠释的对象，研究企业成员对组织制度的诠释差异即组织模糊性。

（二）数据收集与数据分析

研究中主要采用访谈法获得一手数据进行分析，二手企业资料数据作为辅助。访谈之前先和员工简单谈一下企业的文化、形象、惯例，以确保被访者了解组织诠释的大致内容。之后的访谈问题主要包括：您如何看待部门中推行的结构扁平化改革？推行结构扁平化的原因是什么？部门结构扁平化给你工作上带来的影响有哪些？您的工作流程是连续不间断的还是可间断的？工作场所是集中的还是分散的？

访谈中采用的是半结构式访谈，事先根据二手资料信息对企业有大致了解，根据研究框架和研究模型设计出问题提纲。访谈与本章第一节属于同一批次，从 2016 年 7 月至 2016 年 12 月进行，进行了 24 人次的访谈，其中面对面访谈 8 人次，电话访谈 16 人次，每次访谈的时间都在 60 分钟以上，具体如表 4.2 所示，访谈结束后研究团队及时对录音和文字记录进行整理、分类。

（三）研究结果

1. 职位层级与组织成员诠释的内容上的差异

通过对访谈资料的初步整理发现，企业成员对于“部门结构扁平化”同一项组织制度，却有着自己不同的解读，不同职位层级成员所解读的方式（包括文化、形象、惯例）不同，其题项及频次统计结果如表 4.5 所示。

表 4.5　　职位层级与成员对制度诠释的内容差异

职位层级	诠释内容	举例	频次
高层	文化、信念企业形象	企业不能养一群官僚，成本事小，破坏创办初期员工的吃苦耐劳精神事大，所以要进行结构扁平化改革（副总）；我们的品牌形象是“健康、活力”，官僚制组织与此不符（品牌总监）。	5

续表

职位层级	诠释内容	举例	频次
基层	惯例	我只关心向谁汇报工作问题，与谁交接，领导怎么安排无所谓（接单员）；虽然不设置副主管了，但还是和之前的李副主管联系工作问题（推广专员）；对我们最重要的是每天工作流程、规章的安排，主管设置只要对工作流程效率有所提高就行（调度员）。	7
中层	文化与惯例的对接	副部长的岗位在总部的正式结构中是不设了，但我下面20多个地区经理，总是需要两三个经理来负责汇总他们的工作情况和问题的。这些地区经理发现扁平化前后他们的工作汇报惯例没什么变化，我就要根据企业“三个千万”的精神向他们解释汇报惯例意味着什么（市场部部长）；我们部门平时的工作过程就是一个扁平式组织结构的模式，大家常常互相帮助，刚进入生产服务部的员工常常不理解同事之间无限制地工作互助惯例，这时，我就要用共享快乐、追求幸福的企业信念来向他解释了，这些都以我们互助过程中效率的提高为前提（生产服务部部长）。	4

资料来源：作者研究分析。

从表4.5可知，企业成员所处的职位层级这一工作情境影响着其对“扁平化组织制度”的解读。高层会从抽象的企业文化、信念或形象来进行理解；基层却从具体的工作流程、惯例来解读；中层则处于高层与基层的中间，常常听到来自己双方不同的诠释，需要将双方的诠释进行连接，依据企业文化、信念或形象来帮助基层员工解读组织制度信息，以使基层员工的诠释与高层保持一致，形成协调一致的行动。

对组织惯例的研究发现，抽象层次的文化、信念属于企业组织的描述性惯例，将其与规定性的具体工作惯例进行对接、对比，常常会导致惯例变革、战略创新（Feldman，2000）。因此，处于高层与基层中间的中层经理对抽象文化与具体惯例的对接性诠释，对企业组织过程至关重要。

可见，上述案例研究结果验证了图4.5模型中职位情境对组织制度模糊性内容的影响作用。

2. 工作场所的时空情境与组织制度模糊性的程度

如图4.6所示，企业成员工作场所的时空情境按照时间连续性（连续VS间断）、空间集中性（集中VS分散）划分为四个象限。

A4象限中的工作情境下企业组织的模糊性最低，此时成员在工作时间流程上的连接度最高，是一种环环相扣的状态，因而成员间共同参与的“实践集”较多，成员们互相交流对信息的诠释、解读的机会较多，工作现场是一个共享意义的场所即“意义空间”。因此，成员间的诠释多义性即模糊性程度最低；A1 象限的情况与 A4 象限正好相反，成员之间在工作时间流程上的连接程度最低，彼此独立工作，工作场所分散，成员间共同实践较少、交流较少，很难形成具有共享意义感知的工作现场，因此模糊性最大。

在此，组织模糊性程度用企业成员对“部门结构扁平化”制度的诠释一致性程度来衡量。

“诠释”在认知中被操作为人们对某件事物贴上的“标签”，如“好 VS 坏”、显示出的是“权力 VS 情感”等，通过访谈资料的整理，统计出企业成员对“扁平化改革”事件贴出的标签包括“权力、效率、文化、工作流程、危机、形式主义、利益”，按照工作时空情境的特点整理如表 4.6 所示。对结构扁平化制度统计出的标签种类越多，则说明组织制度模糊性程度越高；标签种类越少，则说明组织制度模糊性程度越低。

表 4.6　工作时空情境与组织制度模糊性程度

工作情境	诠释标签	模糊性程度	引用语举例
A4 时间连续 空间集中 （生产服务部）	效率（5 次）； 工作流程（4 次）； （种类：2）	最低 *	扁平化组织只要与相应的信息技术和工作流程结合起来，是有利于提高我们的工作效率的（部长）；扁平化好不好，只看我们的订单处理效率就知道了（接单员）；扁平化后，给销售部反馈问题时，不知道该与哪个经理接洽了（闫某）
A1 时间间断 空间分散 （高管团队、销售部）	文化（2 次）； 权力（4 次）； 危机（2 次）； 利益（3 次）； 形式主义（2 次）； 流程（1 次） （种类：6）	最高 ****	扁平化后人人都必须有业务干，会给整个企业带来竞争和效率的文化氛围；扁平化后各业务经理向上晋升的空间更少了，权力争夺会更明显（高管成员）；市场竞争激烈，扁平化会让业务经理都能站在一线去作战（销售部部长）；名义上是没有层级了，实际上我们还会向之前的副部长汇报工作的，部长管不过来；扁平化与否，决定我们业绩和收入的是还是市场表现（业务经理）；工作问题向谁反映是我马上要解决的（业务经理）
A3 时间连续 空间分散 （市场部）	权力（4 次）； 形式主义（2 次）； （种类：2）	较低 **	扁平化后，市场业绩好就更有说话地分量了（推广经理）；结构改革向来就是权力调整，市场区域的划分必不可少（渠道经理）；实际上我们还是有层级的，A 区经理还是部长的助手（产品经理）

续表

工作情境	诠释标签	模糊性程度	引用语举例
A2 时间间断 空间集中 （媒介部）	流程（2次）； 形象（2次）； 利益（1次）； （种类：3）	较高 ***	扁平化后，媒介投放流程如何与之对接才是最重要的（专员）；媒体上我们要树立的是健康活力形象，扁平化正是这种形象的体现（品牌经理）；以后晋升更难了，大家会更注重业绩和收入了（执行经理）

资料来源：作者研究分析。

从表4.6可见，工作时间连续、空间集中（A4）情境中，组织成员对“扁平化”的诠释最为集中，只有“流程与效率”两种诠释方式，而且这两种方式都属于较客观的工作过程，本质上属于一类，所以此时成员间的组织模糊性最低；相反，工作时间间断、空间分散（A1）情境中，组织成员对“扁平化”的诠释最多样，有6种解读方式，成员对这一组织事件的理解多种多样，一致性最低，组织模糊性程度最高。因此，工作时间和空间情境影响着成员间的诠释多义性即组织模糊性程度。

四、小结

通过上述研究分析可见，工作情境是企业组织成员对战略、组织制度诠释多义性即模糊性的根源。工作情境包括企业成员所处的职位层级、工作场所中的时空结构两方面：（1）职位层级越高，对战略内容和组织制度的诠释越抽象，越具有整体性；相反，职位层级越低，对战略内容和组织制度的诠释就越具体；（2）工作场所中成员之间在工作时间流程上越连续、空间上越集中，成员们对战略和组织事件的诠释方式越一致，组织模糊性越小。组织模糊性研究与战略共识、组织认同的研究具有联系和区别。组织模糊性、战略共识、组织认同拟解决的问题一样，都是成员间认知诠释的不一致问题。但是，组织模糊性关注的是“不一致”的表现、生成机理、调控机制，而战略共识、组织认同研究关注的是“一致”认知或诠释的表现、产生机制等问题。显然，“一致性”研究需要先探析清楚“不一致”的原因和本质才更合理。

通过上述研究可知，“不一致或模糊性”是企业中客观存在的、难以去除的，企业成员之间不可能实现完全一致的共识或认同，人们应该关注的是企业成员之间“不一致”诠释的内容以及如何调控这种“不一致性或模糊性”。因此，基于客观工作情境的组织模糊性分析为企业组织管理及战略共识、组织认同研究开辟了新的研究思路和视角。接下来的第五章和第六章要分析的是组织模糊性的调控机制问题，即如何根据企业执行绩效与创新绩效的不同需要来调控成员间的模糊性或不一致性。

第五章

中层经理的诠释模式与诠释行为研究

通过对企业组织成员间诠释多义性即模糊性生成机制的研究可知，组织成员各自独立的工作情境形成了成员间多样的诠释与认知，尤其是在当前组织扁平化、网络化、地理位置分散化的环境下，组织模糊性问题日益突出，需要企业实施有效的组织管理措施。中层经理作为企业组织信息网络中的关键节点，影响着企业成员的诠释与认知，对组织模糊性有着重要的调控作用；而企业组织作为一个开放的诠释系统，主要通过中层经理的“诠释行为”对组织模糊性进行调控。因此，本章研究了中层经理的诠释模式与具体的诠释行为。

通过文献梳理及实证问卷调查发现，中层经理的诠释模式包括四种：设定模式、吸收模式、转移模式、探索模式。各种诠释模式中有其相应的具体诠释行为，这些诠释行为通过问卷调查及统计分析被整理为中层经理诠释行为的测量题项。

第一节　企业组织诠释与中层经理的诠释作用

企业作为诠释系统的观点在理论上源自开放系统论对组织的分层，在实践上源自企业战略环境的不可分析性及管理认知有限理性的现实。对外部环境及战略，企业只能在对事件、信息含义的不断理解与诠释过程中逐渐进行认知与决策；对内部组织成员间的诠释差异，企业需要中层经理对事件与信息进行有效的理解与解读，在内部成员的诠释过程中逐渐形成共享理解或共识。

一、企业的组织诠释系统论

(一) 组织诠释的内涵

1. 诠释的内涵

“诠释 interpretation” 是对事件进行翻译、建立起理解模式、赋予意义并形成概念图式的过程（Daft & Weick，1984）。诠释的核心是指“给予事件或信息以意义、含义（data given meaning)”，是认知与决策的中心环节。认知的信息处理过程包括“信息输入——注意——诠释——记忆或储存——应用输出——行动”，而且这些环节之间不断地进行循环往复，如图 5.1 所示：

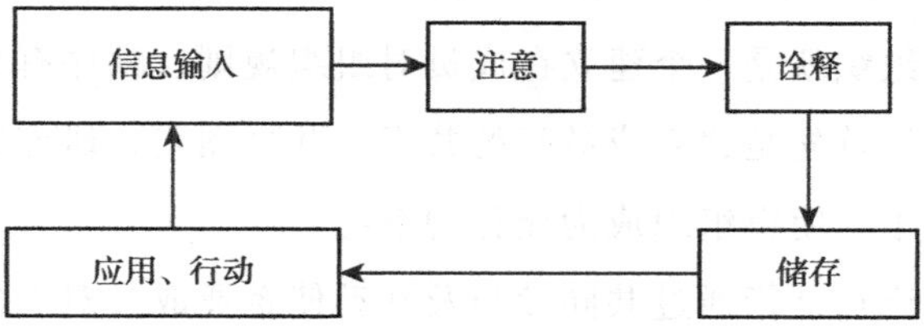

图 5.1　认知的信息处理过程

资料来源：作者研究设计。

如图 5.1 所示，认知与决策过程中，“注意”是收集信息的环节，但是这些收集来的信息没有进行充分的理解并给予其内涵解释即没有“诠释”环节的话，人们是难以形成并“储存”下来知识图式的，人们认知与决策中的信息处理只包含了“应用原来储存的知识或图式——注意——认知并行动”的环节。此时，就没有新信息的关注及新知识的产生，也很难产生创新与变革。而包含了“诠释”过程的信息处理过程则是“注意到与原有知识或图式不同的新信息——诠释——储存形成新知识、新图式——新的行动方案”的环节循环，包含了“诠释”过程，只有“诠释”才能对新信息进行有效的理解与加工，才能产生新知识以及新的行动方式，进而产生创新与变革。因此，“诠释”环节是认知变革的关键，也是企业进行战略管理认知变革与创新的关键。

2. 组织诠释的内涵与表现

(1) 组织诠释的内涵。

相比个体诠释的随机性，组织诠释更强调诠释的目的性，以促进企业创新变革；另外，相比于强调具体信息处理过程（如图5.1）的个体诠释，组织诠释更强调诠释活动的组织社会情境性，因为组织诠释虽然离不开成员个体的诠释活动，却有基于成员集体活动与集体情境的认知或记忆系统，也依赖于组织成员间的各种社会关系（企业中主要是工作互动关系）。尽管成员个体有进有出，但组织会保留下来集体知识、集体行为、共享的认知图式、惯例及价值观，因此，企业中的团队成员之间存在着共享的认知模式或图式，引导着团队成员做出一致的决策与行动，有助于提高团队组织的绩效水平（Stout，Cannon – Bowers et al.，1999）；Weick（2009）将共享认知从团队层面提到了企业层面，认为企业组织就是一个建立在成员对组织规则、秩序有着共同预期的结构体系，建立组织首先是建立成员间的共识、共享图式，研究成员间的一致性是组织活动的根本，使得组织成为诠释的系统。

因此，组织诠释是指通过共同参与及互动使企业成员对内外环境信息意义的共享式理解，在实现共享意义理解的过程中不断改进企业对内外信息的认知，实现知识创新与战略变革。

通过对组织诠释文献的梳理发现，组织诠释问题一方面源于动荡的环境及变革的需要，经理人员需要不断地对企业外部环境中的信息及事件进行诠释以建立起新的战略认知与决策，推动战略变革；另一方面源于企业组织内部一致性的需要，如组织变革带来的混乱、作为组织信念体系的企业文化建设需要等。

(2) 组织诠释的表现。

①当企业需要对外部环境进行重新诠释、认知以实现战略或组织变革时，组织诠释表现为企业经理人员自己对信息含义的重新解读或诠释。Daft 和 Weick（1984）概括了经理人员对外部环境信息进行诠释的四种模式：理性分析模式、主观设定模式、散漫模式、限定模式。面对组织变革，中层经理首先要自己理解变革的含义，Lüscher 和 Lewis（2008）通过事件研究法发现，中层经理在理解组织变革意义即诠释的过程中经历了由“反对、不理解”到“理解、

悖论式执行”的转变，Balogun 和 Johnson（2004）通过案例追踪研究发现，对于企业组织结构的变革，各部门经理人员之间的诠释经历了由“不一致”到“共享”的过程。显然，旨在战略变革而对外部环境进行诠释的过程中，诠释的主体主要是企业经理人员，而不涉及经理人员对下属基层员工的影响，因此，此时的组织诠释主要表现在企业经理人员个体的信息诠释或经理人员之间的信息诠释过程。

②当企业需要企业所有成员对信息的共享理解以实现一致行动时，组织诠释表现为企业内部成员间的影响过程，包括经理人员对基层员工诠释过程的纵向影响，也包括平级同事之间在信息诠释上的互动、交流活动。此时，组织诠释的目的是实现成员之间的共享理解、共享认知模式或图式，Jackson（2012）研究了经理人员借助企业文化与员工进行叙事沟通、故事沟通的过程，以使企业成员对企业社会责任要求的道德行为准则形成一致的理解和行动；在一个交响乐团的研究中，Maitlis（2005）研究了领导对员工进行意义建构或赋义（sensemaking）、影响员工诠释理解的方式，按照高层、中层、基层成员主动性大小，总结出了四种不同的领导赋义形式。

因此，组织诠释的表现分为“外部诠释”与“内部诠释”两种。前者是企业经理人员对外部环境战略信息进行意义建构（sensemaking）的过程，旨在进行战略变革或创新；后者是企业经理人员对内部上下级成员进行意义影响（意义给赋 sensegiving）的过程，旨在形成企业内部的一致性。Weick 等在 1984 年研究了企业的“外部诠释”，1993 年研究了“内部诠释”，为组织诠释研究提供了研究基础。

（二）诠释是开放系统的关键

Pondy 和 Mitroff（1979）提示组织科学家，企业组织具有博尔丁 Boulding（1956）提出的开放系统特征，组织成员们共同遵守的规则秩序及相应的信念文化是开放系统的关键，属于 9 层复杂系统的第 8 层[①]。Boulding（1956）认为，作为人类组织的企业是最复杂的系统之一，企业组织需要不断地与外部环

① 博尔丁的系统分类由低到高依次为：静态架构、时钟机构、自调系统、开放系统、衍生系统、内像系统、抽象系统、社会系统、超验系统（Boulding，1956）。

境进行交互，企业成员彼此交换对信息含义的诠释与理解，信息互动是成员间主要的交互体现。

企业外部环境中的事件及信息是难以通过一次理性分析而获得客观准确的战略决策结果的，需要成员不断地进行诠释、交流互动，以获得对环境认知的逐渐改进。

关注于企业战略具体形成过程的认知学派分为两类：一种是传统理性的战略决策观，认为企业环境可以通过理性客观的分析而充分了解，得到最合理的战略决策结果；另一种则是当前的战略诠释观及实践观，认为企业外部的环境是难以实现理性客观分析的，绝对客观、正确的战略决策是不存在的；相反，战略是通过组织成员间的谈话、交流等诠释活动逐渐形成的。早期的战略诠释研究认为不同企业的经理人员通过行业活动、论坛活动来诠释环境信息并做出战略决策的，之后在企业内部向中层经理及员工进行诠释、交流以引导内部成员的战略认知及战略执行活动（Smircich & Stubbart，1985）。当前的战略诠释观走向了企业内部成员之间的诠释活动，如战略实践观认为企业成员共同参与实践活动（讨论会、项目沟通会、战略事件的白板展示）使成员之间能互相交流彼此对战略事件含义的理解（即诠释），使战略认知与决策不断完善（Johnson et al.，2003）。另外，战略谈话及意义建构研究中也发现企业成员间的谈话及语言上的隐喻、比喻是主要的战略诠释方式，有助于成员对环境及战略的理解、执行与变革（Balogun et al.，2014）。

另外，诠释也是企业内部组织过程的关键。基于开放系统思想，Weick 等提出了作为“松散偶联系统”的企业组织观，认为企业组织过程中不能依靠理性组织论的正式组织结构，也不能依靠自然组织论、组织行为学所主张的预测或观测到员工动机，之后采取各种影响员工动机和行为的管理举措，与此不同，Orton 和 Weick（1990）认为，企业中主要的组织过程是处理信息，以消除成员间的诠释差异即歧义。企业组织的“松散偶联性”表现为：企业组织规则不能有效地约束成员的行动，员工个人目标和动机与其行动之间的关系也是松散的（March & Olsen，1976），企业中成员所说的话、所追求的欲望或动机与其所做的事即行为之间只有微弱的联系（Shanley，1991）。因此，企业组织的层级体系不是静态的结构，而是一个“信息流”装置，企业必须注重组织中各层级成员间的诠释信息流动或互动关系，使高层、中层、基层员工间进行有效的信息诠释交流，“诠释过程”是企业成员间一致性、组织过程的关键，中层经理的重要职责是对上下级成员活动的诠释、赋义工作。

二、中层经理的组织诠释作用

综上所述，诠释在企业对外战略环境分析及对内成员组织管理过程中都有着重要的作用，企业是一个信息诠释系统。在企业诠释系统中，中层经理作为组织网络的核心节点，处于高层与基层成员之间，对上下级成员的诠释都有重要的影响。具体来看，中层经理的组织诠释作用表现为以下两方面：

（一）中层经理对企业战略信息的诠释作用

中层经理是企业运营部门中有两层下属的管理人员（Staehle & Schirmer, 1992），有些研究中根据企业规模大小做了变通，在大型企业组织中把有上级且有两层下属的经理人员归为中层经理，在小规模企业中把有上级、有一层下属的经理人员也归为中层经理。这些中层经理在企业战略过程中起到了重要作用。

Floyd 和 Wooldridge（1994，1997）按照影响方向（向上级/向下属）、战略行为（分析/综合）两个维度把中层经理的战略作用分为四种类型：（1）向上为高层收集环境扫描信息，影响市场的环境扫描及注意力分布；（2）向上对高层进行“议题营销”，帮高层分析项目的战略价值，影响高层的战略决策；（3）向下支持基层员工的创新，对基层员工的越轨行为、激进变革保持宽容态度；（4）向下支持意图战略的实施，向基层员工诠释战略意义的含义及组织方式。这四种战略作用方式中都包含了中层经理影响其他组织成员对信息进行诠释的过程，对于上级即高层中层经理为其提供经过自己诠释、评价过的信息，以影响高层的“注意过程”（Dutton & Ashford，1993）。同时，中层积极参与战略性项目的分析评价过程，影响着高层对项目的评价即意义建构；对于基层员工，中层经理通过为其提供宽松的工作氛围和资源，使基层员工保留对信息、问题的其他诠释理解及解决方案，保持一定的模糊性，为创新留下可能（Kanter，1982），而在战略执行中，通过沟通、解释、指导取得员工对战略目标的理解与认同，保持一致行动（Hrebiniak & Joyce，1984）。

对于战略变革与创新，中层经理通过对偶然事件中信息的诠释激励着其他成员的多样诠释与认知，为组织学习与创新提供了保障。Cunha 等（2006）指出，偶发事件的特点是“隐匿性、多义性、创新性”，问题线索、创新线索隐藏在工作现场员工的不断理解过程中，偶发事件发生的工作现场中的员工对其有着多种含义的理解与解释，这种多种解释有助于人们发现新方向、新思路，是创新的关键。然而，在偶发事件的处理过程中，中层经理起到了重要的诠释作用，中层经理通过对偶发事件的“表征、求证、整合、延续”过程使组织成员积极而有效地进行线索挖掘及创新工作（Beck & Plowman，2009），表征是指中层经理对偶发事件中新线索、新问题的预期及表达，使成员关注此类偶然事件；求证是与员工一起分析偶然事件中的问题与线索；整合是指中层将与成员一起发现的线索整理、汇报给高管，与高管积极沟通；延续则是对后期的创新应用及新线索挖掘给予支持。

（二）中层经理对企业组织成员共享图式的影响作用

中层经理不仅能影响企业成员对环境战略信息的诠释，还能影响企业内部组织成员间的共享认知图式，以形成企业成员的一致行动。

从企业组织信息系统来看，中层经理是企业信息体系中关键的中心节点，连接着企业高层战略意图与基层成员的协作意愿。牧野（2013）指出，企业高管处于组织的“装置空间”，关注于企业整体的理性战略与组织框架，而基层员工处于个体的“行为空间”，关注于个人的动机需求。中层在这两种空间之间起到了连接、融合的作用，巴纳德在其组织协作系统论中就强调中层经理人员在促进基层员工理解认同企业战略及组织制度、促进其协作意愿方面的主要职责；Watts（2011）也认为，中层经理是企业组织网络中的关键节点，对企业组织内的信息流、成员间的一致性行动有重要的影响。

当中层经理影响其他企业成员对信息的诠释与理解时，就是一个意义建构（sensemaking）和意义传递（sensegiving）的过程，形成诠释的社会情境过程（Maitlis & Lawrence，2007）。企业组织中不同成员角色需要以相似的方式理解一件事才能形成集体行动，但因为他们不同的角色位置，彼此间的理解建构会有不同（Brown et al.，2008）。因此，企业组织需要经理人员影响其他成员的诠释过程、进行集体的赋义活动。

对于人际间意义传递、意义建构的方式，Taylor 和 Robichaud（2004）认为，“赋义需要将环境转换为可以用语言理解的情景，这种情景是行动的转换器”。Weick（1995）在描述赋义过程的社会和组织含义时指出，当遇到模棱两可的事件时，经理们用语言沟通来分享他们自己的看法，通过讨论逐渐界定或建立起意义。可见，意义建构强调描述和隐喻等语言沟通方式的赋义作用，认为话语实践是企业组织中构建人际间意义传递的主要方式（Cornelissen，2012）。据此，Schuler 和 Jackson（2014）研究了中层经理在向员工诠释企业目标的必要性和具体行为时运用的叙事、比喻等话语实践，认为这些话语实践、语言沟通是中层经理向其他成员进行诠释活动的重要方式，强调了企业成员间的互动活动对共享图式的促进作用。

第二节 中层经理的诠释模式与诠释行为

由第一节的分析可知，中层经理在企业组织诠释系统中具有重要作用，但已有的研究重在描述中层经理具体的诠释过程及方式，如悖论式诠释、语言隐喻等，并没有结合企业组织的实际问题需要研究中层经理具体诠释行为的选择方式，这种诠释行为的选择方式即是诠释模式。而中层经理诠释模式及诠释行为的选择策略既是企业诠释管理实践亟须的，也是组织诠释理论研究操作化的需要，在理论研究中需要向人们阐明不同情况下不同的诠释策略及可能的效应。

一、相关文献概述

诠释行为是中层经理向其他企业成员解释、宣传事件信息的具体做法或方式；诠释模式是中层经理根据企业实际问题需要所选择的合适的诠释行为。已有文献的研究总结如下：

（一）意义建构的激发与中层经理诠释的适用情境

人们对事件信息的重新理解即意义建构受线索的激发而产生，这些线索包括某种事件、情境，它们的含义或意义模糊不清，或者后果不确定。当人们注意到这些模糊不确定的事件时，思绪会中断，对世界的理解会混乱，不确定应该如何行动，此时会急需对事件的重新理解即意义建构（Corley & Gioia, 2004）。实际的事件信息和人们预期之间的矛盾或差异是导致事件模糊不确定的根源，促使人们进行意义的重新建构，这些事件都是意料之外，出乎人们的期望，没有想到的事发生了或想到的却没有发生常常使人反思。因此，企业成员意料之外的事件信息是激发意义建构的根源，人们对事件信息的新理解、新认知多种多样，需要中层经理进行集体性的诠释以建立起成员间的共享理解。

但是，即使矛盾性的线索足够大到混淆了人们的认知，也不一定会激发意义建构，因为群体规范或组织文化会对矛盾进行缓和（Dunbar & Garud, 2009）：当企业有较强的组织规范或文化时，成员会主动按照企业文化来理解这些矛盾的事件线索，成员间的诠释与认知趋于一致，此时，不需要中层经理积极的诠释行为。

因此，中层经理的诠释行为对企业最有效的情境是：成员意料之外的事件信息，而且企业文化或规范较弱。

（二）中层经理诠释的具体过程

语言学中将诠释界定为通过语言来进行翻译和解释的过程，诠释者不仅是介绍信息含义的“中介”，还是积极参与信息意义探索即意义建构过程的“实践者”。洪汉鼎（2003）将诠释描述为包含“理解、解释、应用、实践”的过程，“理解”是指诠释者自己先对事件信息建立起意义感知、明晰事件的含义及走向；“解释”则是向他人宣传、阐明、翻译的活动；“应用”是指诠释者在建立意义感知、向他人传递意义即解释的过程中要有目标导向；“实践”则是诠释者通过实践活动开展诠释活动，同时以影响他人的实际行动为主要目的。

据此，将中层经理诠释的具体过程描述为“理解、解释、目标导向、实践参与”的环节。当前研究中，以中层经理的“理解”环节为主，主要是研究中层经理对战略变革和组织变革措施的理解过程，旨在揭示中层经理逐渐理解、认同战略变革和组织变革的过程，如悖论式意义建构过程的研究（Lüscher & Lewis，2008）、中层经理人员之间对变革持共享式理解的过程等（Balogun & Johnson，2004）。对于中层经理影响他人诠释与认知的“解释”过程的研究相对较少，主要是通过企业文化、比喻、讲故事等方式来进行解释的具体细节描述。对于后两个环节“目标导向、实践参与”的研究则较为空白。

然而，上述中层经理具体诠释过程的研究只是描述了某些具体企业问题中的诠释行为，却并不能为企业诠释管理提供可借鉴的规律性诠释方式，因此需要探索中层经理诠释的规律即诠释模式。

（三）中层经理的诠释模式

诠释模式是企业在对成员进行诠释管理时根据具体问题需要而进行的策略性选择。已有的研究中包括了三类：

1. 将诠释模式能力化

韩玉兰（2010）研究了中国企业的中层经理进行意义建构的方式——管理觉知，包括“敏察、覃思、慎行”三个维度，表现为“谨慎定义问题、对问题发生的背景敏感、主动搜寻与问题有关的信息”。这一研究将中层经理的诠释模式界定为一种中层经理个体的心理状态与能力，隐含假设是“具有管理觉知能力的中层经理就能做好诠释管理工作”，忽略了中层经理影响其他成员诠释的过程及企业诠释活动的情境匹配性与变动性。

2. 诠释模式的主体依赖化

Maitlis（2005）依据诠释主体——不同层级经理人员的主动性大小，区分出四种组织诠释模式：①引导式诠释（guide sensemaking），高管非常积极地去建构并影响其他员工对事件的理解和解释，其他人也积极地去形成他们关于某些事件的看法或信念；②碎片式诠释（fragmented sensemaking），其他成员关注到一些事件，分析形势，但经理人员没有去影响或控制他们对事件的讨论及解释过程；③限定式诠释（restricted sensemaking），经理人员对于遇到的事件给出大体的理解、解释框架，其他人倾向于接受而不是自己去进行其他方向的理解；④缺失式诠释（minimal sensemaking），经理人员和其他员工都等着别人对事件的释义和反应行动，尤其是对于一些外部的事件的反应。

3. 诠释模式的情境化

情境化是将中层经理的诠释方式选择与企业实际情境中的问题联系起来，以更有效地解决实际问题。

Daft 和 Weick（1984）最早提出了诠释模式情境化的研究方式，按照企业对战略环境的假设和组织积极性划分了四种诠释模式：设置模式、发现模式、无限制模式、限制模式（enacting，discovering，undirected viewing，conditioned viewing）。

这些模式展示了企业经理人员影响其他成员对外部战略信息认知的不同诠释模式：设置模式是经理人员给出主观的认知框架（如企业愿景使命的设定），其他成员依此来进行探索、理解的方式；发现模式是经理人员与其他成员一起调查、求证，以理解信息含义的组织诠释方式；无限制模式是经理人员不做正式渠道的解读，由其他成员根据非正式渠道的传言来理解信息含义的组织诠释方式；限制模式是完全由经理人员通过正式规则、制度、惯例来解读信息含义的方式。

相比诠释模式的能力化，情境化的诠释模式更注重具体的行为，认为企业组织诠释的有效性不依赖于经理人员既定的心理特征，换句话说，主张经理人员的组织诠释行为是可塑的、可培养的，这对于企业实践来说更有管理借鉴价值；另外，相比诠释模式的主体化，情境化的诠释模式关注的是经理人员对成员的战略信息解读、理解的影响方式，与企业的实际问题——战略管理结合了起来，会更接近企业的实际情况和实践需要。

然而，Daft 和 Weick（1984）的情境化诠释模式只局限于企业对外战略性问题及信息线索的诠释，忽略了企业内部普遍存在的模糊性或诠释多义的事件信息，影响了这种诠释模式的普及应用。因此，本节拟采用质性与量化方法结合的方式来研究企业组织内更普适的中层经理诠释模式。

二、质性研究过程

结合前述诠释文献概述，研究中先采取质性研究方法来分析中层经理进行组织诠释时考虑的情境因素以及相应的诠释方式或行为。质性研究最显著的特点是承认“研究者所观察世界的主观性”，即承认被研究的人们对其所处世界的主观理解对于研究的作用（彭秀平，2005）。质性研究具有“主位”研究的特点，主张研究者应该通过被试的视角来观察世界（吕力，2012），包括参与观察法、访谈法、音像资料分析法等，研究者主要运用了开放式访谈的方法来收集资料数据，辅以企业宣传资料为二手资料，以便于与被访者进行沟通交流，运用归纳法整理分析中层经理诠释模式及选择因素。

（一）抽取被访者——中层经理

由于研究的目的是中层经理的诠释模式和诠释行为。因此，研究对象、被访者被界定为企业的中层经理。为了扩展研究对象的范围，在组织层级上将在企业中至少有一层上下级关系的经理人员都界定为中层经理；另外，由于研究旨在探寻中层经理有效的诠释模式和行为，有效的诠释会促进其他成员共享认知及相应的一致行动，也会促使其他成员保持创新能力。因此，只抽取在企业中部门或团队绩效（执行绩效与创新绩效）优良的中层经理作为被访者。

抽取过程采取熟人网络推荐的方式进行，通过研究者的同学、朋友推荐其所在企业中部门或团队绩效较好的中层经理，按照上述两条标准，最终确定了22位中层经理。

其中，男性16位，女性6位；平均年龄33.73岁，范围在27～43岁；大专学历3人，本科学历16人，硕士学历3人；民营企业工作的有16人，国有企业工作的有3人，合资企业工作的有3人；在业务部门工作的有15人，在支持性职能部门工作的有7人，详见表5.1。

表5.1 被访者情况

编号	年龄	性别	工作年限	教育程度	当前所在部门	企业性质
1	34	女	12	本科	销售部	民企
2	30	女	6	硕士	研发部	国企
3	32	男	5	本科	市场部	民企
4	40	男	12	大专	生产部	民企
5	28	男	5	本科	人力资源部	民企

续表

编号	年龄	性别	工作年限	教育程度	当前所在部门	企业性质
6	35	男	11	硕士	市场部	民企
7	36	女	8	本科	投资部	国企
8	27	女	4	大专	行政部	民企
9	30	男	6	本科	财务部	国企
10	33	男	5	本科	市场部	民企
11	41	男	13	本科	销售部	合资
12	37	男	7	硕士	研发部	民企
13	31	男	5	本科	人事与行政	民企
14	43	男	9	本科	生产部	民企
15	36	男	7	本科	销售部	民企
16	33	男	6	本科	销售部	民企
17	32	女	7	本科	运营支持	民企
18	30	男	8	大专	销售部	民企
19	35	男	7	本科	生产部	合资
20	32	男	6	本科	研发部	民企
21	35	女	7	本科	生产部	民企
22	32	男	4	本科	企划部	合资

资料来源：作者研究分析。

（二）数据收集——访谈过程

经朋友、熟人推荐的被访者，首先与其进行电话沟通，向其解释访谈目的和内容，并邮件发送给其访谈大纲（详见附录 1），确定访谈时间、地点；之后，通过一对一的单个面谈或电话访谈收集数据资料，每次访谈的时间都在一个小时以上，访谈期间在 2016 年 11 月至 2016 年 12 月。在向被访者解释清楚访谈目的和匿名性，征得被访者同意之后，对访谈的整个过程进行了录音。

访谈过程中采用了事件访谈法。先请被访者列举出其所经历过的企业成员间诠释不一致的事件，然后请其详细说明向成员诠释的过程、方式及效果，以及在选择这些诠释方式时考虑的主要因素。访谈采取半结构化的方式进行，访谈者提前列好了访谈题目，均为开放式问题（详见附录 2），访谈中主要围绕三个核心问题进行题目设计及访谈中的追问：（1）以前或现在企业成员之间看法不一致的主要问题、事件是什么？这些事件或问题的不一致性是否影响到部门或团队绩效？（2）作为部门中的管理人员，您是如何向员工解读这些事件或问题的？效果如何？（3）在您选择解读方式时主要考虑哪些方面的因素？

（三）数据分析

本节旨在研究中层经理在面对不同情境中的各类事件时的不同诠释方式及行为，即诠释模式，但这方面的理论研究尚属空白。因此，适合用探索性的、有利于理论建构的内容分析法来进行初步的数据分析，具体分为以下两步进行：

第一步，通过对 22 位中层经理访谈资料的整理，抽取出了企业组织内部由中层经理向下属员工进行诠释的 24 个事件，并粗略地整理出了十多种诠释方式和中层经理考虑的两个事件特征即影响诠释模式的因素（见表 5.2）。

表 5.2　事件与中层经理的诠释方式

编号	事件	诠释方式	事件特征（利益关系 + 可分析性）
1	退货	利诱—有利于商家、有利于保洁员的工作效率；正式规则的要求	间接 + 可分析
2	高标准工作流程（保洁）		
3	员工业绩排名制度	互助 + 缓冲式执行；人文关怀（家访）	直接 + 可分析
4	扣分扣款制度	变革式执行；人文关怀；公正执行；改进帮扶	直接 + 可分析
5	子女陪伴困难	共同寻找解决方案；轮休	直接 + 不可分析
6	干部民主评议制度	缓冲执行；人文关怀；帮扶反思；退出	直接 + 可分析
7	对联营员工的救济制度	高管文化；爱人爱己	间接 + 不可分析
8	便民设施浪费	高管文化；爱人、大度	间接 + 不可分析
9	便民与经营面积	高管文化；爱人利己	间接 + 不可分析

续表

编号	事件	诠释方式	事件特征 （利益关系＋可分析性）
10	订单延误中的协作问题	缓冲执行；改进式执行	直接＋可分析
11	孝道文化与企业实践	高管文化；利诱	间接＋不可分析
12	财务审批制度	有利于项目间的公平性；变革执行	直接＋可分析
13	连续值班难以顾及生活	共同寻找缓解方式；增员、调休	直接＋不可分析
14	业绩末位淘汰制度	缓冲执行；上下反馈以改进制度	直接＋可分析
15	互联网金融业务的开展	共同调查；积极反馈上下级意见	直接＋不可分析
16	投资方案制订流程的改变	缓冲执行；解释其有利性	间接＋可分析
17	公益项目的大量开支	企业文化；社会公民责任	间接＋不可分析
18	员工自我形象的否定	企业形象；道德回报故事	间接＋不可分析
19	HR 与业务部门协作困难	展示互惠互利关系	间接＋可分析
20	职位晋升制度	公正、公开执行；论证权责对等、能力要求	直接＋不可分析
21	上下级关系	展示上下级间工作上的紧密协作关系以双方的帮助	直接＋不可分析
22	总公司对分公司集权	共同分析权责分配的合理性和必要性	间接＋可分析
23	市场预算的控制问题	展示合理的预算控制有利于企业及各部门的发展	间接＋可分析
24	饮料业务前景灰暗	共同寻找市场数据，讨论制订合理市场方案	直接＋不可分析

资料来源：作者研究分析。

Daft 和 Weick（1984）在企业对外部信息的情境化诠释模式的研究中发现，经理人员选择诠释信息或事件的方式时主要考虑“信息的可分析性与企业组织的主动性”两因素，“信息的可分析性”是指外部环境信息是明晰的，可以用经济理性的工具（如 SWOT、波士顿矩阵等）分析后得出正确决策，“组织的主动性”是企业对环境信息处理的态度积极性，包括主动应对与被动等待两种。而研究者通过对表 5.2 中资料的初步对比分析发现，与 Daft 和 Weick（1984）提出的对外信息诠释时的两个考虑因素不同，中层经理在对内部下属员工进行事件或问题诠释（对内的信息诠释）时考虑的因素除了事件信息的可分析性之外（可分析性这里是指有清晰的企业规则用来分析员工自己的行为是否可行），还考虑了事件信息与下属员工利益的相关性（直接还是间接地影响到了员工的利益），分为以下四种类型：

（1）吸收式诠释模式。

当员工不理解的事件信息在企业中是清晰的、可依据企业正式规则分析处理（即可分析），同时这一事件信息又与员工的直接利益相关时（即直接），事件属于“直接+可分析”类型，中层采取“吸收式诠释”模式为宜。

如表5.2中编号为“3、4”的事件，某商贸服务企业中的员工会因为自己销售业绩排名最末而受到处罚（扣资金或辞退），也会因为顾客对具体某位员工的服务投诉而扣除相应的业绩分数（每分对应相应的罚款金额），这两项管理制度在2016年10月开始实施，其中的规则流程清晰可鉴，本来依照理性原则执行没有任何问题，但由于与员工的直接利益紧密相关，实施过程中遇到来自员工的异议。对此，某中层主管（李某）谈道：“作为主管，我需要体谅员工利益的损失，但会给员工解释企业必须有这些制度才能运转，而且员工也会私下里互相帮扶彼此的销售业绩，以免每次都是某位员工排名最后而受罚，对此我是持鼓励态度的，因为员工之间更团结了，同时在执行罚款时我们会按‘三次原则’（一次两次可以业绩最后，三次就要罚）；再者，我也会向人力资源部主动反馈员工的意见，改变简单地以罚代管，最终对于顾客投诉只扣员工的分数，不扣钱；还有，作为主管主要是通过在工作上帮助员工、生活上关心员工（经常家访），让员工有信任感后，员工会自己主动配合执行这些管理制度的，所以我对员工的管理很简单、很容易！”。

显然，对于这类“直接利益相关而又可分析明晰”的事件，中层经理通过采取各类措施让员工主动接受相应的规则制度，即“吸收式诠释”较为合适，包括“人文关怀、缓冲式执行、变革式执行”等方式。

（2）转移式诠释模式。

当员工不理解的事件信息在企业中是清晰的、可依据企业正式规则分析处理（即可分析），但这一事件信息与员工的直接利益不相关时（即间接利益），事件属于“间接+可分析”类型，中层采取“转移式诠释”模式为宜。

如表5.2中编号为“1、2”的事件，员工对企业无条件退货的原则及过高的保洁流程开始时持不理解态度，认为这对公司不公平，品牌服饰部马主管谈道：“作为主管，我主要从对员工有利的角度去解释。比如，有退货正说明你们有销售业绩，生意好，业务数据也显示积极退货损失的是一小部分，整体上利益是增加的。”保洁部孙主管谈道：“无停留、无痕迹的保洁流程要比清理累积下来的污渍更容易操作，员工工作起来更省时省力。”

显然，中层对此类事件的诠释中将问题转移至对员工直接工作更有利的方面，更容易使员工理解、认同，此时，转移式诠释模式较为合适。

(3) 设定式诠释模式。

当员工不理解的事件信息在企业中是不清晰的、并非企业正式规则严格规定的（即不可分析），同时这一事件信息与员工的直接利益不相关时（即间接利益），事件属于“间接+不可分析”类型，中层采取的是“设定式诠释”模式，用企业文化向员工解释。

如表5.2中编号为“8、9、11、17”事件，员工认为企业中的便民设施占用了过多的经营场地、被素质不高的市民随意滥用（如水、宝宝纸尿裤），孝道行为要求与员工的工作相关性不大，公益捐款有损企业利益等，此类事件与员工的个人直接利益关系不大，也没有相关的明确流程规则。对此，中层普遍认为将其升华为企业文化、用文化道德规范来向员工解释更好，如企划部张主管谈道：“为顾客提供不压抑的空间场所，让其在休闲轻松的环境购物是我们的责任，是我们企业中‘大爱’文化的体现，更是高管的理想与理念所追求的”。

因此，在这类事件中，用高尚的道德文化来向员工宣传企业正面积极的形象是通常的诠释方式，这有利于企业成员树立起正面的企业形象和自我认知，提高员工的组织认同感（Schrodt，2002）。因此，此时文化设定的诠释模式较为合适。

(4) 探索式诠释模式。

当员工不理解的事件信息在企业中是不清晰的、并非企业正式规则严格规定的（不可分析），但事件信息与员工的直接利益相关时（直接利益），事件属于“直接+不可分析”，中层采取“探索式诠释”模式，与员工一起探寻解决方案及解释视角。

如表 5.2 中编号为“5、13、15、20”的事件，“5、13”事件是员工对于自己“工作—生活平衡”问题的困惑，对此，生产部李主管谈道：“我与员工谈话时，承认生产流程的连续性使员工没有周末休息时间，影响了员工的生活质量，但更重要的是一起寻找解决方法，一方面改进工作流程，提高效率，另一方面增加人员配置，让员工能倒开班去休息，这样即使员工工作时紧张点，最终理解自己的工作了”；“15、20”事件中属于战略、业务调整影响了部门利益与员工个人利益，对此，市场部杨部长谈道：“业务重组一定会影响各部门经理人员及基层员工的利益，作为主管，我主要是在重组规划制定过程中，请部门经理参与业务分析、让员工了解业务讨论内容，让他们也通过理性的分析得出同样结论后，就能理解了，当然还要辅以工作、利益的重新匹配才行”。

此时，中层经理与员工一起讨论、论证、分析信息，共同探寻合理的方案才能让员工理解认同。因此，适合“探索式诠释”模式。

综上，将中层经理的诠释模式总结为如图 5.2 所示：

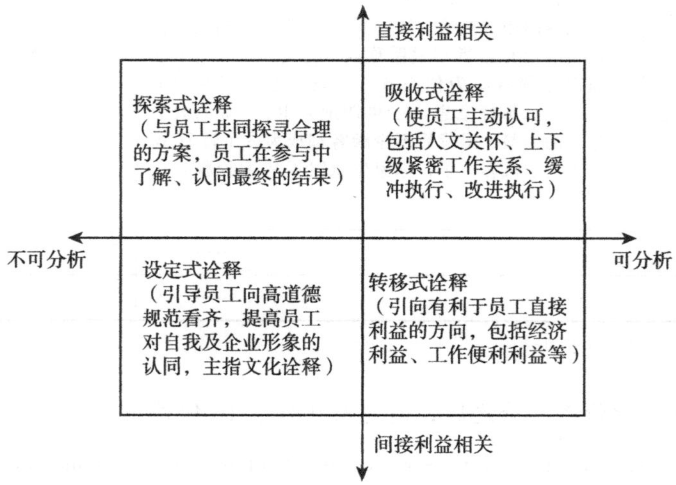

图 5.2　中层经理的诠释模式

资料来源：作者研究设计。

第二步，为了提高分析的可靠度，减少研究者初步分析的偏差，又进行了多个评价者间的内部一致性分析。

研究者请商学院9位博士研究生与研究者共10人一起对表5.2中所涉及的事件资料进行再次评价，以提高研究的信度，具体分为以下步骤：

（1）从表5.2中挑选出12个事件（按图5.2中的四个类型，每类选3个事件），将12个事件详细描述后整理成表格，每行按照“事件、诠释方式、评分、考虑因素、评分”分列陈述（如表5.3所示）。

在评分前，研究者会对9位博士生说明表中的内容及相关术语，先说明这些事件的典型特征——诠释多义性（员工通常不理解其中的企业规定或主管的处理方式），再说明请9位评价者评分的对象——对表中总结出的“诠释方式及中层诠释时考虑的因素”进行评分，评分采用5分制（5为非常同意，1为完全不同意，具体如表5.3所示）。

表5.3　10位评价者的评分（部分举例）

编号	事件	中层经理诠释过程	诠释方式	评分	考虑因素	评分
1	员工认为无条件退货会导致顾客恶意退货（穿后再退），有损品牌商利益。	我不能给员工说这是公司的退货流程规定，你必须执行。因为恶意退货虽然不扣员工奖金，但确实伤害了员工对顾客的服务热情。所以我常常首先给员工说有退货正说明你家生意好，每次你都诚心为他服务、无条件退货，他总不好意思再三再四地来退，据我的经验，退货后不少顾客都成为商家的忠诚客户了，你家生意岂不是更好？	转移至对员工有利的方面，让员工逐渐接受企业的规定（转移式诠释）。		企业是否有正式规定必须执行；是否与员工的直接利益有关。	
	……	……	……	……	……	……
12	……	……	……	……	……	……

资料来源：作者研究分析。

（2）10位评价者评分之后，研究者计算了10位评价者在各个评分项目上的内部一致性系数Rwg（Within - group interrater reliability，James et al.，1984），其中，对转移式诠释（3个事件）的评分一致性系数为0.89；对吸收式诠释的评分一致性系数为0.92；对设定式诠释的评分一致性系数为0.93；对探索式诠释的评分一致性系数为0.91，四类诠释模式的平均评分一致性系数为0.91，说明10位评价者之间对中层经理诠释方式的归类是高度一致的。在对中层经理诠释时考虑的两个因素的评价中，评分一致性系数为0.84，评价者间的一致性也较高。

通过前述几个步骤的质性数据分析，可以明晰中层经理诠释时考虑的两个因素（可分析性与利益相关性）及诠释的四种模式。

三、小结：中层经理的四种诠释模式与影响因素

通过本节的质性研究可见，中层经理通常依据具体情况来选择合适的诠释方式，以对员工进行有效的意义诠释管理，使员工逐渐理解事件的含义、工作中合理的处理方式，形成企业成员间的协作一致。

中层经理选择诠释方式时主要考虑两方面的因素。

（1）事件信息的可分析性。当员工不理解、保持歧义的事件在企业中有正式规则或流程的约束时，员工即使不理解，也要依据相应清晰可鉴的规则与流程来行动，企业可以依照规则流程对员工行为进行分析并实施管理控制，此时的事件信息是清晰的、可分析的，如绩效考核制度、工作流程制度等。相反，当事件在企业中没有清晰明确的规则、流程约束时，属于不可分析的类型，可以商榷执行、不完全执行、自愿执行，如文化规范、待定的业务方案或制度规章等。

（2）事件信息与员工利益的相关性。当员工不理解的事件或问题影响到员工的直接利益（工资、奖金、晋升、生活等）时，属于“直接”利益相关类型，此时，员工对相关组织制度的执行异常敏感，中层经理需要用公正公平的管理行为来诠释，通过延缓、变通执行进行缓冲，还需要注意员工直接利益受影响的程度，如果员工直接利益严重减少，中层经理需要向员工阐明自己与高层反馈以改进相关制度，或者中层经理需要在与员工共同寻找改善方案中让员工了解、接受事件。

按照上述中层经理诠释策略选择时考虑的两个因素，可以将中层经理的诠释模式分为四种类型（见图5.2）：（1）吸收式诠释，指的是中层经理通过人文关怀、工作帮扶、灵活执行的方式使员工主动接受企业硬性的规章制度；（2）转移式诠释，指的是中层经理通过将事件、信息的理解引向有利于员工

的方面，以使员工理解、接受相应的企业组织制度；（3）设定式诠释，指的是中层经理通过企业文化、高管精神、道德风尚解释事件的意义，在使员工接受的同时提高员工对自我形象及企业形象的认同；（4）探索式诠释，指的是中层经理通过与员工一起讨论、论证的过程使员工理解事件中组织规则的必要性与合理性，或者实现相关组织制度的改进。总之，这些诠释模式的目的都是使企业成员理解、认同、主动执行相关组织制度规则，只是情境不同中层经理的诠释模式不同而已。

虽然本节探析了中层经理的诠释模式，但对于中层经理诠释行为的测量还没有做相关研究。因此，第三节的研究旨在制定出中层经理诠释行为的量表工具，为第六章的实证研究做准备，也为企业实践中对中层经理的管理、培训工作提供支持。

第三节　中层经理诠释模式的测量

表 5.2 列出了初步研究中抽取出的 24 个事件及诠释行为，由于被访者是部门业绩较好且员工评价较高的中层经理，因此，这些诠释行为被假设为合适的诠释模式。本节对表 5.2 所列事件及诠释行为的进一步扩展，制定了中层经理诠释的初始量表，编制了相关题项；再通过进一步的大样本问卷调查及因子结构分析，获得中层经理诠释的最终量表（包括四个维度，12 个题项）。

一、初始量表的制定

（一）样本选择与信息收集过程

在第二节中通过熟人朋友寻找到的 22 位中层经理的基础上，通过滚雪球的方式又增加了 59 位中层经理作为这一阶段的被访者，研究者请这 22 位中层经理向我们推荐部门业绩比较好的其他中层经理共 59 人，这样，这一阶段共有 81 位中层经理成为量表测量中的被试。81 位中层经理中，男士 67 名，女性 14 名，平均年龄为 32.7，平均工作年限为 9 年。

由于“诠释、意义建构”在日常用语中不常见，研究者在与中层经理进行沟通时用“解释、解读、帮助别人理解”来向其表述。首先，研究者通过电话逐个与 81 位中层经理进行沟通说明研究的内容和需要其提供的信息，遇到他们认为表述有歧义的内容进行修改；之后，研究者将修订好的问题通过邮件发送给他们。围绕模糊性事件（成员们不理解、有异议的事件或问题）诠释方式的问题主要包括：1. 您经常需要向下属员工解释、说明的事项有哪些？2. 每件事中您具体的解释方式是什么，请举例说明。经过 1 个月（2017 年 1 月）的沟通反馈最终收集到了 69 项事件，221 种诠释行为。

（二）资料结果分析——诠释模式的初始测量

对于从上述数据中收集到的 69 项事件，221 种诠释行为，研究者通过以下三个步骤进行分类处理：

首先，研究者将 69 个事件及其对应的 221 种诠释行为的详细资料打印出来，分别发给一位博士生及一位市场部经理，请他们分别独立地对这些事件和诠释行为进行分类，先合并重复的事件，再将留下的各个事件的诠释行为进行分析归类，研究者也同时进行。

最终，研究者将事件分为 20 类（包括 52 种诠释行为），另一位博士生得到 18 类事件（包括 61 种诠释行为），市场部经理得到 15 类事件（包括 49 种诠释行为）。对于这种归类中的差异，研究者通过与他们共同讨论，按照抽象化、普适性原则，再去除重叠的或市场部经理认为不重要的事件，最终归类为 16 个事件、40 种诠释行为；然后，请两位语言学专业的博士生及两位中层经理对研究者的题项描述进行措词上、理解上的评价，当措词容易有歧义或者中层经理的理解与研究者的理解有不一致的情况时，研究者与其共同寻找更为合适的词汇来描述。

其次，将上一步中对 69 个事件及 221 种诠释行为的归类情况做成表格，请另外三位博士生对各个事件的归类进行评价（5 点制，5 为完全同意，1 为完全不同意）。计算三位博士生之间的内部一致性水平，平均的 Rwg 系数为 0.89，说明最终归类为 16 个事件及相应的 40 个题项较为可靠。

最后，对于40个题项，研究者将其改为第一人称“我”的表述方式，便于中层经理被试者的阅读理解；同时，为了减少被试的主观作答偏差，将其中的九个题项编制为负向题，以甄别作答不合格的问卷，各题项用5点制评价（5为完全同意，1为完全不同意）。通过上述三个步骤，最终编制的初始量表如表5.4所示：

表5.4　　　　中层经理诠释模式的初始量

题号	事件	我常常给员工说：
1	当员工对无条件、及时地满足顾客需求的相关规定不理解时	我常常会给他说这是公司的规定要求，我们只能争取做到；
2		我常常引导他想：这对他的工作也有利；
3		我会说：业务就够我忙的了，你理不理解这都是企业的要求，我不会对员工做什么解释（反向题）；
4	当员工对严格的工作流程或标准感到紧张、疲惫、难以适应时	我会给他说这是公司的最低要求，你必须做到；
5		我会引导他想：这有利于减少工作中的失误，也是工作中出现负面后果时保护自己的最好方法；
6		这是我们招聘员工时的最低要求，新员工培训时已讲清楚了，我不需要对他做任何解释（反向题）；
7	当员工对按业绩进行末位淘汰的制度（业绩最后的换岗或辞退）感到紧张、不满时	我通常会给员工说可以尽量帮他争取几次（如三次）机会，连续三次业绩最后就会处理；
8		我通常会默许员工私下在业绩上的互相帮助，尽量少出现每次都是某个员工业绩最低；
9		我会在业务上给他解释；
10		我会在生活上关心他，便于了解他在工作上的困难；
11	当员工对按业绩进行奖惩制度（如扣分扣款）不满时	我会向他说明制度执行中的公平公正；
12		我会给他说明制度在执行过程中会不断改进，我会向上级反馈他的意见；
13		我会在业务上给他更多帮助；
14		我会在生活上更关心他，以更好地了解他在工作上的困难；

续表

题号	事件	我常常给员工说：
15	当员工感到工作太忙，无时间顾及自己的生活或者照顾家人时	我会与他一起讨论他的工作安排和工作负荷，需要时多配置些员工；
16		我常给他说，我会向上级反映，争取他有轮休机会；
17	企业对业绩暂时不佳的员工提供最低工资保障，其他员工感到不公平	我常给他说，这是企业团结精神的体现，也是企业关心员工的表现；
18	当企业因保障顾客的利益而舍弃经营业绩，员工不理解时	我常给他说这是企业文化、企业精神的象征；
19		我会给他讲创始人、高管的好人好事故事；
20	因为其他部门的配合协作问题使员工降低工作效率，员工对此提出意见时	我会向员工阐明他不用为此负责（反向题）；
21		我会让员工知道，我会向上级和协作部门提出整改意见，争取改进协作流程，保证协作顺利；
22	当员工对企业提倡的某种文化准则（如孝道、爱人、社会公民责任）不理解时	我会给员工说，这是规定，必须注意自己的言行；（反向题）；
23		我会给员工讲企业创始的经过、故事；
24		我会给员工讲模范员工的感人故事；
25	员工对企业财务审批制度有异议，认为这降低了业务决策的效率时	我会给员工说明，这是企业的监督机制，必须遵守（反向题）；
26		我常给员工讲，遵守这一制度有助于上下级间的沟通，更有利于他的业务决策，而且也降低了他在决策时承担的风险；
27	当员工对企业新开展的业务不理解、不支持时	我常说，这是高层制定好的，我们只有执行的份（反向题）；
28		我会和员工一起分析市场环境、企业业务走势，以理解新业务的方向；
29	员工不理解企业投入公益慈善活动，认为这是浪费公司资源、损害员工利益时	我常给他说，花的是公司的钱，与我们没什么关系（反向题）；
30		我常常与他一起回顾高层的讲话精神，为他讲高层的公益故事；
31		我常给他说这是企业高尚道德文化的体现；

续表

题号	事件	我常常给员工说：
32	当员工觉得自己的职业身份在社会上较低下，没价值感时	我常给他展示我们的企业形象、企业文化在社会上受到的好评；
33		我常给他展示客户对我们的好评；
34		我常给他说，干出业绩多挣点钱就有价值感了（反向题）；
35	当员工对职位晋升制度不满意，感到自己晋升无希望时	我常给他说，晋升有明确的规定程序，我们只有遵守它、提高自己的能力和业绩才行；
36		我会向他说明制度执行中的公开、公正性；
37		我会向他展示职位权力与责任、能力的匹配性，高职位是要求有高能力和重责任的；
38	当员工对上下级关系、领导管理方式不满意时	我会说，好的上下级关系离不开他的主动，要主动展示自己能力和想法；
39	当员工对市场业务前景感到失望、没有信心时	我会说，作为员工，只要按照企业文化准则做好工作就行了，这些不用他担心（反向题）；
40		我会向员工展示手中掌握的业务数据，与他一同分析市场前景。

资料来源：作者研究分析。

二、量表因子结构分析与最终量表的确定

（一）样本选择与数据收集过程

为实现因子结构分析，需要扩大样本量。通过熟人、朋友及进一步的滚雪球推荐、对人力资源管理者的访问（请他们列举出单位中业绩较好且员工评价良好的中层经理），最终有 174 位中层经理作为被试参与了表 5.4 的评价，这 174 位中层经理不包括初始量表制定过程中的 81 位中层经理，是重新收集的。

研究者通过邮件、电子邮箱等方式将问卷逐一送达被试，并就相关术语进行了提前说明，提示被试作答要求及一个月的时间诉求，对于有回复疑问的一

一进行解答。同时，研究者特别向被试强调了匿名性，以确保被试回答的真实有效。最终，通过近两个月（2017 年 2 月至 2017 年 3 月）的问卷资料收集工作，回收了 153 份合格的问卷，回收率为 88%。153 位被试中，112 位男士，41 位女士，均为企业的中层经理人员（包括职能部门和业务部门）。平均年龄 35.7 岁；硕士学历占 31%，本科学历占 48%，其他 21%；

（二）探索性因子结构分析

按照量表题项分析的方法，分为以下三个步骤进行量表分析：

1. 进行题项与总分的相关性分析

计算出各个被试者在每个题项上的总分之后，再计算各个题项与总分间的相关系数（corrected item – total correlation），根据 Jean 和 Reynolds（1980）的标准，删除掉相关系数小于 0.35 的 11 个题项（表 5.4 中编号为 5、6、7、16、18、19、24、27、33、35、39 的题项），最后剩余 29 个题项，之后，用剩余的 29 个题项做探索性因子分析。

2. 对 29 个题项做探索性因子分析

由于填答者各种行为之间相关的可能性较大，会使提取的各因子之间也存在一定程度的相关性。因此，做探索性因子分析时采取了斜交旋转方法（promax rotation），以获得更为准确的因子结构。

KMO 检验结果显示，KMO（Kaiser – Meyer – Olkin measure of sampling adequacy）值为 0.677，卡方值为 3021.05，df 值为 406，显著性水平 $P < 0.000$，说明还适合做探索性因子分析（Spicer，2004）。根据特征值大于 1 的原则以及碎石图（如图 5.3 所示）的显示，可以抽取 8 个因子。

3. 限定因子个数的探索性因子分析

在限定 8 个因子进行探索性因子分析之后，发现只有前面 4 个因子包括的题项数量较多且因子载荷较大，后面的另外 4 个因子则只包括一个题项或者载荷系数较低。因此，再进行限定 4 个因子的探索性因子分析，且限定载荷系数大于 0.4，结果发现这 4 个因子共解释了总方差 52.1% 的变异，包括 26 个题项（去掉了 3 个载荷系数小于 0.4 的题项：表 5.4 中编号为 2、10、28 的题项），具体的因子结构及载荷系数如表 5.5 所示：

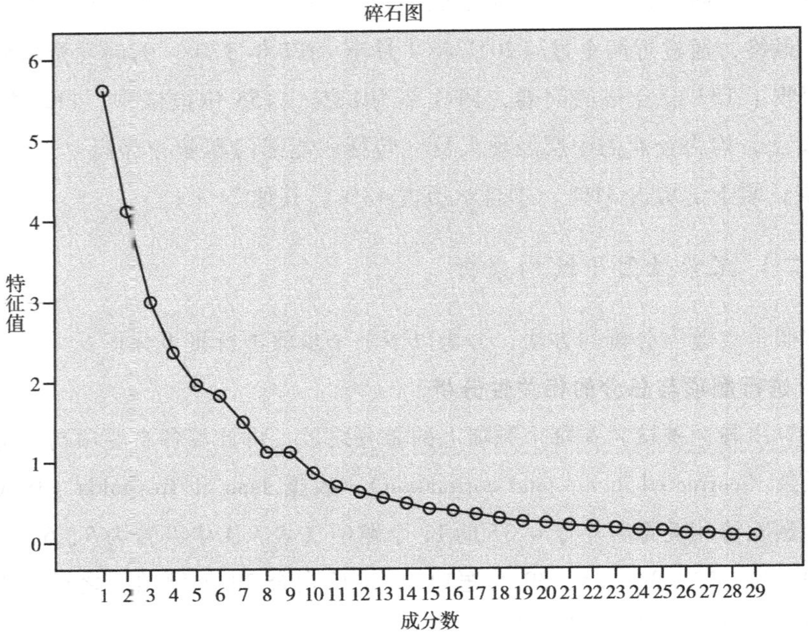

图 5.3 探索性因子分析的碎石图

资料来源：作者研究分析。

表 5.5 中层经理诠释模式量表的因子结构及载荷系数

因子	题项	载荷系数
因子 1	31 我常给他说这是企业高尚道德文化的体现；	0.777
	30 我常常与他一起回顾高层的讲话和精神，为他讲高层的公益故事；	0.753
	25 我会给员工说明，这是企业的监督机制，必须遵守；（反向题）	0.727
	32 我常给他展示企业形象、企业文化在社会上受到的好评；	0.727
	22 我会给员工说，这是规定，必须注意自己的言行；（反向题）	0.676
	1 我常给他说这是公司的规定要求，我们只能争取做到；（反向题）	0.664
	34 我常给他说，干出业绩多挣点钱就有价值感了；（反向题）	0.655
	3 业务就够我忙的了，你理不理解这都是企业的要求，我不会对员工做什么解释；（反向题）	0.633
	23 我会给员工讲企业创始的经过、故事；	0.506
	17 我常给他说，这是团结精神的体现，也是企业关心员工的表现；	0.424

续表

因子	题项	载荷系数
因子 2	9 我会在业务上给他解释；	0.790
	14 我会在生活上更关心他，以更好地了解他在工作上的困难；	0.776
	13 我会在业务上给他更多帮助；	0.770
	11 我会向他说明制度执行中的公平公正；	0.741
	8 我通常会默许员工私下在业绩上的互相帮助，尽量少出现每次都是某个员工业绩最低；	0.600
	12 我会给他说明制度在执行过程中会不断改进，我会向上级反馈他的意见；	0.597
	38 我会向他展示说明，好的上下级关系也离不开他的积极主动，他要主动向上级展示自己的能力和想法才行；	0.510
因子 3	15 我会与他一起讨论其工作安排和负荷，需要时多配置些员工；	0.786
	40 我会向员工展示手中掌握的业务数据，与他一同分析市场前景；	0.717
	21 我会让员工知道，我会向上级和协作部门提出整改意见，争取改进协作流程，保证协作顺利；	0.652
	4 我会给他说这是公司的最低要求，你必须做到；（反向题）	0.490
	29 我常给他说，花的是公司的钱，与我们没什么关系；（反向题）	0.483
	20 我会向员工阐明他不用为此负责；（反向题）	0.465
因子 4	37 我会向他说明职位权力与责任、能力的匹配有利于员工的成长；	0.711
	26 我常给员工讲，遵守这一制度有助于上下级间的沟通，更有利于他的业务决策，而且也降低了他在决策时承担的风险；	0.651
	36 我会向他说明制度执行中的公开、公正性。	0.607

资料来源：作者研究分析。

（三）最终的量表结构与题项

依据表 5.5 中探索性因子分析的结果，从中去掉 8 个反向题（1、3、4、20、22、25、29、34），合并掉 2 个题项（11、13），去掉 4 个因子载荷系数较小（小于 0.6）的题项（12、17、23、38），最后剩余 12 个题项及 4 个因子（每个因子包括 3 个题项），如表 5.6 所示。

同时，根据各个因子中题项的内容，结合图 5.2 中层经理诠释的四种类型，将各因子抽象为表 5.6 中四种类型的中层经理诠释类型。

表 5.6　　中层经理诠释模式最终量表的因子结构

因子（诠释模式）	题项	载荷系数
设定式	31 我常给他说这是企业高尚道德文化的体现；	0.777
	30 我常常与他一起回顾高层的讲话和精神，讲高层的公益故事；	0.753
	32 我常给他展示我企业形象、企业文化在社会上受到的好评；	0.727
吸收式	9 我会在业务上给他解释和帮助；	0.790
	14 我会在生活上更关心他，以更好地了解他在工作上的困难；	0.776
	8 我通常会默许员工私下在业绩上的互相帮助，尽量少出现每次都是某个员工业绩最低；	0.600
探索式	15 我会与他一起讨论其工作安排和负荷，需要时多配置些员工；	0.786
	40 我会向员工展示手中掌握的业务数据，与他一同分析市场前景；	0.717
	21 我会让员工知道，我会向上级和协作部门提出整改意见，争取改进协作流程，保证协作顺利；	0.652
转移式	37 我会向他说明职位权力与责任、能力的匹配有利于员工的成长；	0.711
	26 我常给员工讲，遵守这一制度有助于上下级间的沟通，更有利于他的业务决策，而且也降低了他在决策时承担的风险；	0.651
	36 我会向他说明制度执行中的公开、公正性。	0.607

资料来源：作者研究分析。

三、中层经理诠释模式量表的信度与效度分析

（一）信度分析

通过 SPSS 分析量表的信度发现，量表总信度系数为 0.784，各因子的信度系数分别为：0.736、0.678、0.680、0.676，均在 0.7 左右，说明量表的信度较佳或尚可，具体如表 5.7 所示。

表 5.7　　中层经理诠释模式量表的信度分析

因子（诠释模式）	题项	各因子信度（Alpha 系数）	总信度
设定式	31 我常给他说这是企业高尚的道德文化的体现；	0.736	0.784
	30 我常常与他一起回顾高层的讲话和精神，讲高层的公益故事；		
	32 我常给他展示我企业形象、企业文化在社会上受到的好评；		
吸收式	9 我会在业务上给他解释和帮助；	0.678	
	14 我会在生活上更关心他，以更好地了解他在工作上的困难；		
	8 我通常会默许员工私下在业绩上的互相帮助，尽量少出现每次都是某个员工业绩最低；		
探索式	15 我会与他一起讨论其工作安排和负荷，需要时多配置些员工；	0.680	
	0 我会向员工展示手中掌握的业务数据，与他一同分析市场前景；		
	21 我会让员工知道，我会向上级和协作部门提出整改意见，争取改进协作流程，保证协作顺利；		
转移式	37 我会向他说明职位权力与责任、能力的匹配有利于员工的成长；	0.676	
	26 我常给员工讲，遵守这一制度有助于上下级间的沟通，有利于他的业务决策，而且也降低了他在决策时承担的风险；		
	36 我会向他说明制度执行中的公开、公正性。		

资料来源：作者研究分析。

（二）效度分析

通过 SPSS 分析发现，12 个题项在一个因子上的载荷系数均大于 0.5，说明量表具有较好的汇聚效度；对于区分效度，通过 MPLUS 作的验证性因子分析 CFA 发现，相比一因子、二因子、三因子模型，对 12 个题项作四因子模型分析具有较好模拟结果（如表5.8），说明四因子量表有较好的区分效度。

表5.8　　量表结构的验证性因子分析

测量模型	卡方值	Df	CFI	TLI	SRMR
一因子	534.25	54	0.251	0.084	0.162
二因子	438.04	53	0.399	0.252	0.167
三因子	414.77	51	0.632	0.265	0.158
四因子	215.03	48	0.911	0.871	0.089

资料来源：作者研究分析。

四、小结：中层经理诠释的四种模式及最终量表

通过质性研究及实证研究分析发现，中层经理诠释模式及行为包括四种类型：设定模式、吸收模式、转移模式、探索模式。

设定模式是指中层经理为事件的诠释提供基本的框架，包括企业理念、企业文化等方式；吸收模式是指中层经理通过建立与员工在工作之外的紧密关系，包括生活上的关怀、缓冲执行、改进式执行等方式，使成员主动认可事件中的组织信息，为企业组织提供协作意愿；转移模式是指将事件的诠释与理解引向有利于员工主体的方面，从而使员工对事件进行积极的评价、认知，实施有利于组织的行为；探索模式是指中层经理与成员一起寻找事件的缘由及解决问题的方法，逐渐形成既有利于企业组织，又被成员理解、认可的行动方案，这个过程中会形成新想法、新方案，促进变革与创新。

上述四种诠释模式的选择通常依赖于所要诠释事件的两方面特点：一是事件与成员利益的相关性——是否直接影响到成员的利益；二是事件本身的可分析性——是否有清晰的组织制度规定、必须执行。

通过质性访谈研究与实证研究分析，最终获得了中层经理诠释模式的量表，包括12个题项、4个因子（见表5.7），具有较好的信度与效度，可以作为第六章中层经理诠释模式的测量工具。

第六章

中层经理诠释对模糊性与组织绩效间关系的调控

通过前面章节的分析可知，客观上企业成员间不同的工作情境是导致企业组织中模糊性的根源，对于这种客观存在的企业成员间的诠释多义性即模糊性，组织诠释是有效的调控方式。而中层经理是企业组织信息诠释系统的关键节点，处于高层与基层之间，对信息的理解与诠释更为有效；中层经理的诠释模式包括四种类型（吸收式、转移式、探索式、设定式），本章的研究目的是分析中层经理的这几种诠释模式对企业组织模糊性的调控效应以及相应的条件。

第一节　相关理论与研究模型

第二章里已经明晰了企业组织模糊性的概念，认为企业成员不同的工作情境使其对相同的问题或事件产生了不同的诠释或理解，这种诠释多义性就是企业组织中的模糊性。在此，重点回顾一下企业组织模糊性的后果、前因方面的研究。

一、组织模糊性的后果

企业组织成员对信息诠释的多义性即模糊性产生的后果存在两面性：一方

面会使企业战略及组织制度执行产生偏离或困难，另一方面则促进了企业变革与创新。

首先，企业组织模糊性对战略实施及相应的组织管理起到阻碍作用。企业员工对战略的不了解或多种理解使得企业难以形成组织合力，阻碍了战略的执行（Floyd & Wooldridge，1992）。因此，需要企业成员对战略保有“共同看法、共同知识”（Boswell，2006；Gagnon，2008）。实证研究中，Bourgeois（1980）通过对多家企业的研究显示，高管成员在企业目标和实现手段方面的共同理解即低模糊性对企业绩效有正面影响作用；但 Dess（1995）的研究却没有发现企业成员在战略上的低模糊性（或共识）与企业绩效间有正向关系。这种实证研究中的不一致情况，除了源于企业外部环境动态性的调节作用外，也使得人们越来越关注到企业中基层员工对战略的理解程度或模糊性程度的作用——相比高管而言，中基层员工对企业战略的共同理解（即战略方面的低模糊性）起到更重要的作用（Staehle & Schirmer，1992），换句话说，只有高管之间在战略方面的共同理解或低模糊性是不够的，还需要中基层员工之间对战略的共同理解或低模糊性。

为此，关注企业中基层员工认知、诠释的“共享认知图式”研究提供了更有力的结论：成员之间对战略事件信息相似的认知模式或图式（低模糊性）对部门绩效有正向影响作用（Dooley et al.，2000）。因此，与模糊性在测量上相反的概念——共享认知模式（或共识）方面的研究说明，成员间认知模式有着高共享即“低模糊性”时，企业或部门的绩效会更好，战略执行会更顺利。综上，可以将企业组织中模糊性与执行绩效间的关系总结为如图 6.1 所示：

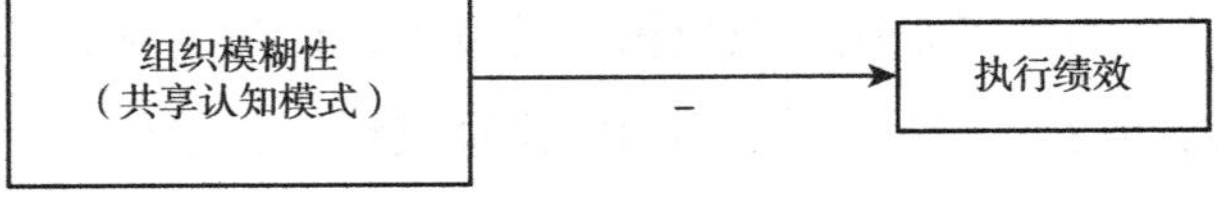

图 6.1 组织模糊性与执行绩效

资料来源：作者研究设计。

其次，企业组织模糊性与创新间的关系。创新的认知视角认为，对事件、信息含义的“全新诠释”改变了“注意—诠释—记忆—知识”过程中“知识”的内涵，有助于产生新知识及创新。而“全新的诠释”意味着新诠释与原来的知识或认知是不同的，对于认知主体（员工个体或企业组织）来说产生了“模糊性”，Drazin 等（1999）的研究发现，人们用当前知识或认知结构难以处理的事件会带来危机，促使人们进行反思并重新理解事件的含义即意义建构（sensemaking），这种新含义或新意义与人们之前的认知结构产生冲突及模糊性；Dougherty 等（2000）对企业变革的研究中发现，意义建构即事件新含义的诠释及之后的模糊性对企业创新与变革至关重要，员工在与消费者互动的过程中不断发现新信息、新含义及对原有知识的质疑，这些过程是企业创新的关键。因此，与原有知识不同的含义诠释即模糊性是创新的根源。

对于企业组织中的创新，Van de Ven（1995）指出，创新不能只关注创新过程的具体描述，还需要关注于企业内部持续产生、更新知识要素的组织机制研究，这是持续不断地驱动创新的组织力量，是创新研究的根本目的。

之后的研究中，Garud 等（2013）发现，企业组织成员之间对战略环境、市场顾客等信息的诠释差异即模糊性是企业创新能力的根本。对于成员间认知多样性的研究也指出，团队成员对信息的认知多样性增加了对问题或信息的多种理解视角，有助于提高团队整体的创造力（Cady & Valentine，1999）。Olson 等（2007）发现，高管团队成员之间的认知多样性一方面会带来冲突，另一方面会带来解决问题的多种方案，有利于战略变革与创新。

Maitlis（2014）在对组织内意义建构（sensemaking）的研究发现：企业成员对信息意义的多样性理解与诠释即“模糊性”是产生与已有认知不一致或偏差的前奏，才有可能出现“原始性创新或创造性搜索”。因此，企业组织成员间的诠释多义性即模糊性是企业创新的前因变量，如图 6.2 所示：

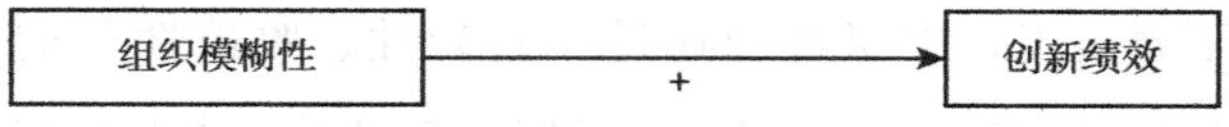

图 6.2　组织模糊性与创新绩效

资料来源：作者研究设计。

二、中层经理诠释模式对组织模糊性的调控作用

对于企业组织成员间的诠释多义性即模糊性，正式组织中的理性制度约束

难以有效应对，非正式组织中的人际关系在传递企业战略及制度信息时又缺乏企业整体导向，只有将企业作为一个“正式的诠释系统”——由正式组织体系中的中层经理作为与员工进行诠释沟通的主体，才能有效地调控企业组织的模糊性，同时促进执行绩效和创新绩效。

中层经理是企业组织信息体系的核心，对企业成员间的诠释多义性起到调控作用。巴纳德早在1938年就指出，与员工进行沟通、使员工理解认同企业目标是企业经理人员的重要组织管理职责，相比非正式组织间的沟通，企业正式组织体系中的经理人员履行的沟通、诠释职责对企业整体目标及员工个体动机的实现均有利（饭野，2004）。组织开放系统论认为企业正式组织中的层级体系实际上是一个沟通、诠释的信息体系，中层经理人员正是这个信息诠释体系的核心（Hunter，2002）。

（一）中层经理的吸收式、设定式、转移式诠释有助于降低成员间的诠释多义，提高企业执行绩效

Floyd等（1992，1997）的一系列研究发现，去层级化很明显地破坏了组织中的“社会网络”，企业进行的“组织再造、扁平化、网络化组织”改革措施产生了负面结果，因为中层经理在企业组织体系中起着关键的信息传递作用：中层经理将从基层员工收集到的问题、信息提供给高管，以帮助高管进行战略决策，促进战略变革与创新；同时也将高管制定的战略目标及相关制度向基层员工进行解释，以促使基层员工理解、认同并执行高管制定的战略及组织制度，实现战略执行，提高执行绩效。

对于基层下属员工，中层经理通过“整合性、收敛性”的方式——将自己加工理解后的信息向员工进行解释，说服、鼓励员工参与法规及公告的实施与修订过程（Nutt，1987），指引员工对企业目标及制度的理解，使员工主动理解、执行企业的战略目标及制度规则。

另外，在团队多样性的研究中发现，团队成员的认知多样性（对问题、信息的思考方式，即深层多样性）会增强团队组织中的“知识池”，拓展每个成员思考、解决问题的思路，促进创新（Mannix & Neale，2005）；然而团队成员在人口统计学特征方面的多样性或差异（即表层多的社会分类差异）则

会带来成员间的社会分类及冲突，不利于团队一致行动及执行绩效。对此，Pettigrew（1998）所提出的群际接触理论认为，通过不同身份特征的群体成员之间的接触，来去除社会分类效应，降低成员间的冲突和表层多样性的负面效应，基于此，杨鑫等（2013）提出企业成员间的社会网络关系对团队成员表层多样性的降低作用，对成员间一致性的促进作用。中层经理是企业组织社会网络中的核心节点（Watts，2011）。因此，中层经理的诠释行为对企业成员间的诠释多义性有着重要的调控作用，降低成员间的模糊性，提高成员间的一致性及执行绩效。

通过第五章中层经理诠释模式的研究可知，中层经理向企业成员诠释事件信息的方式包括四种：吸收式、设定式、转移式、探索式。前三种诠释方式的目的相同，都旨在使企业成员理解、认可并最终愿意执行企业战略及相应组织制度，旨在降低企业成员的组织制度模糊性，实现一致行动、提高执行绩效。因此，中层经理的这三种诠释模式在企业组织模糊性与执行绩效之间起到了重要的调控作用，如图 6.3 所示：

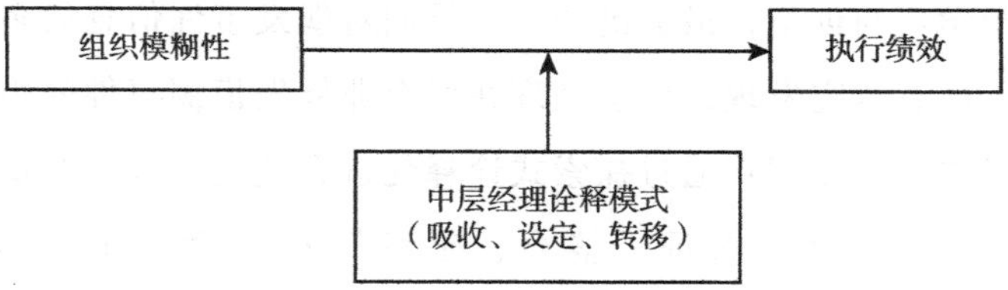

图 6.3　中层经理吸收、设定、转移式诠释对组织模糊性与执行绩效间关系的影响

资料来源：作者研究设计。

（二）中层经理探索式诠释有助于企业组织模糊性的开发利用，提高企业的创新绩效

组织学习的研究发现，偶然事件发生时，人们没有直接经验，会创建各种各样的描述与诠释来缩减自己面对的模糊性，因而常常会引发组织成员间多样性的诠释与理解（Watkins & Bazerman，2003）。正是组织成员间多种多样的诠释，才使得组织成员能从彼此对于事件或问题的不同理解中发现新线索，进而产生组织学习和创新（Cunha et al.，2006）。Mannix（2005）的研究发现，团

队成员在知识、技术、技能等观点上的多种诠释和观点，形成了团队组织内的“知识池”，有利于团队成员的创造力激发及组织创新的产生；这种成员间的诠释或观点上的多样性就是认知多样性、模糊性，它能够激发创新的条件则是成员间有效的社会网络及沟通网络（Chatman，2010）。

在以上的沟通或信息网络中，中层经理有关键的诠释和沟通作用。中层经理在层级体系中的关键位置使他们在引导成员对事件的释义、意义建构方面起到关键作用（Huy，2002）。Nonaka（1994）指出，由于中层经理在组织中纵向与横向信息流动的交叉点上，他们对知识创新起着关键作用，正是在中层经理这个交叉点上，一线员工及一线操作层经理所拥有的战略暗默知识（个人难以正式化的知识）才得以显性化（编码、传递）。Balogun 和 Johnson（2004）认为，中层经理有助于解决认知混乱（模糊性），对组织释义过程起到关键的作用。在战略过程中，中层经理是战略信息传递的关键节点，战略早期阶段中层经理激发成员间的分歧和多样化的诠释（divergence），战略后期实施时收敛多样性、达成一致行动（convergence）（Floyd，2000）。

对于组织学习与创新，最关键的是成员们对偶发事件信息的多种诠释的组织开发管理。已有研究发现，中层经理在对企业偶发模糊事件的组织诠释管理中同样起到了重要的作用：通过探索式诠释促进企业组织成员对偶发事件中的模糊信息进行“表征、求证、整合、延续”的过程（Beck & Plowman，2009）。因此，中层经理的探索式诠释对企业偶发事件信息的模糊性进行了有益的调控，引导着企业成员间事件信息模糊性朝向有利于组织学习与创新的方向发展，在组织模糊性与创新绩效间起到了关键的调控作用。

因此，中层经理的探索式诠释行为是模糊性与组织创新绩效间正向关系的重要条件，如图 6.4 所示：

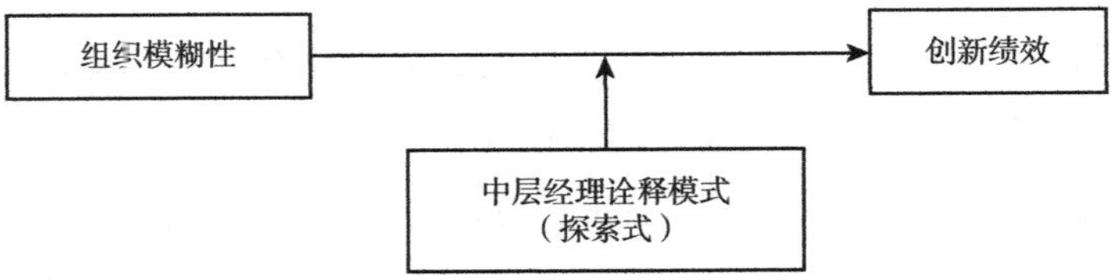

图 6.4　中层经理探索式诠释对组织模糊性与创新绩效间关系的影响

资料来源：作者研究设计。

三、中层经理诠释作用的条件——中层与基层员工之间的共享现场

“诠释”本质上属于人际间信息传递的过程，而信息传递的有效性受到人与人之间在客观世界中紧密的实际关系的影响（Dervin，2010），社会网络理论中将这种“实际关系”称为“有标度的社会网络”，《六度分隔》中将其称为“客观的隶属关系网络”，认为人们之间在地理位置、职业上的紧密关系影响着社会网络中信息的传递方向和有效性（Watts，2011）。换句话说，中层经理要想通过语言诠释来有效地影响其他员工对企业信息的理解、认知直至行动，就需要与其他员工在客观现实中有紧密的联系。

企业组织成员之间现实的紧密联系被称为“工作现场”或“组织现场”。牧野（2013）在萨其曼的情境理论基础上提出，企业高层与基层员工由于分别处于截然不同的两个情境空间中（理性的装置空间与感性的行为空间），对工作信息、事件的理解存在显著的差异，解决这一难题的方式是通过成员们共同解决问题的工作流程、工作场所来形成共享的“工作现场”，以消除差异、共享信息、提出更好的解决问题方案。除此之外，组织现场理论（Schatzki，2005）也认为，只有深度嵌入、参与企业组织的实践（工作）活动，人们才能有真实的现场感，才能对工作中的信息及事件建立起有效的意义感知即意义建构，基于此，组织现场论认为，人与人之间只有存在“共享的现场”才能有相似的意义感知与诠释认知。Hydle（2015）将这种共享现场界定为“共同实践集”，因此可以认为，中层经理要通过诠释来有效地激发或引导其他成员对事件信息的意义感知，就需要与其他成员有“共同的实践集”，包括共同的工作实践活动、工作流程。也就是说，中层经理与成员间的“共同实践集”是中层经理诠释对组织模糊性产生调控作用的条件，将其与图 6.3 和图 6.4 整合起来形成本节的综合研究模型，如图 6.5 所示：

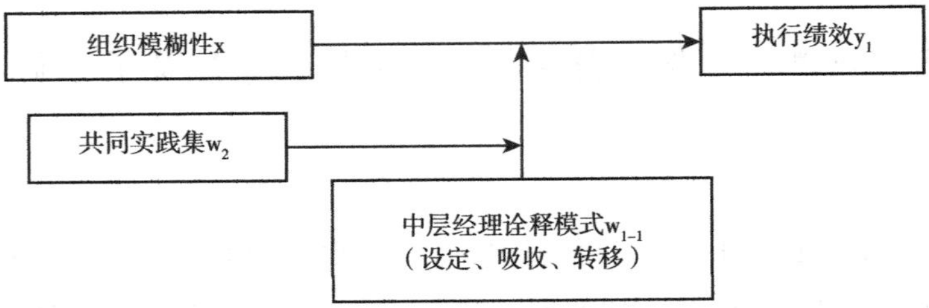

6.5（a）中层经理诠释模式、共同实践集对组织模糊性与执行绩效间关系的调控

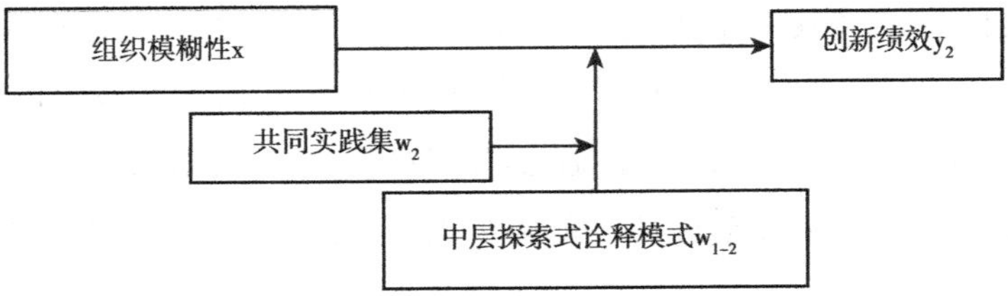

6.5（b）中层经理探索式诠释、共同实践集对组织模糊性与创新绩效间关系的调控

图 6.5　组织模糊性调控机制的研究模型

资料来源：作者研究设计。

第二节　研究方法与过程

对图 6.5 中的研究模型，本节研究采用了大样本实证研究的方法来进行验证。通过中层经理与其部门或团队成员间配对样本的收集过程，获得一手数据资料，之后，通过 SPSS、MPLUS 统计分析工具进行分析，以验证综合研究模型。

一、研究假设

根据第一节的理论综述及研究模型（见图 6.5），提出如下假设以待检验：

（一）中层诠释对组织模糊性与执行绩效间关系调控的相关假设

H1a：组织模糊性（x）与团队或部门的执行绩效（y_1）之间存在反向关

系（暨共享认知与执行绩效呈现正向关系）；

H1b：中层经理诠释模式（w_{1-1}设定、吸收、转移）能调节企业组织模糊性与部门或团队执行绩效间的关系，设定、吸收、转移式的中层经理诠释能减弱组织模糊性对组织绩效的负向影响作用；

H1c：中层经理与其下属员工间的共同实践集（w_2）调节了（增强）中层经理诠释模式（w_{1-1}）对组织模糊性（x）及执行绩效（y_1）间关系的调节作用。

（二）中层探索式诠释对组织模糊性与创新绩效间关系调控的相关假设

H2a：组织模糊性（x）与创新绩效（y_2）之间存在正向关系；

H2b：中层探索式诠释模式（w_{1-2}）调节了组织模糊性（x）与创新绩效（y_2）间的正向关系：中层探索式诠释模式（w_{1-2}）能增强组织模糊性（x）与创新绩效（y_2）间的正向关系；

H2c：中层经理与成员间的共同实践集调节了（增强）中层经理诠释模式的上述调节作用，是中层经理诠释模式产生调节作用的前提条件。

二、研究方法

（一）样本

研究者选择了中部和东部省份的3家大型食品、饮料公司作为样本企业来收集数据，以3家企业中分布最广、部门或团队相对较多的各地市场销售部门为研究对象。首先，快消品行业对市场销售部门的依赖度较大，市场部、销售部对企业的发展至关重要，它一方面要执行企业战略及相应制度，另一方面还要不断地做出改进、创新，符合综合模型中执行绩效与创新绩效的两方面特征；其次，市场销售部门人数较多、分部门或子团队较多，符合对样本数量的要求；最后，同属于快消品行业的各企业的市场销售部门，由于行业环境相似、业务相同，在战略性事件的选择上较为一致，符合测量模糊性或共享认知的内容一致性要求。

最终，历经3个月（2017年4月至6月）的数据收集过程，在这3家企业中获得了120位市场、销售部门的经理作为研究中的“中层经理”，调查他们的诠释行为；与这120位中层经理相匹配的是他们的下属团队或部门成员，每位中层经理下面抽取3位成员，共计360位下属员工参与此次问卷调查，以测量这些下属团队或部门成员间的模糊性或共享认知程度。再去除掉不合格的问卷（漏答或复制填答）16份，最终获得104份匹配问卷，即104个中层经理及其312位下属成员，按照部门或团队层面进行数据分析，一共有104个样本。

104位中层经理中，男性占67.3%，女性占32.69%；平均年龄为39.44岁，年龄从27～45岁；在现有企业中平均的工作年限为11.33年，在2～25年。

（二）数据收集过程

研究者通过自己的同学、朋友关系与这3家企业的高层管理者取得了联系，先向他们介绍本研究的实践意义（对企业战略执行、战略创新及中层经理人员的培训有益），再说明需要企业方面支持的方式，保证过程简捷、保密以及事后反馈，最终获得了高管的支持，主要包括两方面：一是请高管介绍企业当前的战略方向及关键事项，作为企业成员诠释某个事件的方向，总体来说，创新、健康、销量是3家企业均强调的战略方向；二是请高管介绍各地区市场销售部门的大区经理给研究者，以抽取各大区的中层经理作为被试。

与各地区市场销售部门的大区经理取得联系后，通过面谈或电话访谈的方式获取市场销售部门中常见的战略性事件及其相应的各种应对方式。面谈或访谈中，主要围绕着三个问题与大区经理进行探讨，其中两个问题是关于事件及应对策略的：（1）部门中与企业战略方向关系最紧密、又最常见的业务事件是什么？其中的问题或难题是什么？（2）对前述业务事件中的问题或难题，都包括哪些应对措施？通过总结，得出三类事件（见附录3）：一是产品质量投诉事件（6个处理策略）；二是新产品销量停滞事件（9个处理策略）；三是品牌形象事件（5个处理策略）。另外一个问题是围绕成员间在“新品销量”

目标上的关联事项：其他平级同事的哪些措施会影响到你的新品销售量，最终得出 4 项部门成员间互相影响的举措（见附录 4）。

确定了测量模糊性（或共享认知）程度的事件后，作者与中层经理事先通过电话沟通好发放问卷的方式，将需要中层经理自己填写的问卷及其相对应的下属成员的问卷标示清楚。之后，通过中层经理与其下属成员配对问卷的方式邮寄给各个中层经理，请他们自己填写“中层经理诠释模式问卷”，并请他们将“事件应对策略问卷”发给自己的三位下属成员填写；另外一种发放问卷的方式是：征得中层经理同意后，加入中层经理建立的部门成员微信群，在群中由作者将“事件应对策略问卷”的问卷星链接发送到微信群中，作者先与大家沟通研究意义和填写要求，之后请各位成员进行填写提交，与此同时，将“中层经理诠释模式问卷”的链接发送给这个部门的中层经理填写，这样同样可以保证中层经理与成员间的配对关系，当然整个过程要向成员保证匿名性，以获得真实有效的资料数据。

（三）测量工具

1. 中层经理诠释模式

中层经理诠释模式的测量使用第五章的研究结果，通过两个维度、四种类型的诠释行为来测量中层经理的诠释模式，得分越高，说明中层经理在不同的情境类型中运用的诠释模式越合适或匹配，对企业成员模糊性的调控越有效。量表共 12 题项，由 120 位中层经理填写。

但是，根据图 6.5 研究模型可知，中层经理诠释模式的不同行为对执行绩效与创新绩效有不同的调控效应。因此，在数据回归分析过程中，当分析中层经理诠释模式对模糊性与执行绩效间关系调控作用时（见图 6.5a），用到的是中层经理诠释问卷中关于“设定、吸收、转移”三种模式（9 个题项）的数据；当分析中层经理探索式诠释对模糊性与创新绩效间关系调控作用时（见图 6.5b），用到的是中层经理诠释问卷中关于“探索式”模式（3 个题项）的数据。

2. 共同实践集

通过对工作现场、组织现场理论的梳理，将“共同实践集”界定为中层经理与其下属成员共同参与的工作实践活动、工作流程，以解决共同面对的工作问题。因此，这里通过下属成员们填写的“每月与自己直接上级的中层经理共同解决工作问题的次数”来测量，用部门或团队成员们所填写的次数的平均值作为共同实践集的测量值。

3. 组织模糊性程度（暨共享认知模式）

组织模糊性是企业成员之间对事件信息诠释、认知的多义性，而共享认知模式或共识是成员对信息认知的一致性。因此，二者在内容上是相似的，在数据大小或程度上是相反的。而共享认知模式方面的定量实证研究方法较为丰富、成熟，因此，这里借鉴共享认知模式的测量方法来测量组织模糊性。

最初，共享认知模式被分为四个维度（Cannon - Bowers et al.，1993）：（1）组织成员对团队使用的工具的知识的认知；（2）对任务程序、战略、引致任务变革的环境线索方面知识的认知；（3）对其他成员特点的认知，如兴趣、偏好、习惯、特长等；（4）对成员角色、成员间互动模式等信息知识的认知。之后的研究中，将前述共享认知的四个维度缩减为两个维度进行测量：（1）工作任务的共享认知（前述四个维度的前两项）；（2）成员互动的共享认知（前述四个维度的后两项）（Mathieu et al.，2000；Smith - Jentsch，2005）。

这里也用两个维度的测量方法，一方面测量成员对工作任务、工作事件应对策略的共享认知及模糊性程度，另一方面测量成员对成员间互动情况的共享认知及模糊性程度。

①测量成员对工作任务应对策略的模糊性程度：

通过对市场、销售部门经理的访谈总结，得出该部门中三个普遍存在的工作任务或事件（具体见附录3）：

Ⅰ新产品销量不佳，事件1中的9个选项；

Ⅱ质量投诉，事件2中的6个选项；

Ⅲ产品质量与品牌的质疑，事件3中的6个选项。

具体方法是，将前述数据收集过程中向市场、销售部各大区咨询访谈得来的战略事件及相应策略总结为表格模式，如附录3中所示：其中的三个事件对应着三个不同的企业。

之后请各个团队或部门的成员对事件若干个应对策略的重要性进行排序

（重要性按照这些策略对于企业创新、新品销量的战略方向的作用大小来衡量），计分方法按照附录3各个表中的描述进行；接着，按照基于方差的欧氏距离法来计算各个团队或部门成员间诠释的不一致程度（模糊性程度或共享认知程度）；距离值越低，说明模糊性程度越小，共享认知程度越大。

欧氏距离的计算暨模糊性程度的计算方法：

通过对三个企业中各部门成员对三类事件策略选项的排序评分的计算，测量各部门成员之间平均的距离值即模糊性程度，具体如式（6.1）~式（6.4）所示：

$$SD_{12} = \sqrt{\sum_{j=1}^{n} (a_{1j} - a_{2j})^2} \tag{6.1}$$

表示成员1与成员2之间的欧氏距离值；

$$SD_{23} = \sqrt{\sum_{j=1}^{n} (a_{2j} - a_{3j})^2} \tag{6.2}$$

表示成员2与成员3之间的欧氏距离值；

$$SD_{13} = \sqrt{\sum_{j=1}^{n} (a_{1j} - a_{3j})^2} \tag{6.3}$$

表示成员1与成员3之间的欧氏距离值；

$$SD_{ti} = \frac{SD_{12} + SD_{23} + SD_{13}}{3} \tag{6.4}$$

部门或团队成员整体的欧氏距离值；

其中，j表示事件的各个策略选项（事件1中的j=1，…，9，事件2和事件3中的j=1，…，6）；

t_i 表示某个团队或部门；

n表示某个事件的策略数量（事件1中的n=9，事件2和事件3中的n=6）；

SD_{ef}表示成员e与f之间的欧氏距离值（e，f=1，2，3）；

SD_{ti}表示某个团队或部门整体的欧氏距离值即模糊性程度；

最终，以SD_{ti}作为部门或团队成员对工作任务的模糊性程度测量指标值。

②测量成员对互动感知的模糊性程度。

Marks等（2002）通过让被试列举出成员同时关注并服务的工作流程数量来测量成员互动的值；Mathieu等（2000）让被试评估成员在各种工作特征

(如行动协调性、沟通)上的相关性。但这些都具有一定程度的抽象性，容易使被试做出不实的回答。因此，Smith – Jentsch (2005) 提出了用具体事件中成员对彼此之间在工作目标上关联程度的主观评价来测量成员对部门内部互动的共享认知，这种方法与成员的具体工作事件联系起来，测量效度会更好，而且评价的是成员的主观感受、主观诠释，更为符合诠释多义性(模糊性)的内涵要求。

据此，本研究中，通过对市场、销售部门经理的访谈总结出该部门或团队成员之间在工作上关联最多的事件——新产品市场销售措施对彼此新产品销量的影响，具体如附录 4 所示。由于评分有正有负，正值说明成员感觉到的成员间互相帮助的程度，负值说明成员感觉到的成员间互相阻碍的程度，无论正值还是负值都说明部门或团队成员感觉到的互依程度，即感觉到部门或团队成员是一家人。所以，应该计算每个部门 3 位成员在各题项上评分绝对值的平均值，将评分绝对值的平均值作为成员对互动感知的共识程度测量值。而成员对互动感知的模糊性程度与共识程度呈反比关系。因此，用评分绝对值的平均值的倒数(即 1 除以成员对互动感知的共识程度测量值)作为成员对互动感知的模糊性程度的测量值。具体计算公式如下：

GS_t 表示互依性感知的共识程度：

$$GS_t = \frac{\sum_{j=1}^{4}\sum_{i=1}^{3}|a_{ij}|}{12} \tag{6.5}$$

MH_t 表示互依性感知的模糊性程度：

$$MH_t = \frac{1}{GS_t} \tag{6.6}$$

其中，i 表示部门或团队内的成员 (i = 1, 2, 3)；

j 表示各个题项 (j = 1, 2, 3, 4)；

a_{ij}表示第 i 个部门内第 j 个成员的评分值；

t 表示各个部门或团队。

③测量组织模糊性程度的方法。

最终某部门或团队的模糊性程度(用 M 表示)等于成员对工作任务的模糊性程度 (SD_{ti}) 加上成员对互动感知的模糊性程度的值 (MH_t)，具体如式

(6.7) 所示，以下面 M 的计算公式来计算模糊性程度的值。

$$M = SD_{ti} + MH_t \tag{6.7}$$

4. 执行绩效

执行绩效是指部门或团队在完成既定的工作任务或业绩方面的情况。由上级主管经理评价部门或团队近六个月的平均业绩表现，评价分为“优秀（远远超过业绩要求）、良好（超过业绩要求一些）、合格（刚刚完成）、不合格（总完达不到业绩要求）”四个层次。

5. 创新绩效

由于每个企业对市场销售人员的创新绩效考核方式和程度不同（不是每个企业都考核员工的创新绩效），各个市场销售部门成员的客观创新绩效难以获得，因此，采用主观的创新绩效测量方法——被试自我报告式的创造力测量。通过让部门或团队成员报告自己在创造力方面的表现，加总平均形成团队整体的创造力测量值。

本研究中采用 Markus（2012）的三题项“创造力”量表，包括“我曾提出过与现有产品或服务流程不同的建议；与我提出的见解相比，现有的产品和服务流程显得非常过时；我曾提出过一些突破性的想法，能大幅度地改进现有产品和服务的质量”。这个三题项量表需要部门或团队中的三位成员填写，最后将部门或团队三位成员评分的平均值作为部门或团队的创造力测量值，以评价各个团队或部门的创新绩效。

6. 控制变量

控制变量包括团队成员的平均年龄、平均工作年限，这些变量都是由 3 位成员的平均值计算而来的，其中的性别按照“男 =1，女 =0”来赋值计算。

三、结果分析

（一）中层经理诠释模式量表的信度

对 104 份中层经理诠释模式量表的信度分析发现，设定式、吸收式、探索式、转移式诠释四个维度的信度分别是：0.82、0.765、0.672、0.88，说明量表具有较好的信度水平。

（二）中层经理诠释模式量表的效度

首先，检验量表的汇聚效度，通过 SPSS 对最终收集的配对样本中的中层经理诠释模式量表 12 个题项的一因子分析发现，12 个题项在一个因子上的载荷系数均大于 0.5，说明量表具有较好的汇聚效度。

其次，通过 MPLUS 检验区分效度，在进行一因子、二因子、三因子、四因子的验证性因子分析 CFA 后发现，相比一因子、二因子、三因子模型，对 12 个题项作四因子模型分析具有较好模拟结果（如表 6.1 所示），说明四因子的量表有较好的区分效度。

表 6.1　　量表的验证性因子分析

测量模型	卡方值	Df	CFI	TLI	SRMR
一因子	395.45	54	0.308	0.154	0.171
二因子	320.2	53	0.458	0.325	0.160
三因子	200.77	51	0.783	0.665	0.112
四因子	115.03	48	0.945	0.904	0.009

资料来源：作者研究分析。

由于其他变量（模糊性程度、共同实践集、执行绩效）的测量是集体成员的评分共同形成的，所以不对其进行信效度的分析。

（三）综合模型图 6.5（a）中变量的描述统计与相关性分析

模型图 6.5（a）检验的是中层经理采取的“设定、吸收、转移”三种诠释模式对组织模糊性与执行绩效间关系的调控作用，这三种诠释模式旨在获得成员对企业战略及组织制度理解性诠释与认知（即降低模糊性），因此有助于降低模糊性对执行绩效的负面效应。所以在数据分析时，用这三种诠释模式的 9 个题项的值作为中层经理诠释模式的测量值。

模型图 6.5（a）中各变量的描述统计量及相关性分析的结果如表 6.2 所示，因变量（执行绩效）与自变量及调节变量之间存在明显的相关性，与假设检验具有初步的一致性。

表 6.2　　模型图 6.5（a）中各研究变量的平均值、标准差、相关系数（N = 104）

变量	M	SD	1	2	3	4	5	6
1. 年龄	32.23	4.15						
2. 工作年限	5.88	3.03	0.693**					
3. 性别	0.87	0.22	0.017	0.510				
4. 模糊性程度（x）	7.45	2.59	-0.334**	-0.244*	0.024			
5. 中层诠释模式（w_{1-1} 设定、吸收、转移）	3.34	0.32	0.095	0.092	-0.053	0.027*		
6. 共同实践集（w_2）	6.13	2.09	-0.130	-0.060	0.165	0.207*	0.406**	
7. 执行绩效（y_1）	5.23	1.87	0.071	0.098	-0.065	-0.182*	0.529**	0.561**

注：** $p<0.01$；* <0.05。

资料来源：作者研究分析。

（四）综合模型图 6.5（a）的假设检验及回归分析

在对模型进行假设检验的回归分析中，采用 Grant（2011）的检验程序建议，对交互项先进行中心化处理，以避免多重共线性的问题，同时，运用 VIF 和 DW 统计量来鉴别变量间潜在的多重共线性问题。结果显示 VIF 在 1 ~ 5，DW 接近于 2，表明变量之间没有明显的自相关性。

之后，对于模型图 6.5（a）中的假设进行层级回归，具体回归结果如表 6.3 所示：

表 6.3　　中层经理诠释模式（设定、吸收、转移）、共同实践集对组织模糊性与执行绩效间关系的调节效应分析（N = 104）

模型	M_0	M_1	M_2
变量	执行绩效	执行绩效	执行绩效
控制变量			
1. 年龄	0.003	0.040	0.087
2. 工作年限	0.100	0.053	0.064
3. 性别	-0.070	-0.039	-0.095
自变量			
4. 模糊性程度（x）		-0.196**	0.156*

续表

模型	M_0	M_1	M_2
变量	执行绩效	执行绩效	执行绩效
调节变量及交互项			
5. 中层诠释模式（w_{1-1}）		0.624*	0.649***
6. 模糊性程度 * 中层诠释模式（xw_{1-1}）		0.137**	0.111*
7. 共同实践集（w_2）			0.272***
8. 模糊性程度 * 共同实践集（xw_2）			0.016*
9. 中层诠释模式 * 共同实践集（$w_{1-1}w_2$）			0.150*
10. 模糊性程度 * 中层诠释模式 * 共同实践集（$xw_{1-1}w_2$）			0.051**
R^2	0.015	0.583***	0.643***
ΔR^2	—	0.569***	0.060***

注：*** $p<0.001$；** $p<0.01$；* $p<0.05$。

资料来源：作者研究分析。

1. 模糊性程度的主效应检验

通过表 6.3 中模型 M_1 的分析可见，模糊性程度对执行绩效有显著影响（$\beta=-1.96, \alpha<0.01$）：模糊性程度对执行绩效具有负向影响关系，假设 H1a 得到验证。

2. 中层经理诠释模式（设定、吸收、转移模式）的调节效应检验

表 6.3 中模型 M_1 的分析中，调节变量——中层经理诠释模式（设定、吸收、转移模式）对执行绩效有显著的正向影响，影响系数为 0.624，检验 p 值小于 0.05；中层经理诠释与模糊性程度的交互项对执行绩效也存在正向的影响作用，影响系数为 0.137，检验 p 值小于 0.01，说明中层经理的这三种诠释模式对模糊性程度与执行绩效间的关系起到调节作用。因此，假设 H1b 得到验证。

3. 中层与成员间共同实践集的调节效应检验

表 6.3 中模型 M_2 中，中层经理诠释模式（设定、吸收、转移模式）与共同实践集的交互项对执行绩效的影响系数为 0.15，检验 p 值小于 0.05，说明这两个调节变量对结果变量有显著的共同作用；自变量（模糊性程度）、中层经理诠释模式、共同实践集三个变量的交互项对结果变量也具有显著的共同作用，影响系数为 0.051，检验 p 值小于 0.01，说明三者对执行绩效起着共同的

作用。

实践上的意义是：中层经理设定、吸收、转移式的诠释模式对模糊性程度与执行绩效间的关系起到积极的调节作用——使模糊性程度与执行绩效间的负向关系得到控制，但是中层经理诠释行为的这种调控作用的前提条件是中层经理与成员间的共同实践——需要中层经理与成员之间形成共享工作现场。换句话说，就是需要中层经理与成员共同参与各种工作业务实践，同时对成员们的多种理解诠释进行“设定、吸收、转移”式的诠释方式，中层经理就可以对组织模糊性起到显著的调控或抑制作用。

4. 调节效应分析

为了进一步验证中层经理诠释（W_{1-1}）与共同实践集（W_2）对模糊性程度与执行绩效间关系的调节效应，先通过 SPSS 回归了四个变量（执行绩效 Y_1，模糊性程度 X，中层经理诠释模式 w_{1-1}，共同实践集 W_2）间的模型关系：$Y_1 = (0.101 + 0.096w_{1-1} - 0.028W_2 + 0.025W_{1-1}W_2) X + 0.681W_{1-1} + 0.247W_2 + 0.142W_{1-1}W_2$；之后，按照高低类型将 W_{1-1} 和 W_2 组合成四类——高 W_{1-1} 高 W_2、高 W_{1-1} 低 W_2、低 W_{1-1} 高 W_2、低 W_{1-1} 低 W_2，分别取 W_{1-1} 和 W_2 的高值与低值，得到四种类型下 Y_1 与 X 间关系的模型及斜率值，如表 6.4 所示：

表 6.4　调节效应——不同类型组合下组织模糊性与执行绩效间关系的不同斜率

类型	斜率
高中层诠释、高共同实践集（高 W_{1-1} 高 W_2）	0.781
高中层诠释、低共同实践集（高 W_{1-1} 低 W_2）	0.588
低中层诠释、高共同实践集（低 W_{1-1} 高 W_2）	0.203
低中层诠释、低共同实践集（低 W_{1-1} 低 W_2）	-0.232

资料来源：作者研究分析。

从表 6.4 可以发现，中层经理诠释和共同实践集都较高时，模糊性程度（X）对执行绩效（Y_1）的影响系数最大，此时执行绩效提升的最多；而在中层经理诠释、共同实践集都较低时，模糊性程度（X）对执行绩效（Y_1）的影响系数最小，呈现出负向关系，此时，模糊性程度越高，执行绩效越低。

具体如图 6.6 所示。

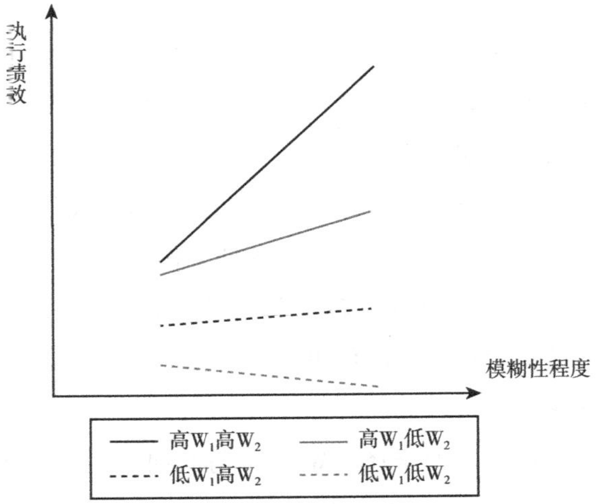

图 6.6 中层经理吸收、设定、转移式诠释及共同实践集对组织模糊性与执行绩效间关系的调节效应（图中 W_1 指的是变量 W_{1-1}）

资料来源：作者研究分析。

（五）综合模型图 6.5（b）中变量的描述统计与相关性分析

模型图 6.5（b）检验的是中层经理采取的“探索式”诠释模式对组织模糊性与创新绩效间关系的调控作用，探索式诠释旨在与成员共同对事件的模糊性信息进行梳理、求证，以寻找解决问题的新方案，实现变革与创新。因此，中层经理的探索式诠释有助于组织模糊性对创新绩效的正向影响作用。在数据分析时，用探索式诠释模式的 3 个题项的值作为中层经理探索式诠释的测量值。

模型图 6.5（b）中各变量的描述统计量及相关性分析的结果如表 6.5 所示，因变量（创新绩效）与自变量及调节变量之间存在明显的相关性，初步支持模型中的假设。

表 6.5 模型图 6.5（b）中各研究变量的平均值、标准差、相关系数（N = 104）

变量	M	SD	1	2	3	4	5	6
1. 年龄	32.23	4.15						
2. 工作年限	5.88	3.03	0.693**					

续表

变量	M	SD	1	2	3	4	5	6
3. 性别	0.87	0.22	0.017	0.510				
4. 模糊性程度（x）	7.45	2.59	-0.334**	-0.244*	0.024			
5. 中层探索式诠释（w_{1-2}）	3.66	0.47	0.130	0.072	0.110	0.242**		
6. 共同实践集（w_2）	6.13	2.09	-0.130	-0.060	0.165	0.207*	0.226**	
7. 创新绩效（y_2）	7.13	0.996	0.105	0.083	0.127	0.144*	0.434**	0.363**

注：*** $p<0.001$；** $p<0.01$；* $p<0.05$。
资料来源：作者研究分析。

（六）综合模型图 6.5（b）的回归分析

在对模型图 6.5（b）进行假设检验的回归分析中，同样采用 Grant（2011）的检验程序建议，先对交互项进行中心化处理，以避免多重共线性问题。同时，运用 VIF 和 DW 统计量来鉴别变量间潜在的多重共线性问题。结果显示 VIF 在1～4，DW 也接近于2，表明变量之间没有明显的自相关性。

之后，对于所构建的模型图 6.5（b）中的假设进行了层级回归，具体回归结果如表 6.6 所示：

表 6.6 中层经理探索式诠释、共同实践集对组织模糊性与创新绩效间关系的调节效应分析（N＝104）

模型	M_0	M_1	M_2
变量	创新绩效	创新绩效	创新绩效
控制变量			
1. 年龄	0.096	0.130	0.144
2. 工作年限	0.010	0.026	-0.016
3. 性别	0.125	0.114	0.118
自变量			
4. 模糊性程度（x）		0.094*	0.088*
调节变量及交互项			
5. 中层探索式诠释（w_{1-2}）		0.165**	0.171**

续表

模型	M_0	M_1	M_2
变量	创新绩效	创新绩效	创新绩效
6. 模糊性程度 * 中层探索式诠释（xw_{1-2}）		0.046**	0.038*
7. 共同实践集（w_2）			0.363***
8. 模糊性程度 * 共同实践集（xw_2）			0.027*
9. 中层探索式诠释 * 共同实践集（$w_{1-2}w_2$）			0.104*
10. 模糊性程度 * 中层探索式诠释 * 共同实践集（$xw_{1-2}w_2$）			0.296**
R^2	0.061	0.192***	0.274**
ΔR^2	—	0.131***	0.082**

注：*** $p<0.001$；** $p<0.01$；* $p<0.05$。
资料来源：作者研究分析。

1. 模糊性程度对创新绩效的主效应检验

从表6.6中模型 M_1 的分析可见，模糊性程度对创新绩效有显著的影响（$\beta=0.94, \alpha<0.05$）：模糊性程度对创新绩效具有正向影响关系，假设H2a得到验证。

2. 中层经理探索式诠释的调节效应检验

从表6.6中模型 M_1 的分析可见，调节变量——中层经理探索式诠释行为对创新绩效有显著的正向影响，影响系数为0.165，检验P值小于0.01；中层经理探索式诠释与模糊性程度的交互项对创新绩效也存在正向的影响作用，影响系数为0.046，检验P值小于0.01，说明中层经理探索式诠释对模糊性程度与创新绩效间的关系起到调节作用。因此，假设H2b得到验证。

3. 中层与成员间共同实践集的调节效应检验

在表6.6模型 M_2 中，中层经理探索式诠释与共同实践集的交互项对创新绩效的影响系数为0.104，检验P值小于0.05，说明这两个调节变量对创新绩效有显著的共同作用；自变量（模糊性程度）、中层经理探索式诠释、共同实践集三个变量的交互项对创新绩效也具有显著的共同作用，影响系数为0.296，检验P值小于0.01，说明三者对创新绩效起着共同作用。

实践上的意义是：中层经理探索式诠释行为对模糊性程度与创新绩效间的

关系起到积极的调节作用——增强模糊性程度与创新绩效间的关系，但是中层经理探索式诠释的这种调控作用的前提条件是中层与成员间的共同实践即中层经理与成员间的共同现场。也就是说，中层经理与成员共同参与各种工作实践，同时再具有探索式的中层诠释行为，则对企业组织模糊性起到显著的调控作用。

4. 调节效应分析

与前面一样，为了进一步检验中层经理探索式诠释与共同实践集对模糊性程度与创新绩效间关系的调节效应，依然先通过 SPSS 回归了四个变量（创新绩效 Y_2，模糊性程度 X，中层经理探索式诠释 W_{1-2}，共同实践集 W_2）间的模型关系：$Y_2 = (0.041 + 0.019w_{1-2} - 0.181w_2 + 0.075W_{1-2}W_2)X - 0.197W_{1-2} + 0.073W_2 + 0.154W_{1-2}W_2$；之后，将 W_{1-2}和 W_2 组合成四类——高 W_{1-2}高 W_2、高 W_{1-2}低 W_2、低 W_{1-2}高 W_2、低 W_{1-2}低 W_2，再按照 W_{1-2}和 W_2 的高值与低值，计算出四种类型 Y_2 与 X 间关系的模型及斜率，如表 6.7 所示：

表 6.7 调节效应——不同类型组合下组织模糊性与创新绩效间关系的不同斜率

类型	斜率
高中层诠释、高共同实践集（高 W_{1-2}高 W_2）	0.678
高中层诠释、低共同实践集（高 W_{1-2}低 W_2）	0.598
低中层诠释、高共同实践集（低 W_{1-2}高 W_2）	0.356
低中层诠释、低共同实践集（低 W_{1-2}低 W_2）	-0.133

资料来源：作者研究分析。

通过表 6.7 可见，中层经理探索式诠释和共同实践集都较高时，模糊性程度（X）对创新绩效（Y_2）的影响系数最大，此时的创新绩效提升的最多；而当中层经理探索式诠释、共同实践集有一个较低时，模糊性程度（X）对创新绩效（Y_2）的影响系数会有所降低，也就是说，此时的创新绩效提升的较少；当二者均取最低值时，模糊性程度与创新绩效间呈现出负向关系，即模糊性程度越高，创新绩效越低。具体如图 6.7 所示：

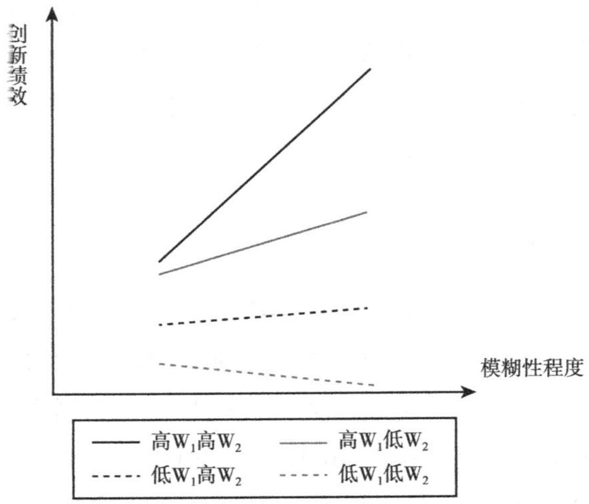

图 6.7　中层经理探索式诠释模式、共同实践集对组织模糊性与创新绩效间关系的调节效应（图中 W_1 指的是变量 W_{1-2}）

资料来源：作者研究分析。

四、小结

通过前述理论假设及实证检验发现，中层经理诠释与共同实践集对企业组织中的模糊性起到了重要的调控作用，只有中层经理诠释与共同实践集都较高时，模糊性对绩效的影响才呈现为较高的正向作用，也就是说，随着两个变量值的提高，模糊性与执行绩效或创新绩效间的关系逐渐增强。

当中层经理采取“吸收、设定、转移”式诠释时，增强模糊性与执行绩效间的关系；当中层经理采取“探索”式诠释行为时，增强模糊性与创新绩效间的关系。企业中层经理需要根据不同的情境来选择相应合适的诠释模式，同时与下属成员保持较多的共同工作实践活动，才能有效地调控企业组织中的模糊性，实现企业较高的执行绩效与创新绩效。

实践中，说明中层经理不仅需要具有合适的诠释模式及行为，还需要与部门或团队成员之间保持较多的实践活动，才能使模糊性对绩效间呈现正向关系或影响。因此，企业不仅需要培养中层经理合适的诠释行为，还需要为中层经理与其成员提供共同工作实践的平台或组织机制。

第三节　技术经理人在创新团队中的自我领导与信息诠释能力

科技创新团队中是信息模糊性较大的组织，需要团队的技术经理人具有相应的自我领导和信息诠释能力。尽管我国科技投入的资源巨大，无形的科技产出成果丰硕，科技人员、论文和专利数量位居世界前茅，但是科技成果和专利的产业转化率却较低，技术转移链条不健全，中国科技沉陷“低效泥潭”，严重制约了我国的创新驱动战略和科技强国目标。为解决科技转化的最后一公里问题和低效困境，2015 年我国修订了《促进科技成果转化法》，强调企业在技术转移转化中的主体作用，倡导资金来源多元化，支持科技成果持有人和单位的处置权和收益权，鼓励包括“联合创新、协同研发、研发平台、技术市场”等多种技术转移转化组织模式。之后，2016 年国务院发布了《促进科技成果转移转化行动方案》，提出建设高效的技术产业化载体，推进技术转移转化工作的专业化、市场化服务，组建高水平的技术转移转化人才组织。至此，将技术转移转化问题落实到技术创新团队这一实体组织上、关注转化人才和微观主体层面的机制问题。

为完善技术转移转化的实体组织体系，提升转移转化人才的能力体系，2017 年国务院正式发布了《国家技术转移体系建设方案》。方案中，以建立高效的国家转移转化体系为目标，推进高校科研院所面向市场需求做研发，设立转移办公室并培养专业技术转移人才，鼓励企业主导的产学研技术转移联盟组织，强调国家技术转移中心、协同创新中心的平台支撑作用，进一步加强技术市场和技术转移机构的枢纽作用，但是，这些都要以专业化、高水平的融“技术、法律、金融、项目管理”等知识于一体的技术经理人为行动中心。接着，2018 年 12 月 5 日召开的国务院常务会议明确提出，技术经理人全程参与技术转化过程是解决当前科技市场上“成果多、转化少”问题的关键，技术经理人通过具体的经营和组织过程实现精准的创新对接。

虽然理论和政策层面，肯定了技术经理人在技术创新和转移转化中的关键作用。但是，对于技术经理人工作的内容和方式，以及相应的组织与政策支持还未研究。创新与技术转化必然会经过基础研究、应用研究、开发转化、技术化与产业化的各个过程，但是实践中却是隔裂开的，高校科研院所负责基础和应用研究，很少涉猎开发转化和产业化商业化过程，而企业这一技术需求方只关心立刻能产业化的成熟技术，双方都是“单边行动”的主体，缺乏交叉融合（Manz，1986）。为此，国家鼓励建立融研发、评估、投资产业化于一体的新型研发机构，支持机构和其中的技术经理人参与所有流程的技术转移转化工作。因此，亟须研究技术经理人参与技术创新的转移转化过程中所需要的组织机制和政策体系，为技术创新团队的高效提供微观行动主体上的支持。

为此，这部分的研究关注以下研究问题：技术经理人的特征与能力要求有哪些？高效技术转移的全部流程包括哪些？不同技术类型对流程和组织机制的要求有何差异？技术经理人在其中的作用方式是什么？什么样的政策体系才能支持技术经理人参与全程的技术创新团队工作中？

一、技术转移创新工作的全流程分析

技术转移从本质上来说，属于创新的环节，遵循创新的规律过程，关键环节是模糊性信息的处理。因此，流程较为复杂，技术服务链条较长，但是发生的频率并不高。张文俊通过案例分析发现，技术转移工作的全部商业流程包括“供需对接与撮合、合作洽谈、合作模式设计、商业模式设计、股权结构设计、知识产权架构设计与运营、企业章程设计、投融资决策、市场拓展”等方面（Manz，2015）。以此为基础，这里分别对这些流程进行分析对比。

（一）技术供需的对接过程

供需信息的对接工作源于信息的复杂性和不对称性，技术信息具有专业壁垒，模糊创新的合作信息更为隐避。因此，其中的信息不对称性更强，需要技术专业而又具有商业思路的技术经理人进行挖掘和撮合。

我国的技术专利数量虽然位居世界前列，但是充斥着大量的僵尸成果、无效成果、虚假成果，究其原因是后市场的评估验证渠道不顺畅，技术供需的有效对接存在障碍。僵尸成果是那些研发出来技术、申请专利之后一直存放在持有单位或持有人手中的结果，一直没有进入应用阶段，没有被社会实践、企业机构所采用，直到过了专利保护期无效为止，从诞生之日起就束之高阁了。无效成果则是技术专利虽然是企业、社会机构或个人所需要的，需求方有明确的求购意愿，但是经过试用、中试之后发现不能解决问题。虚假成果则是技术持有机构和个人在技术研发的初始环节就采取虚假信息，形成了不可能有效的技术专利，旨在获取技术补贴、业绩等利益的行为过程。

技术供需的有效对接是筛查无效成果、警戒虚假成果、激活僵尸成果的关键。市场应用是技术专利评估与甄别的有效手段，技术有效性只有通过能否解决企业机构的技术难题才能得到检验，因此，可以筛查无效成果，辨别虚假成果。同时，技术市场上的利益回报也是激发有效的技术成果转让的方式，有利于激活僵尸成果。因此，国家建立了统一的技术交易市场，要求技术专利成果汇集到国家的科技管理平台，各地科技部门、生产力促进中心也建立了技术供需信息平台，以促进技术供需双方的对接，帮助技术经理人开展技术供需的对接工作。

对接主要是收集、登记技术信息的过程，但是供需双方的合作还是需要技术经理人居间撮合的。技术经理人通过向双方诠释技术标准、设计技术合作方案等信息的方式，提前将合作中的障碍进行预设，将合作中的利益进行分配。

（二）技术转移团队的合作模式与商业模式

1. 技术合作模式的选择

我国《促进科技成果转化法》中明确了技术合作的模式，主要包括技术转让、许可、作价投资、自行投资、合作实施等方式。

技术转让是指技术持有人完全让渡技术专利的所有权，获取专利转让收入，而技术购买方则完全获得技术所有权的过程，这是一个纯粹的技术交易类型，事后纠纷较少，重点在于对接和撮合环节。技术许可则是技术持有人让渡一定时间的技术使用权，收取转让费用的方式，本质上属于技术交易的租赁方式。

作价投资则是技术持有人按照技术评保存的价值金额进行持股投资，获取股权分红收益的过程，本质上属于无形资产投资，但是持有人不会自已经营。自行投资则是技术持有人利用自己的专利技术开展自主经营的方式，技术持有人兼具发明人、投资人、经营者多重身份于一体，能力要求较高。

合作实施是对于那些需要进行中试、二次开发的技术专利，持有人利用合作方的设备、市场等资源对技术进行完善的合作方式，相比其他合作模式，合作实施的过程最为复杂，对技术经理人、供需双方的要求较高。

表 6.8 对上述技术合作模式进行了综合对比分析。

表 6.8　　技术转移合作模式的对比

合作模式	合作对象	持有人收益	持有人责任	过程环节	技术经理人能力	适用技术类型
技术转让	所有权	转让费	无	供需对接	收集信息、洽谈	成熟技术
技术许可	使用权	租赁使用费	较少	供需对接	收集信息、洽谈	成熟技术
作价投资	评估值	股权分红	完全交付	评估投资	评估与投资管理	较为成熟
自主投资	市场值	经营收益	交付、经营	自主经营	商业化能力	存在商业不确定性
合作实施	开发成果	再开发收益	交付、开发、经营	全过程	全能力	存在技术、商业不确定性

通过表 6.8 中的对比分析可知，技术专利的成熟度及创新成果的不确定性程度是决定合作模式的重要因素，越是成熟的技术专利，成果的不确定性越小，买方企业越是容易判断评估其价值和应用方式，一旦供需对接起来，买方企业更倾向于买断或定期租用；相反，创新成果在技术上和商业上存在较大不确定性之时，技术需求企业缺乏明确的技术和市场认知，难以立即应用，也难以评估其价值。因此，需要技术持有人参与技术的二次开发及商业化过程，以共同承担技术和市场上面临的风险，剔除不合格的技术专利项目，而技术持有人则有可能因此获得超额回报。

2. 商业模式的选择

商业模式（Business Model）关注于企业商业实践中亟须解决的几个问题：（1）如何赚取利润？（2）如何为顾客创造价值？（3）如何向顾客传递价值？

(4) 各个利益相关主体关心的主要价值是什么？如何实现？(姜玉峰，2007)

第 1 个问题是企业的价值获取问题，即盈利模式问题；第 2 个问题是企业产品或服务的价值创造问题；第 3 个问题是企业产品或服务的价值如何让顾客了解、认可的问题，即价值传递问题；第 4 个问题是不同利益相关者具有的不同的价值主张问题。因此，商业模式本质上是一个价值逻辑，可以通过价值的产生、创造、传递、获取、主张等过程描述出企业的研发、战略、营销、财务、文化等环节，包括了企业经营的各个关键环节过程。

技术专利的研发只是价值的产生过程，但是能否为顾客创造价值、顾客能否了解认可、能否为企业带来利润等问题还不清楚，而这些不清楚的商业价值过程是技术转移转化的关键，制约着技术转移的过程。因此，在进行复杂不确定的技术转移过程中，技术经理人不仅要了解技术类型和应用方式，更要清楚技术为市场顾客能带来什么价值、如何让顾客了解认可这些价值等战略、营销、财务、文化等问题，这样才能为技术转移转化的合作方提供可行的方案建议，才能为技术合作洽谈提供支持。

技术经理人在商业模式的选择过程中，要提供战略、营销、财务、企业文化方面的评估和决策建议，并通过自己对各类信息的诠释引导团队成员产生多样理解，进而产生各种创意。

战略与营销方面，应当组织技术出资方和技术持有人开展行业探讨、专家咨询、市场调研等工作，共同明确技术成果为未来客户创造的价值类型和潜力过程，使技术出资方能制定出清晰的产品战略和营销方案，使技术持有人明确技术二次开发和拓展的方向。

财务方面，应当提醒技术出资方梳理出清晰的盈利模式，做好成本与收益分析，组织好产品运营与服务工作，否则会面临价值回收与获取的难题，企业会面临技术投资失败的风险。

企业文化方面，应当使技术出资企业的各利益相关主体围绕技术成果带来的利益开展合作。在使各方明确技术成果的优势和利益基础之上，使短期投资人与长期投资人协调投资行为，为技术成果的市场开发和运营提供资金保障，使研发、营销、财务等各个部门逐渐生成共享一致的价值观和使命感，共同为技术成果的转化与运营过程提供动力支持。

（三）投融资决策与股权设计

当技术转移采取作价投资、自主投资两种方式时，通常需要涉及投资、融资、股权设计等金融和法律问题，需要技术经理人居间进行调解、洽谈。投融资决策中关注于投融资的效率与风险问题。效率主要包括成本与收益，风险则涉及投融资各个环节中的不确定性问题。

首先，采取作价投资进行技术转移转化时，通常需要对技术进行评估，确定股权比例及技术支持方式。双方面临着估值风险和股权法律风险，技术经理人需要熟知作价的估值方式和股权法律知识。技术成果作价投资的作价方式包括三种：评估作价、协商作价及混合作价。评估作价是通过第三方知识产权服务机构进行公开公正地合理定价过程，以确定技术的使用价值和市场价值；协商作价则是技术供需双方基于诚信原则和未来合作的愿望进行自主定价入股的过程，不通过第三方评估机构进行定价；混合定价则是这两种定价方式的结合，通常是双方参照第三方估值进行协商定价的过程。

此时，技术经理人应当帮助技术供需双方挑选出合格的第三方评估机构，开展技术价值评估，为双方做出恰当的参考。

作价投资时，双方还面临着股权比例的确定问题，技术经理人应当将法律规定的上限告知双方。根据我国《公司法》第二十四条规定：一般技术成果在进行作价出资时，作价投资金额不能超过注册资本的20%，而根据1999年制定的《关于促进科技成果转化若干规定》，如果是高新技术成果，在作价投资时作价的金额则不能超过公司注册资本的35%。因此，技术供需双方必须在法律规定的这个比例上限基础上，协商确定技术成果的入股比例。

然而，在确定入股比例之前，技术经理人需要开展的前期工作还很多，主要是促进双方互相了解、彼此信任的过程。一方面，需要让技术受让方了解技术成果的应用价值和实现可能性，包括中试过程、大规模生产过程、市场需求定位等问题；另一方面，需要让技术持有人了解受让方的资金与技术实力、运营能力等，使技术持有人对入股企业的运营盈利能力放心，确保自己的股东分红权益不会受到损害。

其次，当技术持有人采取自行投资进行技术转移转化时，技术经理人的技术对接撮合任务虽然较少，但是，融资工作则较多。此时，技术持有人面临较大的资金缺口问题。因为，对于处于中试过程中的技术成果，具有较大的技术和市场风险，很难获取银行的信贷资金，技术持有人及其共同出资方通常需要引进风险投资开展融资。此时，对技术经理人的融资能力要求较高，技术经理人可以引入金融、法律专业人才开展融资服务，为技术持有人提供融资、股权结构设计、风险投资引入等专业服务，参与技术成果的整个运营过程。

二、技术转移创新团队的组织过程

技术转移创新工作按照技术不确定性可以分为交易型、合作型、投资型三类，不同的技术类型面临的风险不同，则采取的组织模式和组织过程就不同，技术经理人和技术转移机构在其中起到的作用也会有所差异。

（一）开放式创新的组织机制研究

技术转移本质上属于开放式创新过程，因此，首先借鉴开放式创新的组织机制研究进行理论梳理工作。

开放式创新是指企业通过利用内外的知识创意资源、内外的市场入口资源进行创新的模式，知识的流入、流出是核心要素（Chesbrough，2004），Chesbrough 一方面强调了知识创新的涌现特征——创新不是线性规划的产物，而是不同主体、资源间互动交流的结果；另一方面，提出了知识型劳动者的新工作模式——追求多种职业、为多个组织服务，并不是被一个企业长期雇佣，这些知识型零工为企业的开放式创新提供了充足的资源，是企业内外知识信息流动的主体（Dahlander，Gann，2010）。

基于创新的过程视角，按照创新的不同导向，Gassmann 等（2010）将开放式创新过程分为三种模式：内向型、外向型、双向型（inbound，outbound and coupled OI processes）。

内向型开放式创新是指将外部信息知识资源引入，以补充、增强内部创新活动；外向型开放式创新是指将内部创新资源对外进行商业化转移的经营路径，如技术专利转让；双向型是通过与其他企业或组织进行战略联盟、研发协作，连接内外知识信息资源，提高企业整体创新能力的方式。Dahlander 和 Gann（2010）则按照“创新的内外导向、引入资源的方式”两个维度，将开放式创新分为购入、卖出、内部项目协作、外部创新服务，不同的开放创新模式有不同的组织方式。

开放式创新的本质是内外资源的连接、互动。因此，内外资源、角色主体间的连接方式即组织机制是开放式创新的关键，开放式创新的组织机制主要包括技术市场、创新网络及平台组织。

技术市场是企业对外购买和卖出知识产权、技术专利的主要方式，封闭的单个企业内部难以实现有效的创新，企业需要通过技术许可、投资、购买等方式获得外部技术信息（Gassmann，2010），对于技术市场中的交易费用，Cassiman 等（2016）认为，企业通过频繁的市场交易，同时开展买入、卖出的双向市场交易，提高对知识信息的识别能力，降低交易费用。创新网络是另一种组织方式，各相关主体基于沟通、信任、共享创新利益建立起创新网络，说服创新伙伴加入创新项目（Candi et al.，2018），创新网络委员会是其中的主要协调组织，承担着协调创新资源、相关主体间关系的作用，对开放式创新绩效有促进作用。网络是介于市场与层级组织间的组织机制，规避了市场交易费用和层级僵化两方面的弱点，是开放式创新的重要组织机制。

然而，市场和网络的两类分析法，沿袭了经济学的制度理性逻辑，侧重于宏观层面的分析，将企业内外的知识资源作为整体进行研究，忽略了开放式创新中的微观主体——创新企业与平台企业之间的有效连接。Candi 等（2018）针对创新网络的有效性提出，企业对创新网络中资源的协调能力是其从中获取开放式创新收益的前提，平台企业及其组织机构是创新网络中需要协调组织的关键要素。因此，新型研发机构这类平台企业通过连接知识型人才及其技术成果与技术需求企业之间的关系，成为重要的第三类技术转移组织模式。

（二）技术市场的组织过程

2017 年我国发布的《国家技术转移体系建设方案》中，明确了建设互联互通的技术市场的目标任务，建立起市场化的技术转移机构和专业化的技术转移人才。这一目标中，“市场”是核心机制过程，技术供需双方的对接、技术转移机构的运营、技术转移人才的工作与组织模式等都要围绕市场化的组织过程。

（1）明确企业在技术市场中的主导地位。在2017年的方案中明确指出，技术市场中的有效需求以企业的真实技术需要为准，企业作为技术需求方，是技术成果有效性、技术转移成效的主要评价方。同时，在技术市场中的各类技术联盟、平台等组织中，企业通常是发起人和主办方，以确保企业在技术市场中的主体地位。

（2）强化技术市场中互联网+的作用，建立起线上线下融合的市场体系。线下的技术市场交易有固定的时间和地点，如我国规模最大、影响力较大的中国国际高新技术成果交易会每年的11月在广州、深圳举办，但是，为了办成"不落幕的交易会"，开展了线上交易服务活动，为技术供需双方提供网络平台、电话服务等。而且，我国各地政府的生产力促进中心也都在积极建设网上技术交易平台，以苏州生产力促进中心为例，其举办的技术成果转化平台上，按照技术转移的工作流程提供了包括"供需发布、供需对接、合同签订、合同认定、技术转移体系补助"五个主要的服务内容，目前已取得364.8亿元的技术合同成交额，完成1003项成果转化，平台上还积累了2000余项技术成果供需信息有待开发，这些线上可以随时咨询、对接、交易的成果项目形成了区域性技术市场中的蓄水池，59家技术转移机构和2300余位技术经理人为技术市场及其中的成果项目注入活力，促使其不断地流转。

（3）技术市场中的交易流程与组织过程。技术交易包括技术开发、技术转让、技术咨询、技术服务四大类，技术开发的供需对接难度较大、交易额通常也较大，技术转让的交易过程最为简单、较为常见，而技术咨询和技术服务在我国还不多。

我国的《科技成果转化法》中明确了各级政府在技术转移转化中的重要组织作用，包括建立科技成果信息管理系统、科技转化汇报制、技术市场平台建设等。各地政府的科技管理部门（科技厅、科技局）成为政府管理的主体，承担着技术交易合同认定、登记、奖补政策等组织过程。技术成果的供需双方一经确定技术合同内容，就要通过科技管理部门进行技术合同的申请、受理、审查认定、登记、核定技术收入等过程进行组织管理工作。

但是，当交易的对象是职务成果时，定价要通过协议、挂牌、拍卖的方式确定，用协议方式定价的，要在单位公示科技成果的名称和价格，以此来确保协议定价的公平公正性，避免科技成果贱卖流失。

技术交易组织过程的优化。首先，是确保企业和企业家的主体作用得到有效的发挥。虽然技术市场中有丰富的人才、资本、技术等创新资源，但是这些创新要素不会自动聚集在一起，形成经济效益，他们必须通过企业和企业家的精心组织和调动才能形成高效的组合，产生较高的创新效益。尽管当前政策体系中，鼓励企业和企业家参与到科技成果评估、定价、转移评价等过程之中，但是作用还不突出，只是政府部门的辅助手段。因此，有必要通过更直接、更彻底的方式使企业家起到根本性的作用，如技术开发需求的发布、技术成果的鉴定、技术收益的回馈，逐渐用企业和企业家的市场收益回馈替代政府奖补，用市场之手逐渐替代行政之手。其次，是有效地激发科学家的创新主体作用。除了为科学家提供高额的科技成果回报之外，还应当为科学家投入创新研发、技术转移转化工作提供组织保障，如技术研发方向的主导权、与企业市场的合作开发渠道保障等。最后，还要加强技术平台网络的建设。互联互通的技术网络是我国技术转移体系建设的目标，当前各地政府部门都建立了网络交易平台，但网络交易天生存在随机、松散的特点，还需要网络平台的有效组织主体，如核心企业、平台主等。

（三）技术网络组织

网络化的技术交易组织方式是为了实现不受时空限制的技术交易过程，建立“不落幕”的技术交易服务机构，也是我国建设互联互通的技术交易市场目标的关键。目前，我国各级政府和技术中心都设立了网页，提供网上服务和电话服务，为技术供需双方提供了透明的网络信息服务。

然而，网络虽然扩大了技术供需双方的数量规模，但是有效性却不一定会得到提高。这是因为网络组织属于一种随机连接的组织模式，具有偶然性和不稳定性，难以解决技术交易这种信息高度不对称的交易难题。创新生态系统的研究中指出，创新网络虽然瞬间扩大了创新资源的规模，但仍然需要创新网络中的关键主体的资源整合作用，如核心企业、平台组织、组织联盟等。尤其是核心企业的作用较为突出，核心企业作为网络中的优势地位获得者，为保障其地位优势，会尽力组织网络中的创新主体、辅助资源等进行协作，起到网络有效连接的作用。因此，技术网络组织过程中，也应当关注核心企业、研发平台、创新联盟在技术网络中的作用，培育这些网络组织中的节点组织，使其具备技术网络的连接作用和动力。

（四）技术平台组织

技术创新平台组织中包括三方主体：知识型零工、开放式创新企业、平台。核心问题存在于两个方面：（1）开放式创新企业及平台组织通过什么激励机制、组织协调方式，使知识型零工有效地融入开放式创新项目之中？（2）什么因素影响着知识型零工组织方式的选择？

平台源于产品技术平台、创新生态系统的研究，旨在分析平台中用户间的组织规则和连接机制如何影响产品创新，而平台型组织的核心问题是各成员间的连接机制，研究相对较弱，且以经济学的理性逻辑为主。

平台组织分为核心与边缘两个部分，平台是核心业务聚集的中枢系统，平台上的员工是核心员工，而使用平台的用户或员工围绕核心业务被动接受任务，是平台组织的边缘人群，通常采用非正式雇佣（外包或派遣）的用工方式，通过人机交互接受工作安排，与核心员工的交互较少。王凤彬等（2019）指出，核心—边缘结构的平台组织中，边缘与核心连接的接口是标准化的电子系统和正式规则，不利于交互与创新。外卖、滴滴共享平台企业中的人员依据电子订单中的具体时间、地点准确地完成任务，成员犹如积木模块一样，只需要与平台整体精确匹配即可。“核心—边缘”式的人才平台中，对研发人员的组织性差，只能承接边缘产品的开发，项目的创新性低，开放性差。

平台组织的模块化源于西蒙的层级化理论，西蒙认为，组织成员可以被划分到各个子模块（部门、层级）中，各模块之间、成员之间通过正式规则及权力体系进行协作，能准确预测彼此之间的行为和结果，组织内的不确定性极低。模块化的平台组织中，成员并不是只被划分为两类——核心或边缘，而是按照业务需要归属于多个模块（部门或单元）之中，平台由众多模块组成［如图 6.1（b）所示］，模块之间由明确、正式的规则连接（魏江等，2014），实质上是平台组织的层级化、正式化。

平台的超模块化。模块化组织注重正式规则的连接作用，但事实上，组织整体的资源协调能力、良好的文化氛围为平台提供了整体组织能力（青木昌彦等，2003）。当企业研发产品的复杂性较低，可分解为明确的组件和工序时，模块化的平台组织较为高效，而当研发产品的复杂性较高，难以进行明确的任务分工，需要研发人员之间长时间的深度交流时，模块化平台组织的效率低下（Querbes et al.，2018）。

因此，旨在促进开放式创新的平台组织必须超越固有的模块化结构，注重平台整体的资源整合能力，为模块之间、研发人员之间提供深度交流、互相磨合的组织条件，如海尔以用户为导向的整体资源调配系统，支持小微对平台资源进行调动的交易系统，战略及行业平台为小微指引的服务系统等。

组织机理是指各个参与单位之间互相连接、彼此协作的原因和方式，郝斌和任浩（2010）按照各模块或子系统间的连接方式，划分了“匹配、渗透、融合、寄生”四种类型。

匹配式连接是依据明确的规则和要求将成员与平台任务准确对接，图 6.1 中的（a）与（b）中的两种组织都是匹配原则下的结果；渗透式连接是将成员按照对方任务所要求的标准进行塑造、打磨，是一方逐渐适应另一方的过程；而融合则是平台上的各个主体之间彼此磨合、调整的过程，最终实现双方间的协作；整合则强调第三方平台组织的整合作用，平台为各个主体提供交互的机制和资源条件，以支持各模块、主体间的协作过程。

三、技术经理人的工作特征与能力要求

（一）技术经理人与技术经纪人

技术经纪人是我国技术转移转化工作中提出的概念，是指在技术市场中为促成技术交易而从事居间、代理等经纪业务，并取得合理佣金的公民、法人和其他经济组织（Neck，2006）。技术经理人的概念源于西方国家的技术转移转化实践，是指以科技成果转化为己任，应用专业知识和实务经验，促成科技成果的商品化、商业化和产业化，能完成技术供需对接、公司治理结构设计、知

识产权评估、投融资服务、市场拓展等方面服务的职业机构和个体。技术经理人与技术经纪人都是主要从事技术转移转化工作的个体，居间帮助技术需求方和供给方达成技术合作。但是，二者在具体工作内容与方式上有显著区别。

首先，工作内容上，技术经理人的工作更为全面。在我国，科技管理体制和技术转移体制的改革较为滞后，技术市场不发达，技术持有机构和持有人、企业的主体地位及收益权还不明确，技术转移工作还主要依托传统行政体系得以开展。因此，技术经纪人的工作内容较为简单，主要是技术供求信息的登记和整理、撮合双方合作、技术评估，侧重于技术转让这种简单的技术交易过程，对创新的前期基础研究、联合开发、二次开发、投融资服务、市场化服务等复杂过程的参与不足。因此，难以完成作价投资、联合开发、自主投资等技术转移转化工作。

其次，工作方式上，技术经理人更为商业化，理性的投资与转化行为更多。传统科技体制下，我国技术经纪人的来源主要是政府机构、高校及科研院所，属于政府和事业单位的行政人员或技术人员，收入主要来源于行政事业单位，技术转移工作则是公益性的兼职活动，商业化水平较低，因而，技术经纪人的市场利益动机不强、商业投入度不足，制约了技术转移工作的成效。技术经理人则不同，其主要源自市场机构，包括技术服务企业、技术研发机构，除了能取得技术交易环节的中介佣金，更高的收益则源自技术合作、二次开发、商业化、资本化过程中的服务费用。因此，技术经理更注重市场化过程中的商业收益，在投资和迭代创新环节上的商业投入较多，工作行为和工作方式更为理性。

（二）技术经理人的工作特征

技术经理人的主要工作是技术转移转化，旨在通过对各类信息的诠释和组合，将科技部门的技术成果引向生产实践企业，促进生产力提升和经济高质量发展，包括技术转让、许可、作价投资与合作等方式。

技术转移作为创新过程中的一个环节，具有创新所具有的开放性、非线性、不确定性特征。开放性要求技术转移工作时刻要与创新的各方主体开展沟通协作，技术经理人的工作对象与工作场所灵活多变；非线性是指技术转移及创新成效与技术经理人的工作投入之间没有线性的正向关系，技术经理人为技术持有人和技术需求企业之间的技术转移转化工作不会几次就快速达成，而是往复巡回的，使技术经理人工作的现时激励性不强，依赖其坚定的信念和自我激励过程；不确定性是指技术转移过程中会出现各种复杂多变的因素，导致技术经理人的应急性、即时性决策较多，工作信息的不确定性、模糊性较大。

基于技术转移任务的上述特征，技术经理人需要具备较强的自我领导能力和信息诠释能力，不断观察、寻找、评估技术环境和技术需求，能随时进行自主决策，并具备较强的信念和自我激励能力。

四、自我领导与信息诠释的理论框架

（一）自我领导的内涵

自我领导（self－leadership）是个体成员的自我影响过程，包括自我调整、自我控制、自我激励等措施，以实现个体绩效和组织目标（Manz，1986）。这种自控、自我管理的思想客观上源于企业对员工工作主动性的需求，主观上源于个体成员对自我实现和成就感的内在心理需求。20 世纪 80 年代，知识型员工和分散的工程项目团队日益增多，却难以对其进行监控管理，需要员工自主决定工作方式和工作进程。当前，互联网技术和数字经济的发展，使远程工作更加普及，企业组织中外在的影响和领导过程难以实现，必须依靠成员个体的自我管理和自我领导才能有效地开展工作协作、实现任务目标。因此，数字化、智能化时代下的自我领导理论和实践具有重要的研究意义。

与自我管理理论所强调的自控、自律结果不同，自我领导更侧重于实现自控和自律的自我影响过程，认为个体成员可以通过自己制定目标和规则、自我肯定和自我激励来推进工作进程并实现绩效提升。Neck 和 Houghton（2006）提出，自我领导理论认为个体成员不仅是管理规则约束的被动对象，还是管理规则的制定者，个体成员可以通过自主感知到的任务使命愿景，产生内在工作动力，主动设置工作目标、制定工作进程、开展自我绩效反馈，完成自我领导的过程。

（二）自我领导的理论框架

自我领导的框架过程包括：自我观察、自设目标、自制标准、自我调节。Manz（2015）利用"why，what，how"三个问题制定了自我领导理论的研究框架，并将自我领导与自我管理进行了区分。个体成员会通过对环境的观察与认知来明确自己工作的意义（why 为什么要进行自我管理），自愿设置一些具体而有挑战性的任务目标与标准（what 自己要主动实现什么），开展一段时间工作后主动评估任务目标与标准的实现程度，进行自我绩效反馈和自我激励，并适当调整下一步的工作方式（how 通过自我反馈和调节的方式进行自我领导）。以上四个过程可以整理为以下理论框架模型图 6.8：

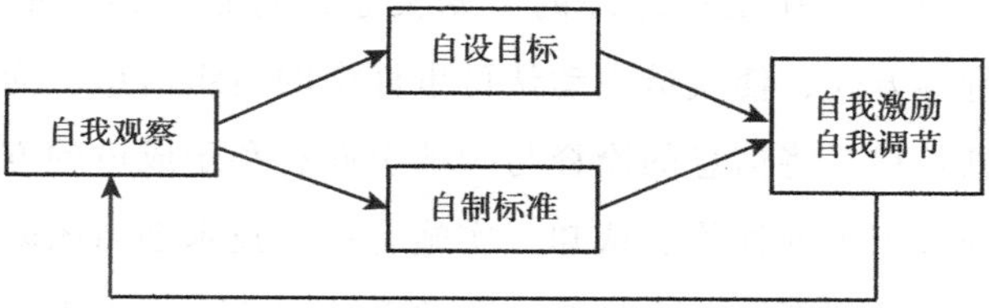

图 6.8　自我领导的理论框架与过程

（三）信息诠释的理论框架

技术经理人在参与技术创新的组织与开发过程中，具备的自我领导能力应当与信息诠释行为相匹配，才能引导技术创新团队的成员不断发现、开发新创意。因为，自我领导能力是一种内在心理特征，需要表征到行为上，两者相匹配时对于技术经理人在技术创新团队中的模糊性信息发现、挖掘、处理、开发等过程更有益。基于前面章节中对于经理人员信息诠释行为的研究，这里构建了与技术经理人自我领导能力相对应的信息诠释行为，具体如图 6.9 所示：

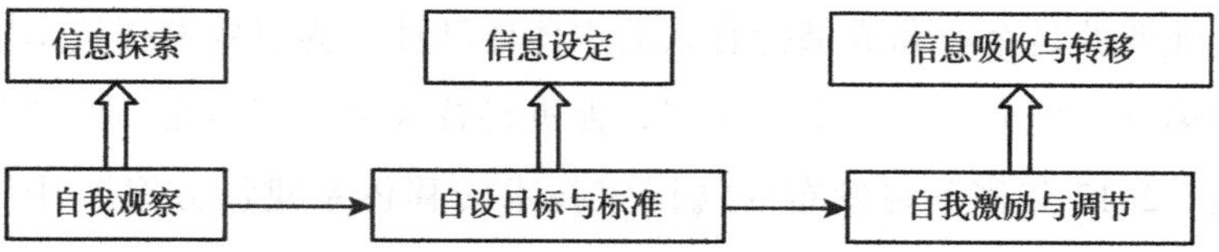

图 6.9　自我领导与信息诠释

信息探索是指经理人员与成员一起寻找事件的缘由及解决问题的方法，逐渐形成既有利于企业组织，又被成员理解、认可的行动方案，这个过程中会形成新想法、新方案，促进变革与创新，在技术经理人员面对技术创新的新方向时，信息模糊性不确定性极高，需要其不断地进行信心信息、周边信息的挖掘与探索，这些过程可以是与技术创新团队的集体行动，也可以是技术经理人员单独与某个技术人员的信息交流与探索，旨在提高技术经理人员对信息的自我观察能力，进而提高其对技术创新的引导作用。信息设定是指经理人员为信息的诠释提供基本的框架，包括企业理念、企业文化等方式，在技术经理人员面对模糊多样的信息时，要根据抽象而崇高的企业理念或文化来设置技术创新的目标和标准，从而将客户需求有效地引导到技术创新项目中。信息吸收则是经理人员通过建立与员工在工作之外的紧密关系，包括生活上的关怀、缓冲执行、改进式执行等方式，使成员主动认可事件中的组织信息，为企业组织提供协作意愿；信息转移是将信息的诠释与理解引向有利于成员的方面，从而使成员对事件信息进行积极的评价、认知，实施有利于技术创新团队的行为。技术经理人在面对自己及创新团队成员的人际关系冲突或制度规则不满时，需要通过对信息的理解吸收来进行自我激励与调节，旨在让自己及创新团队成员接受客户需求第一的原则及相应的规章流程，使成员协作一致为技术创新的实现而努力。

五、技术经理人在科技成果转移中的主体作用与任务特征

（一）技术经理人在科技成果转移中的主体作用

针对科技成果“高投入、低转化”的低效困境，2015 年我国新修订的《科技成果转化法》中不仅重申了政府与高校科研机构的管理协调和政策制订作用，更强调的是企业和成果持有人的主体能动性。为有效发挥技术需求、技术供给和第三方中介服务的市场作用，促进科技成果的资本化和产业化，提升创新效能，2017 年国务院发布的《国家技术转移体系建设方案》中指出，在技术转移生态体系中，技术转移机构和技术经理人是整个网络架构的支撑和纽带，连接着企业、高校、科研院所等创新主体之间的市场关系，促进技术、资

本、人才等创新要素的有机融合。

技术经理人包括高校科研院所的技术管理人员、退休专业技术人员、科研人员，也可以是海外高层次的技术转移人才和团队，或者是市场上科技服务公司的专业人才，他们以促进科技成果转移转化为目的，开展技术交易的居间或代理业务，并获取合理的佣金（姜玉峰，2007）。科学技术部与众多部门共同制定的《促进科技成果转移转化行动方案》中明确技术经理人实行聘用制，合理分享技术服务利益，承担科技成果转移的主体责任。另外，各地政府还出台了对技术经理人的补助政策，按照技术合同交易额的比例进行补贴，以弥补技术经理人所带来的技术溢出和社会收益。

（二）技术转移任务的特征与技术经理人自我领导的必要性

技术转移作为创新过程中的一个环节，具有创新所具有的开放性、非线性、不确定性特征。开放性要求技术转移工作时刻要与创新的各方主体开展沟通协作，技术经理人的工作对象与工作场所灵活多变；非线性是指技术转移及创新成效与技术经理人的工作投入之间没有线性的正向关系，技术经理人为技术持有人和技术需求企业之间的技术转移转化工作不会几次就快速达成，而是往复巡回的，使技术经理人工作的现时激励性不强，依赖其坚定的信念和自我激励过程；不确定性是指技术转移过程中会出现各种复杂多变的因素，导致技术经理人的应急性、即时性决策较多。

基于技术转移任务的上述特征，技术经理人需要具备较强的自我领导能力，不断观察、寻找、评估技术环境和技术需求，能随时进行自主决策，并具备较强的信念和自我激励能力。

六、技术经理人的自我领导能力与信息诠释行为

（一）自我观察能力与信息探索

技术经理人承担着具体的技术挖掘和转介任务，不仅需要了解企业的技术需求和最新的科技成果，还要清楚政策导向。因此，面临技术创新和政策两方面的环境不确定性，需要时刻保持敏捷、深思的信息探索行为。

自我观察是个体主动收集、分析环境变化信息，评估机会与挑战的过程，是行动的前期阶段。技术经理人面临技术市场供需双方及各地政府形成的各类环境信息，需要及时寻找技术市场化、产业化的机会，还应当积极寻求政府的政策支持和金融支持，能将各类环境信息挖掘整理并进行综合加工利用是技术经理人成功的关键，也是其自我观察的核心内容。

信息探索是自我观察能力的具体体现，技术经理人员通过对各类技术创新信息和需求信息的分析整合，将创新需求与技术创新项目连接在一起，促成有效的创新需求，这一过程中充满不确定性模糊性，需要技术经理人通过自我观察提升信息探索的信心和成效，通过有效的信息探索建立更好的自我观察能力。

河南省科学院的下属机构及其技术经理人在慎重观察自有技术成果和沁阳市场需求后，基于前期成功的降污染技术项目，结合国家新型技术研发平台机构的政策优势，最终促成了沁阳科创园的设立。河南高新技术实业有限公司在国家科研院所改制的进程中于 2019 年 3 月成立，依托河南省科学院雄厚的技术实力，立足于为市场找技术的使命宗旨，开展技术转移转化。前期的技术服务过程中，技术经理人了解到沁阳市作为铝电、玻璃钢、皮革、机械加工、农业的强市，同样面临高质量发展的困局——污染排放问题亟须解决，技术需求强烈。另外，河南省科学院的生物所、材料所、物理所等研发单位的专利技术急需产业化，需要应用到市场中获取效益以弥补科研单位前期巨额投入，因此，针对沁阳地区的能源、矿物质生产加工企业引介了科技成果、派出了科技服务团队，还为农业秸秆的再利用引介了秸秆纤维材料提取和发酵技术，成功解决了该地区的资源再利用和污染排放问题，增加了企业和农户的收益，也为省科学院搁置已久的技术成果找到了出路、收获了收益。

河南省高新公司及其技术经理人团队并未止步单个项目的成功，还结合国家技术转移体系建设的需要，在深入调研考查新型研发组织模式和技术转移的前期市场导入模式的基础上，投入焦作市政府与河南省科学院的合作项目——沁阳科创园的建设运营之中。沁阳科创园于 2019 年 9 月开始建立，通过公司化的经营模式承担着河南省科学院的技术转移示范基地任务，在原有项目的基础上，加强全方位、高层次科研项目团队的入驻工作，成立了中白环境功能材料实验室和高新材料中试车间、引入河南省科学院赵亮团队与其国外合作研发的环境功能材料处理技术，融合研发、中试、孵化、产业化各个创新阶段，综合中试园、创业园、产业园、孵化器于一体，连接着创新的各个环节。

由上述技术经理人的技术转移工作可见，对技术市场中的供需要求做出快速、精准的敏捷反应，同时结合政府政策对未来产业化的方向做出深刻的思考和行动，才是技术经理人自我观察的核心能力体现。

（二）自我目标及标准设置与信息设定

自我观察的结果是设置好未来行动的目标与达成的标准，技术经理人进行环境观察评估之后，通常会预设好未来要实现的目标和达成的标准，包括技术转化方式和技术标准等。但是目标及标准的设定需要坚定的信息导向作用，用户的终极需求是信息导向的目标，需要技术经理人将企业文化使命与技术创新目标相结合，具体化为用户的需求目标。如果技术经理人缺乏信息目标的设定，就会在自我目标及标准的设置中迷失方向。

苏州技术经理人协会成员粟经理与侯经理主要开展新材料和信息技术等领域的技术转移转化服务，他们在工作过程中，会通过观察了解技术特性和技术供需双方的诉求来确定技术转化的方式及达成的技术标准。例如，粟经理在为纸品加工企业提供“耐高温导热性好的滚筒涂覆材料”的技术服务时发现，虽然技术成果已经存在，但是还不成熟，还需要在瓦楞纸板加工过程中进行抗压性和导热性二次试验才能大量产业化生产应用，因为不同形状大小和材料的纸张对技术标准的要求会有差异。因此，为材料包装公司和技术持有人提出了合作开发的目标建议，将技术标准和产业化后的利益分配标准进行了协商、预设，促成了技术的二次开发，有效地解决了企业的技术需求和技术转化问题。

相反，侯经理在为某物业公司提供智慧商场管理系统的信息技术服务时发现，一方面物业公司出于安全考虑对该系统的最终成品有强烈的自有诉求，另一方面，信息技术开发类的创新任务具有目标清晰、路线具体的特点，前期技术标准和合同的设定均可以明确化，风险相对较低。因此，自主设置了技术转让这种一次性买断的转化方式，同时，提醒并督促双方对技术产品的细节尽可能地确定下来完成的时间和标准，明确物业公司应当提供的实验协作和调研资料支持。

因此，技术经理人在技术转移的过程中，需要根据技术创新的阶段特征及用户终极需求目标，考虑技术供需双方的产业化条件和诉求，主动提供技术转化方式（包括转让、许可、自行投资、合作、作价投资、委托等）和技术标准的建议，为技术转移转化工作主动设置目标和标准。若有可能，还可以就设立实体企业组织进行金融和公司治理的服务，设置目标和标准，如设立技术联盟、技术研发平台、科创园、合资公司等。由于项目的分散性和技术灵活性，这些目标和标准只能由技术经理人结合企业的需求自行设置，难以通过组织高层的命令进行设置。

（三）自我激励、自我调节与信息吸收及转移

自我激励是个体成员通过在工作过程中添加自己喜欢的要素，或者忽略利益类的固定奖赏，只关注工作意义感、成就感之类的自然奖赏，以提升自己对工作任务的满意度和主动性。当任务实施至一个阶段之后，个体成员能主动进行评估，或者当任务实施过程中遇到不确定的风险和无法判断的情况时，个体成员能主动先开展一些行动进行探索试验，以调整下一步的工作方式，即自我调节。技术经理人对于技术创新团队成员的消极感知，包括技术信心缺失、人际关系冲突等，需要通过利益导向的引导进行信息的转移与吸收，使技术创新成员将冲突或消极认知归因于长期利益与崇高理想。自我激励和自我调节是个体在自我目标导向下开展工作任务后的必经阶段，是个体进行自我反馈的主要方式，为下一个循环的自我观察和目标打下基础、导入新的开端。

洛阳高端制造业的新型研发机构——青洛基地中的技术经理人在开展技术转化过程中，不断用信念激励自己。技术经理人王经理在促成基地特种材料研究所与双瑞特种装备公司合作开发热泵产品的项目中，与清华大学热能工程系、清洛基地特种材料研究所的5名技术人员长期驻扎在双瑞特装公司，参与研发和生产一线的所有环节，近两年的时间研制出了初期产品后，继续围绕市场客户的反馈进行二代产品的改良开发，派出的研发人员仍然要驻扎在双瑞公司。双瑞特装公司研究中心的工程师任某谈道：“我们虽然有材料生产技术，但最终产品——热泵的核心技术理论是清华和研究所的专长，项目开展半年

后，研发人员看不到成功的希望时，有所失落。此时技术经理人常说：想想我们未来可以通过一个小小的泵提高供热的效率，从而节约煤电资源、为环保贡献一己之力，不是很伟大吗？困难只是暂时的，只要找准问题点了就一定能解决它！”最终，该项目终于获得成功，显然，处于一线的技术经理人和技术人员难以从基地组织高管那里直接获得激励，在项目成败风险面前，也没有看得到的现时利益激励，技术经理人只有通过与技术人员共享的坚定信念进行自我激励。

面临热泵产品的技术风险，技术经理人王经理支持双方技术人员的行动为主策略，即从现有的技术方案中先选择两个进行对比试验，而不是坐等最优的方案评估出来，这符合模糊创新的迭代发展规律，允许技术开发人员在做的过程逐渐寻找解决方案。

相应地，河南省科学院生物研究所的亚麻荠美妆项目的成功经验中，技术经理人通过有意识地关注技术转化项目的社会意义来抵消实物奖励的不确定风险，提升自我激励的水平，最终使项目成功实施。东方人的美妆概念中倾向于使用纯天然的护肤品，但当前市场上主要以化学制剂为主，主要原因是对植物的提取技术困境。而河南省科学院生物研究所长期以来积累了丰富的亚麻荠油提取技术，这种纯天然提取物却只在单位内部试用，主要原因是产业化的资金问题和企业实体问题。技术经理人抓住这一对接的缺口，联系安阳九安农业公司进行技术合作，由其进行出资和运营，生物所出技术。面对九安公司的风险及利益考虑，技术经理人从安阳地区丰富的亚麻荠资源出发，立足农户利益和农村脱贫致富的社会意义，与合作企业探讨项目转化的巨大社会价值，并从技术成熟度和支持度祛除其后顾之忧。对于唯一的不可控因素——市场开发问题，技术经理人与合作企业共同开展了慎重的评估研判，设计出多个应对方案，以调节下一步的技术开发和市场开发工作。因此，亚麻荠提取技术的转移转化过程中，技术经理人抛却了现实利益的外在激励，自我强化对社会意义的信念理想来进行自我激励，体现出较强的自我领导能力，同时，面对庞大而成熟的美妆市场开发问题，采取适合的理性评估作为自我调节的模式，以说服合作企业开发转化成熟的生物提取技术，取得了较好的技术转化效益。

因此，技术经理人的信念使命感形成了强大的自我激励作用，根据任务的复杂模糊性程度采取相应的行动策略和评估策略是自我调节的关键行为过程。自我激励和自我调节是自我领导上一个过程的终点，也是下一个过程的起点。

七、小结

技术经理人在完成技术转移转化任务的过程中，面临多方主体的多元化利益及技术创新的复杂过程，必须能结合任务的实际情况进行自主决策，采取自我领导的自主管理方式及相应的信息诠释行为，才能有效地完成技术转移任务。在对各方主体形成的环境因素进行自主观察过程中，技术经理人要保持敏捷、深思的行为能力；在自我设置目标和标准的过程中，则需要具备熟知技术创新特性和各方诉求的能力；在进行自我激励的过程中，要具备坚定的信念和崇高的社会价值观、使命感，甘愿为技术溢出的社会效益付出劳动，而不是将现时的物质利益放在首位；在项目实施到一定阶段时，要具备理性评估的能力和敢于行动试验的精神，才能做出合理的自我调节，为下一步的项目实施提出行之有效的改进方案。这样，技术经理才具备相应的自我领导能力和行为，才能高效完成具有挑战性的技术转移转化任务。

技术经理人的自我领导能力与行为分析能为技术经理人培训和技术转移工作提供理论支持，还能为自我领导理论的发展提供新的研究对象和实践领域，未来的研究中应当加强技术经理自我领导能力的问卷开发、经济后果和前因变量的研究工作。

第七章

总结与展望

当前的理论与实践中，人们普遍认为企业内部的组织状态是应对外部环境竞争的有效能力，并将组织形态或结构的变革作为企业竞争能力提升的关键，出现了大量“平台式、网络式、柔性组织”的变革方案。然而，组织不仅是有形的形态或结构，更重要的是一个过程或信息体系，忽略了作为过程、作为信息体系的组织实践与组织变革在现实中出现了各种各样的困境，包括传统层级组织中的僵化与混乱，也包括现代网络化组织中更为刚性的结构这一悖论。因此，理论与实践中都需要关注组织过程中的模糊性问题。

Simom 与 March 的组织决策论认为，不确定性与模糊性是组织过程的关键，组织管理的过程就是管理组织成员面对的不确定性与模糊性问题的过程。以 Thompson 为代表的组织行政理论围绕不确定性管理提出了一系列设计正式组织体系的方式，但组织模糊性的管理方式还依然没有得到解决，制约着有效的组织管理过程。

组织模糊性是企业成员对战略目标、制度规则等信息的多样性诠释与解读，一方面会影响企业正式目标与制度的实施，另一方面会促进组织学习与创新。在网络化环境下，企业成员在工作位置上更分散，虚拟化的工作业务流程更多，组织成员在现实中的工作接触与共同的工作情境更少，这进一步加强了成员们对企业信息诠释的多义性即模糊性，模糊性在网络化环境下是企业组织需要面临的重要问题。所以，企业现实及组织理论中未解决的组织模糊性是本研究的核心，研究的目标是明晰组织模糊性的生成机理及调控机制，以期为组织理论与组织管理实践提供借鉴与支持。

第一节 理论基础与研究结论

本研究围绕企业成员对战略目标、组织制度的诠释多义性即模糊性问题的解决而展开，关注于模糊性问题的生成与调控机制。以情境认知理论、信息网络理论、组织现场理论为基础，通过案例与实证研究发现：工作情境差异是生成组织模糊性的关键因素；合适的中层经理诠释模式、较多的共同实践活动会使组织模糊性得到有效的调控，产生正向的组织效应。

一、理论基础

情境认知理论、组织现场或工作现场理论是研究模糊性生成机理的基础，信息网络理论、组织现场理论是研究模糊性调控机制的重要依据。

（一）情境认知理论

模糊性是企业成员对信息诠释的多义性，诠释的认知过程是模糊性生成的关键。个体认知心理学关注到了普遍存在的“刺激—注意—诠释—储存”信息处理过程，但对于诠释形成的外部社会因素却没有涉及，影响了其在企业组织中的应用；而社会认知理论中的情境认知理论则不同，Wyer 和 Radvansky（1999）发现人们过去的经历及处理信息的经验形成了其将来处理信息的工具——既定的认知模式（被比喻为“理解器”）。因此，员工在企业中的工作经历是形成其“理解器”的关键因素。

萨其曼（1979）认为，员工在企业中的工作现场形成了员工的工作经历和经验，是形成理解器的关键前因（牧野，2013）；结合角色理论的分析发现，员工承担的企业角色是影响其认知和行为的关键因素。因此，企业成员在工作情境上的差异与特征是生成企业组织模糊性的关键机制，企业纵向层级（高层、中层、基层）之间、横向不同部门成员之间存在客观上工作情境的差异，因而信息刺激、经历经验各不相同，自然会存在对信息的诠释多义性即组织模糊性。

（二）信息的组织网络理论

由于企业内部业务流程协作的需要，企业纵向层级、横向部门成员间多样的诠释不断地进行互动、冲突、交融，这些多样性的诠释信息在企业内部组织网络中的传递遵循着一定的规律，信息的组织网络理论为探索组织信息传递规律提供了理论支持。

（1）Dervin（1976）的信息建构论。他发现，信息在人际间的传递效率和效果依赖于传递者主观的理解与现实的需要，传递者当时的情境决定了他的主观理解和现实需要。因此，人们所处的客观情境（企业中表现为员工具体的工作情境，包括所处的层级和部门）影响着信息传递的效应。

（2）信息的组织网络理论。Dervin 的信息建构论只是说明了信息传递过程中的阻碍，却没有涉及信息传递阻碍的解决方式。对此，组织网络理论给予了解答及借鉴。

Watts（2011）的组织信息网络研究发现，相比规则网络与随机网络，小世界组织网络是较为有效的组织信息传递方式，网络中的节点（处于交叉点的人）通过对子网络内部成员间的内聚及与其他子网络之间的连通建立起有效的信息传递途径，“节点”是信息传递的关键环节。

组织协作论认为企业各级经理人员最重要的组织管理职责就是与成员间的沟通，以促使成员理解、认同企业目标并形成协作意愿；Floyd 的一系列研究也表明中层经理是企业高层与基层成员间传递战略信息的关键。因此，本研究中关注于作为企业信息组织网络关键节点的中层经理对模糊性的调控作用。

（三）组织现场理论

Schatzki（2005）在研究中认为，在人们个体的信息处理或认知过程中，人们的诠释与认知是基于其客观的生活场所或情景的。影响人际间共享诠释或认知的关键因素是共享的组织现场，现场（site）是人们共同参与的事件所发生的某个空间场所，其中的关键不是有形的场所或空间，而是引致事件发生的一系列实践活动，只有参与这一系列实践活动的人们（主体）之间才能形成共同的意义感知和信念结构。或者说，共同的实践活动或事件是群体成员间形成共享组织认知、降低模糊性的关键。

基于组织现场理论，研究中提出了中层经理与成员间的共同实践活动集是中层经理这一节点对组织模糊性起调控作用的重要前提条件。

二、研究结论

通过理论分析与实证检验，最终围绕企业组织模糊性的生成与调控两方面问题得出了以下结论：

（一）关于组织模糊性生成机理的研究结论

（1）企业成员所处的组织层级（高层、中层、基层）决定了诠释的内容暨模糊性的具体内容。在战略诠释多义性上，高层通常将信息诠释为抽象的使命、愿景，中层则诠释为现实的战略议题，基层则诠释为具体的工作流程或操作步骤；在组织制度诠释多义性上，高层通常将某项组织制度诠释为抽象的企业文化或崇高的企业形象，基层则诠释为具体的惯例或规则，中层的诠释则旨在将企业文化与惯例或规则进行对接，用企业文化向员工解释惯例或规则的益处、成因。

（2）企业成员在工作时间与空间上的分布状态形成了企业内交错的工作情境特征，决定了组织模糊性的程度大小。当成员在工作业务流程上较紧密、工作空间或场所上更集中时，成员之间会形成最为有效的组织现场及工作情境，此时，成员间的诠释多义性即模糊性最小，最有利于成员间的协作和集体目标及绩效的提高。反之，当成员在工作业务流程上较松散、工作空间或场所上较分散时，成员间的组织现场感最弱，难以形成有效的协作及绩效的提升。而相比工作场所的集中性，工作时间或业务流程的紧密性对模糊性程度的影响更大，也就是说，即使工作场所较分散，但只要在工作业务流程上需要较强的紧密协作，成员间的诠释多义性即模糊性程度依然会有所降低。

（二）关于组织模糊性调控机制的研究结论

（1）中层经理合适的诠释模式及行为是调控组织模糊性的关键。开放系统论认为企业组织过程中的关键是成员之间对信息的诠释及诠释交互，中层经理在战略诠释和组织诠释中起着重要的作用，但前提是中层经理的诠释方式要合适——与问题情境要匹配。

通过质性访谈及案例研究发现，要诠释的问题或信息与成员的利益相关性（直接 VS 间接）、问题或信息的可分析性（可分析 VS 不可分析）是决定中层经理诠释模式与行为的两个关键因素，通过对这两个因素的组合形成了四种诠释模式：吸收式、探索式、转移式、设定式。中层经理需要根据问题或信息两方面的特点来选择合适的诠释模式及行为，中层经理只有根据不同情境来选择合适的诠释行为，才能对成员间多样的诠释与认知即组织模糊性起到调控作用。

通过大样本实证检验证实了理论假设，并得出以下结论：中层经理的设定、吸收、转移式诠释行为对模糊性与执行绩效间的关系起到了调控作用，有助于企业执行绩效的提升；中层经理的探索式诠释行为对模糊性与创新绩效间的关系起到了调控作用，有助于促进创新绩效；中层经理诠释模式对组织模糊性产生调控作用的前提是中层经理与下属成员间存在较多的共同实践活动。

（2）中层经理与成员之间共同实践活动集的大小或多少，是中层经理诠释模式对组织模糊性起到调控作用的前提条件。通过大样本实证检验发现，中层经理与成员间共同参与的实践活动越多，中层经理诠释模式对组织模糊性的调控作用越强，越有助于提高组织的执行绩效与创新绩效。

第二节 理论贡献、实践意义及创新点

本研究对于组织理论、组织诠释理论、中层经理诠释模式研究具有一定的理论贡献，对于诠释管理、中层经理培训、组织体系设计具有实践借鉴价值。

一、理论贡献

（一）为组织理论中尚未有效解决的组织模糊性问题提供了研究框架和研究思路——中层经理诠释模式及共同实践集的作用

近年来，组织理论中新的较突出的研究路径是以决策理论为基础的组织过程观，关注于管理组织成员的决策过程及相应行为。然而，对于组织决策论中提出的组织成员面临的不确定性问题和模糊性问题，以汤普森为代表的组织行政理论只解决了前一个问题，对于成员决策中面临的模糊性问题还没有有效的组织管理方式。

Weick 的组织过程论认为模糊性是组织成员诠释的多义性，是组织过程管理的核心问题，提出组织管理的关键是诠释管理，但是对于如何进行诠释管理没有给出解答，现有的组织理论也没有较好的回应。对此，本项研究在对模糊性的生成机理进行充分探讨之后，基于信息的组织网络理论发现，企业网络中的关键节点——中层经理对成员间的诠释多义性即模糊性起到了有效的调控作用，中层经理对成员合适的诠释行为是组织诠释管理即组织过程管理的关键。

本研究中围绕中层经理的诠释模式选择、诠释模式起调控作用的前提条件分析了模糊性的调控机制，研究发现，中层经理根据不同问题或情境选择合适的诠释模式及行为、中层经理与成员间共同参与的实践活动多少对于模糊性起到关键的调控作用，有利于在组织模糊性的情况下提高组织执行绩效与创新绩效。所以，中层经理既是有形的正式组织结构中的一个层级或职位，也是企业组织信息体系的关键节点及组织过程管理的核心，为组织理论中待解决的模糊性问题提供了新的、可操作的应对思路。

（二）模糊性生成的工作情境论为组织诠释理论提供了情境研究的视角

在以往的组织诠释研究中，企业文化、叙事、比喻等信息传递内容与途径是诠释研究的重点，却忽略了诠释的主体——企业成员的作用。基于情境认知理论的模糊性生成机理的研究发现，企业成员之间由于工作情境的差异，必然存在客观上的诠释多义性即组织模糊性，是难以通过企业文化宣传、叙事或比喻等沟通方式来实现成员对企业战略目标及组织制度的完全理解与认同的。对此，通过信息的组织网络理论及组织现场理论的研究发现，中层经理作为信息网络的关键节点，与高层和基层员工都存在着共享的工作情境及组织现场，因而成为企业成员之间信息有效传递的主体，对企业成员之间的诠释多义性起着重要的调控作用。

据此可见，对于组织诠释理论关心的成员对企业战略目标及组织制度不理解、不认同而造成的组织混乱或无序问题，成员之间共享的工作情境及组织现场建构是企业应对的新思路和新方法，而不仅仅是企业文化或人际关系学派的个体行为研究。在理论上，为组织诠释理论的研究提供了工作情境、组织现场的新思路。

（三）通过导入信息的组织网络视角，提升了对中层经理战略作用研究的高度和精确度

自 Floyd 和 Wooldridge（1992，1994，1997）的一系列开创性战略管理研究之后，人们不断关注着中层经理在企业战略管理中的作用及作用方式。Floyd 和 Wooldridge（1992，1994，1997）把中层经理的战略作用分为四种类型。按向上/向下，分析/综合，两个维度分为四种：为高层收集环境扫描信息，影响高层的环境扫描及注意力分布；向高层进行议题营销，影响高层的战略决策；向下，支持基层员工的创新，对越轨行为、激进变革的宽容；向下支持基层的意图战略实施过程。另外，Balogun 和 Johnson（2004）还描述了中层经理面对模糊性信息时的悖论式诠释方式给企业带来的正面战略管理效应。但这些仅仅是对中层经理战略作用过程的描述，并没有分析中层经理战略作用的组织影响因素，没有在企业组织网络体系的背景下研究中层经理的战略作用。

本研究中，基于信息的组织网络视角，研究了中层经理的重要性及作用方式，发现中层经理是企业信息网络中的关键节点，对模糊性起调控作用的方式是对成员在战略和组织制度方面的多种理解进行相应的诠释沟通。为中层经理的战略作用研究提供了新的研究视角——中层经理在信息组织网络中的位置及作用。

二、实践意义

（一）引发人们对于网络化、平台式组织的反思，重视中层经理在组织体系中的关键作用

当前剧烈变动的市场环境下，企业希望通过组织的网络化、平台化变革来提高组织应对外部竞争的能力。然而，企业这一组织体系有着其独特的运作方式和规律，决定了企业组织管理机制的选择。

通过信息的组织网络体系中小世界网络的分析可知，组织网络中，中层经理是企业的关键信息节点，企业需要设计相应的层级体系并设计相应的中层经理职位。在企业组织管理过程及机制选择时，需要考虑中层经理作为组织信息网络节点的作用及作用发挥的条件。

中层经理不仅是正式组织结构中的一个层级职位，更重要的是，中层经理还是企业组织中不可缺少的信息传递、信息诠释节点，对成员间的战略及组织信息诠释起着重要的作用。所以说，企业实践中，不能因为组织灵活性的需要而去除掉所有的层级职位设置，需要设置能够承担必要的信息诠释及传递功能的中层管理职位。

（二）企业实践中需要加强对中层经理诠释行为的培训

中层经理诠释模式对模糊性有着重要的调控作用，然而，中层经理的有效诠释不仅要关注经理人员的个人特质，更要关注具体、合适的诠释行为及组织条件。关注于诠释行为的研究假设的是，中层经理的诠释能力是可以培养、可以改变的。因此，企业实践中可以按照研究中的四种类型进行诠释行为模式的开发与培训，也可以在实践中做进一步的拓展和改进。

（三）企业需要为中层经理诠释对模糊性的调控作用创造组织条件——提供中层经理与其所属成员间共同实践的机会、共享工作现场的组织设计等

研究发现，当中层经理与其他成员共同参与的实践活动越多，则会有更强

的共享现场感，会形成更强的共享诠释和认知，这样会更有利于降低模糊性、提高组织绩效。因此，企业实践中，应该探索能促进中层经理与其成员共同实践、共享现场的平台和机会，如业务流程的紧密关联设计、工作场所的集中性设计、共享的工具设施、工作惯例或规则的共同改进机会等。

三、创新点

根据理论回顾及研究结果，本研究可能的创新之处包括以下四方面：

（一）试图解决组织过程理论的另一个核心问题——组织模糊性，为组织理论研究提供新思路和新方向

从组织理论的梳理中可知，不确定性和模糊性都是组织决策过程中的关键问题。由于当时的市场环境更强调对不确定性的规避和管理，组织理论只关注了不确定性的管理问题；但当前网络化市场环境下，组织模糊性成为更为突出的现实和理论问题。因此，需要围绕模糊性管理来开拓组织理论的研究。

据此，本研究在明晰组织模糊性生成机理的基础上，研究了组织信息体系的关键节点——中层经理对组织模糊性的调控管理作用，发现中层经理的诠释模式及其与成员间的共同实践活动集对组织模糊性具有较好的调控作用，为组织理论的研究提供了新的思路和方向。

（二）从客观的工作情境视角出发，探索组织模糊性的生成机理；并对工作情境进行了可操作性的划分

已有的研究中，多从员工个体特征（人口统计学特征、行为心理特征等）方面探讨企业成员间诠释多义性或认知差异的形成原因，忽略了客观的工作情境的重要作用。本研究中，将视角引向企业成员诠释或认知的组织社会情境，发现工作情境是生成模糊性的重要因素，工作情境也是影响模糊性程度高低的关键因素。

研究中，将工作情境按两个维度进行划分：一是工作情境在企业纵向层级上的表现，高层、中层、基层成员具有各自不同的工作情境——装置空间、战

略执行空间、行为空间；二是工作情境在工作时间（业务流程紧密性）和工作空间（工作场所分散性）上的不同表现影响了模糊性的程度大小。相比角色理论，这种工作情境的划分更具有组织设计的操作性，为组织理论研究和组织设计实践提供较强的支持。

（三）中层经理诠释模式的分类与量表开发

相比中层经理战略作用及诠释行为的描述性研究，本研究中，将中层经理诠释模式按照影响因素分为四种类型，并经过一系列研究确定了信度、效度良好的量表工具，既为中层经理诠释模式研究及组织诠释研究提供了支持，也为中层经理的培训培养提供了实践上的借鉴。

（四）组织现场理论的引入为组织管理及创新管理研究提供了新思路

组织现场理论为企业组织管理与创新管理提供了更贴近企业现实的研究视角。一方面，企业不是成员个体直接汇总形成的，而是由一定的组织方式凝聚而成的，成员间共享的现场或实践正是最有效的组织方式；另一方面，组织管理与创新管理过程中都存在成员的诠释多义性即模糊性问题，模糊性虽然有可能导致组织混乱，但也是各类创新的源泉，企业创新能力的关键机制是组织内部的模糊性管理与开发。

对此，组织现场理论认为成员间共享的现场（包括共享实践、共享工作场所、共享工作流程等）是成员间进行意义建构、信息诠释的关键，影响着成员间信息交互的有效性。通过实证研究检验了中层经理与其所属成员的共同实践活动对于中层经理诠释模式调控组织模糊性的影响。所以，组织现场理论为组织过程管理及创新管理提供了新的研究思路和新方向，有助于企业通过组织现场设计来提高组织能力和创新能力。

第三节　研究局限与未来的研究方向

尽管整个研究从理论逻辑推理、假设提出到案例分析、实证检验，遵循着严谨的研究路径，但依然存在着局限和不足，因为作为研究对象的组织模糊性是一个纯粹的理论概念，要从理论走向操作化研究和应用研究，不仅需要在理论推理过程中做大量工作，还需要积极探索合理可行的实证研究路径，其中难免存在不足和局限，对此这里做出几点总结，并指出未来可能的研究方向。

一、研究局限

（一）舍弃了对企业层面整体的信息组织网络体系的探讨和研究，而只选取了信息组织网络的核心节点——中层经理的关键作用进行研究

企业成员对信息多义性的诠释即模糊性一方面在企业成员协作过程即组织过程中放大，另一方面也受到企业组织体系的影响、调节。所以，从企业层面整体的信息组织体系设计视角出发来探讨调控机制是可行的路径，应该关注于企业层面组织设计的研究。但是较宏观的企业层面研究，一方面忽视了微观层面组织代理人（中层经理及成员）的作用，另一方面又会陷入组织结构观的固有思路之中。为此，研究中基于模糊性调控的目标而抽出了信息组织体系设计的关键——作为节点的中层经理的作用方式及组织条件，以期融合企业宏观整体层面与微观代理人个体层面两方面的视角，为整体企业组织层面的研究提供微观视角的借鉴和可能路径。但这就舍弃了企业整体层面研究的内容，希望在以后的研究中进一步得到拓展。

（二）组织模糊性在操作化及测量过程中的局限

当前，组织模糊性是一个纯粹的理论概念，具有操作性的实证分析和研究较少。因此，本研究中主要以理论逻辑推理的方法来梳理、界定概念的内涵以及模糊性的操作化概念界定，并以此为基础来寻找模糊性的替代变量（战略共识、共享认知模式），用这些替代变量的测量方法来衡量模糊性程度的大小，满足实证研究的需要。

虽然用战略模糊性和组织制度模糊性作为企业模糊性的两个主要方面在理论推理上较为严谨，但依然会有内容上的取舍或疏漏，会忽略企业成员对战略

目标及组织制度之外的其他企业信息的诠释及认知对企业绩效影响的研究；虽然用共享认知模式的事件认知测量法来测量模糊性的程度在方法上也可行(因为共享认知模式测量中的距离值法符合诠释多义或差异的衡量需要)。但是，测量事件的选择标准尚未建立，这直接影响了样本企业的大量化选择。另外，旨在衡量差异性的距离计算法对于多义性的衡量统计上是否可靠、是否有其他替代算法，这些都是研究中尚未回答的问题，未来需要进一步探讨。

(三) 研究中收集的是横向数据，没有纵向数据，难以分析变量间关系随时间变化的变动情况，可能影响到检验的精确性

由于研究的时间限制及样本企业数量的限制，研究中很难获得纵向数据，因而难以进行精确的因果关系检验，在一定程度上影响了检验的精确度。另外，由于模糊性测量的需要，样本企业不能太多，也会影响检验结果的普适性，所以未来的研究中可以追踪少数几个企业在纵向时间中的变量变化情况，以弥补现有研究的不足。

(四) 研究数据收集中的组织绩效数据来源于上级的主观评价，而不是客观数据，可能会影响研究的效果

虽然实证研究数据是部门或团队经理与成员间的匹配数据，是多来源的数据收集方式，规避了一定程度上的同源方差效应，但是客观绩效数据的缺失会影响研究的客观性。然而，在研究设计中还需要考虑的是数据的可取性，由于研究设计中用了三个大企业内部的120个部门或团队作为样本研究对象，三个企业在客观绩效上的差异会有很大一部分来自企业客观的市场环境和市场业绩，所以客观数据的可比性受到制约，而在各个企业内部经过相对比较得出的绩效数据较为可取。当然，在以后的研究中要注意对数据客观性和可取性的探讨和获取，以提高研究结果的科学可靠性。

二、未来研究方向

本研究中以组织模糊性为核心问题的组织体系设计思路，以中层经理为关

键节点的组织管理逻辑，以及成员间共享现场的组织方式，都为企业组织理论研究及组织过程管理实践提供了借鉴和思路，为未来的研究提供了以下可能的方向。

（一）围绕组织模糊性调控为核心的组织体系设计研究

已有的组织理论及实践中，常常围绕组织结构的僵化与灵活性进行争论，实践中也常陷入困境，究其原因是逻辑上缺少对核心问题的认识及聚焦。从理论与现实需要方面来看，企业成员间的诠释多义性即模糊性是企业组织过程的核心问题及调控目标。因此，围绕模糊性调控及诠释管理的组织体系设计是未来重要而未解决的企业层面问题，也是本项研究中舍弃的研究路径，期待在以后的研究中有所开拓。

（二）未来需要对中层经理诠释模式、诠释行为做进一步研究

本研究中将中层经理作为企业信息网络的核心节点及模糊性调控的关键，但是对于中层经理的作用方式——诠释行为及模式的研究还处于初期阶段，虽然通过案例分析及实证研究确定了中层经理诠释行为的量表，但依然需要对量表的结构做进一步的分析和验证，以提高量表的信效度及普适性。为此，未来还需要不断探索影响中层经理诠释模式及行为的新因素，以更完整的描述、分析中层经理的诠释模式及行为。

（三）在组织认同、战略共识等企业成员共享认知方面的研究中，需要考虑中层经理诠释模式及共同实践集的影响作用

已有的研究中，较多的从企业文化、领导风格或个体特征视角来探讨形成组织认同、战略共识的组织机制，却忽略了作为组织体系环节的中层经理诠释作用的影响，以及共同实践集这一组织现场体现的组织条件的影响，制约了研究在企业整体组织情境中的应用性。因此，需要将中层经理诠释模式及共同实践集等组织现场因素考虑到理论研究与实证分析中。

（四）企业创新能力的研究中需要融入模糊性调控的思路，考虑中层经理诠释模式及共同实践集的作用

当前，企业创新能力的研究虽然认识到创新能力从根源上来说是一种组织能力或组织机制，但依然将组织的有形资源（如知识型员工的数量、资源的投入、研发的技术过程管理等）作为企业组织创新能力的核心。本研究显示，企业成员对信息的诠释多义性即模糊性是企业中无形但重要的创造力源泉，是形成创新的关键。因此，企业创新能力的关键是企业对模糊性的组织管理与组织开发过程。中层经理是模糊性信息传递过程中的关键节点，对企业组织中模糊信息的“表征、求证、整合成创新”等创新过程有着重要的影响作用，所以，企业创新能力的体现就是中层经理对模糊性信息的传递及开发作用。因此，基于信息网络体系和组织现场理论提出并验证的中层经理诠释模式及共同实践集是企业创新能力研究中的新方向。

总之，鉴于研究问题的复杂性及研究者能力的局限，研究中难免有各种不足之处，希望各位专家学者提出宝贵的研究建议，对此，作者深感谢意！

参考文献

［1］阿吉里斯．个性与组织［M］．郭旭力，鲜红霞译．北京：中国人民大学出版社，2007.

［2］安索夫 H. I. 战略历程［M］．邵冲译．北京：机械工业出版社，2013.

［3］巴纳德．经理人员的职能［M］．孙耀君译．北京：中国社会科学出版社，1997.

［4］德鲁克．管理新潮［M］．孙耀君译．北京：中国对外翻译出版社，1988.

［5］饭野春树．巴纳德组织理论研究［M］．王利平等译．上海：生活·读书·新知三联书店，2004.

［6］冯锋，王亮．产学研合作创新网络培育机制分析——基于小世界网络模型［J］．中国软科学，2008（11）：82－86.

［7］傅博达 H. 创建柔性企业［M］．项国鹏译．北京：人民邮电出版社，2005.

［8］哈默尔 G.，普拉哈拉德 C. K. 竞争大未来［M］．王振西译．北京：昆仑出版社，1998.

［9］韩玉兰．中国情境下的意义建构：中层管理者的管理觉知及其影响［D］．北京大学，2010.

［10］郝斌，任浩．模块化组织关联界面：形式、机理与效力机制［J］．科研管理，2010，31（6）：118－125.

［11］洪汉鼎．诠释学与中国［J］．文史哲，2003（1）：8－12.

［12］黄欣荣．复杂性究竟是什么——复杂性的语义分析［J］．自然辩证法研究，2004，20（5）：31－35.

[13] 景天魁，何健，邓万春. 时空社会学：理论与方法 [M]. 北京：北京师范大学出版社，2012.

[14] 姜玉峰. 技术经纪人培训教材 [M]. 上海：上海科学技术出版社，2007.

[15] 卡斯特 M. 认同的力量 [M]. 夏铸九，黄丽玲译. 北京：科学文献出版社，2003.

[16] 孔茨. 管理学（第九版） [M]. 郝国华译. 北京：经济科学出版社，1993.

[17] 雷恩等. 西方管理思想史 [M]. 孙健敏等译. 北京：中国人民大学出版社，2009.

[18] 李忆，司有和. 组织结构、创新与企业绩效：环境的调节作用 [J]. 管理工程学报，2009 (4)：20-26.

[19] 刘建香. 复杂网络及其在国内研究进展的综述 [J]. 系统科学学报，2009，17 (4).

[20] 吕力. 深度情境化与诠释：管理学的质性研究方法 [J]. 科学学与科学技术管理，2012，33 (11)：31-37.

[21] 马奇 J. G，西蒙 H. A. 组织 [M]. 邵冲译. 北京：机械工业出版社，2013.

[22] 马奇 J. G，马奇论管理：真理、美、正义和学问 [M]. 丁丹译. 北京：东方出版社，2010.

[23] 牧野丹奈子. 从现场视点看经营学 [M]. 徐宝妹译. 上海：上海外语教育出版社，2013.

[24] 奈特 F. H. 风险、不确定性与利润 [M]. 郭武军，刘亮译. 北京：华夏出版社，2011.

[25] 彭秀平. 质的研究访谈法评介 [J]. 社会科学家，2005 (s1)：534-535.

[26] 普拉哈拉德 C. K.，文卡特·拉马斯瓦米. 消费者王朝与顾客共创价值 [M]. 王永贵译. 北京：机械工业出版社，2005.

[27] 乔欢，周舟. 意义建构理论要义评析 [J]. 图书馆杂志，2007，26

(5): 8-10.

[28] 塞尔兹尼克. 田纳西河流域管理局与草根组织: 一个正式组织的社会学研究 [M]. 李学译. 重庆: 重庆大学出版社, 2014.

[29] 斯科特. 组织理论—理性、自然与开放系统的视角 [M]. 高俊山译. 北京: 中国人民大学出版社, 2011.

[30] 孙永风, 李垣. 转型经济下中国企业创新选择的实证研究: 环境与组织因素 [J]. 管理工程学报, 2007, 21 (1): 41-46.

[31] 汤普森 J. 行动中的组织 [M]. 敬乂嘉译. 上海: 上海人民出版社, 2007.

[32] 瓦茨 D. J. 六度分隔 [M]. 陈禹译. 北京: 中国人民大学出版社, 2011.

[33] 王英. 组织结构与信息传递效率 [J]. 系统工程理论与实践, 2000, 20 (11): 46-50.

[34] 韦克. 组织社会心理学 [M]. 贾柠瑞, 高隽译. 北京: 中国人民大学出版社, 2009.

[35] 魏江, 黄学, 刘洋. 基于组织模块化与技术模块化"同构/异构"协同的跨边界研发网络架构 [J]. 中国工业经济, 2014 (4): 148-160.

[36] 西尔特 C·M, 马奇 J·G. 企业行为理论 [M]. 李强译. 北京: 中国人民大学出版社, 2008.

[37] 项保华. 战略管理——艺术与实务 [M]. 北京: 华夏出版社, 2001.

[38] 杨鑫, 贾良定, 蔡亚华等. 团队认知多样性和个体创造力的关系研究——以社会网络和关系性人口学为视角 [J]. 科学学与科学技术管理, 2013, 34 (6): 152-162.

[39] 伊丹敬之. 经营战略的内在逻辑: 看不见的资产动力论 [M]. 杨春明译. 北京: 中国审计出版社, 1992.

[40] 竹内弘高, 野中郁次郎. 知识创造的螺旋 [M]. 李萌译. 北京: 知识产权出版社, 2006.

[41] Albert R, Barabasi A L. Statistical mechanics of complex networks [J]. Reviews of Modern Physics, 2002, 26 (1): 47-97.

[42] Archer, M. S. Morphogenesis versus structuration: On combining structure and action [J]. The British Journal of Sociology, 1982, 33: 455-483.

[43] Ashforth B E, Harrison S H, Corley K G. Identification in Organizations: An Examination of Four Fundamental Questions [J]. Journal of Management, 2008, 34 (3): 325-374.

[44] Axelsson R. Ambiguity and Choice in Organizations (review) [J]. Scandinavian Journal of Economics, 1977, 79 (1): 138-140.

[45] Baack S. Strategy Synthesis: Resolving Strategy Paradoxes to Create Competitive Advantage, by Bob De Wit & Ron Meyer [J]. Academy of Management Learning & Education, 2010, 4 (4): 516-517.

[46] Bacharach S B, Aiken M. The Impact of Alienation, Meaninglessness, and Meritocracy on Supervisor and Subordinate Satisfaction [J]. Social Forces, 1979, 57 (3): 353.

[47] Balogun J, Jacobs C, Jarzabkowski P, et al. Placing Strategy Discourse in Context: Sociomateriality, Sensemaking and Power [J]. Journal of Management Studies, 2014, 51 (2): 175-201.

[48] Balogun J, Johnson G. Organizational Restructuring and Middle Manager Sensemaking [J]. Academy of Management Journal, 2004, 47 (4): 523-549.

[49] Balogun, J. From blaming the middle to harnessing its potential: Creating change intermediaries [J]. British Journal of Management, 2003, 14 (1): 69-83.

[50] Barasa E W, Cleary S, English M, et al. The influence of power and actor relations on priority setting and resource allocation practices at the hospital level in Kenya: a case study [J]. Bmc Health Services Research, 2016, 16 (1): 536.

[51] Beck T E, Plowman D A. Experiencing Rare and Unusual Events Richly: The Role of Middle Managers in Animating and Guiding Organizational Interpretation [J]. Organization Science, 2009, 20 (5): 909-924.

[52] Bennis W G. Leadership Theory and Administrative Behavior: The Problem of Authority [J]. Administrative Science Quarterly, 1959, 4 (3): 259.

[53] Bettenhausen K, Murnighan J K. The Emergence of Norms in Competitive Decision – Making Groups [J]. Administrative Science Quarterly, 1985, 30 (3): 350 – 372.

[54] Boswell, Wendy. Aligning employees with the organization's strategic objectives: Out of line of sight, out of mind [J]. International Journal of Human Resource Management, 2006, 17 (9): 1489 – 1511.

[55] Boulding K E. General Systems Theory – The Skeleton of Science [J]. Management Science, 1956, 2 (3): 197 – 208.

[56] Bourgeois, L J. Performance and consensus [J]. Strategic Management Journal, 1980, 1 (3): 227 – 248.

[57] Bourgeois L J, Singh J V. Organizational Slack and Political Behavior Among Top Management Teams [J]. Academy of Management Annual Meeting Proceedings, 1983 (1): 43 – 47.

[58] Bowman C, Ambrosini V. Perceptions of Strategic Priorities, Consensus and Firm Performance [J]. Journal of Management Studies, 1997, 34 (2): 241 – 258.

[59] Boyce, M. E. Collective centering and collective sense – making in the stories and storytelling of one organization [J]. Organization Studies, 1995, 16 (1): 107 – 137.

[60] Brown A D. Making Sense of Inquiry Sensemaking [J]. Journal of Management Studies, 2000, 37 (1): 45 – 75.

[61] Brown, A. D., Stacey, P., Nandhakumar, J. Making sense of sensemaking narratives [J]. Human Relations, 2008, 61 (8): 1035 – 1062.

[62] Burgelman, R. A. Intra – organizational ecology of strategy making and organizational adaptation: Theory and field research [J]. Organization Science, 1991, 2 (3): 239 – 262.

[63] Burrell G. Modernism, Postmodernism and Organizational Analysis 4: The Contribution of Jürgen Habermas [J]. Organization Studies, 1994, 15 (1): 1 – 19.

[64] Byrne A, Eysenck M W. Individual differences in positive and negative interpretive biases [J]. Personality & Individual Differences, 1993, 14 (6): 849 - 851.

[65] Cady S H, Valentine J. Team Innovation and Perceptions of Consideration: What Difference Does Diversity Make? [J]. Small Group Research, 1999, 30 (6): 730 - 750.

[66] Candi M, Roberts D L, Marion T, Barczak G. Social Strategy to Gain Knowledge for Innovation.

[67] Cannon - Bowers JA, Salas E, Converse S. Shared mental models in expert team decision making, In Individual and Group Decision Making [M]. Castellan NJ (ed.) . Lawrence Erlbaum Associates: Hillsdale, NJ, 1993: 221 - 246.

[68] Cassiman B, Valentini G. Open innovation: Are inbound and outbound knowledge flows really complementary? [J]. Strategic Management Journal, 2016, 37: 1034 - 1046.

[69] Chatman J A. Norms in mixed sex and mixed race work groups [J]. Academy of Management Annals, 2010 (4): 447 - 484.

[70] Chesbrough H W. Open Innovation: The New Imperative for Creating and Profiting from Technology [J]. Journal of Engineering & Technology Management, 2004, 21 (3): 241 - 244.

[71] Child J. organizational structure, environment and performance: the role of strategic choice [J]. Sociology, 1972, 6/1: 1 - 22.

[72] Cohen M D, March J G, Olsen J P. A Garbage Can Model of Organizational Choice [J]. Administrative Science Quarterly, 1972, 17 (1): 1 - 25.

[73] Cooper R. Modernism, Post Modernism and Organizational Analysis 3: The Contribution of Jacques Derrida [J]. Organization Studies, 1989, 10 (4): 479 - 502.

[74] Cooper R. Peripheral Vision: Relationality [J]. Organization Studies, 2005, 26 (11): 1689 - 1710.

[75] Corley, K. G. , & Gioia, D. A. Identity ambiguity and change in the wake

of a corporate spin - off [J]. Administrative Science Quarterly, 2004, 49 (2): 173 - 208.

[76] Cornelissen, J. P. , & Clarke, J. S. Imagining and rationalizing opportunities: Inductive reasoning and the creation and justification of new ventures [J]. Academy of Management Review, 2010, 35 (4): 539 - 557.

[77] Cornelissen, J. Sensemaking under pressure: The influence of professional roles and social accountability on the creation of sense [J]. Organization Science, 2012, 23 (1): 118 - 137.

[78] Cunha M P E, Clegg S R, Kamoche K. Surprises in Management and Organization: Concept, Sources and A Typology [J]. British Journal of Management, 2006, 17 (4): 317 - 329.

[79] Currie G, Procter S J. The Antecedents of Middle Managers' Strategic Contribution: The Case of a Professional Bureaucracy [J]. Journal of Management Studies, 2005, 42 (7): 1325 - 1356.

[80] Daft R L, Weick K E. Toward a Model of Organizations as Interpretation Systems [J]. Academy of Management Review, 1984, 9 (2): 284 - 295.

[81] Dahl R A. Administration Behavior: A Study of Decision - Making Processes in Administrative Organization/Models of Man, Social and Rational [J]. Administrative Science Quarterly, 1957, 2 (2): 244 - 248.

[82] Dahlander L, Gann D M. How open is innovation? [J]. Research Policy, 2010, 39 (6): 699 - 709.

[83] Denison, D. R. , Dutton, J. E. , Kahn, J. A. , & Hart, S. L. Organizational context and the interpretation of strategic issues: a note on CEO's interpretations of foreign investment [J]. Journal of Management Studies, 1996, 33 (4): 453 - 474.

[84] Dervin B L. Clear... unclear? Accurate... inaccurate? Objective... subjective? Research... practice? Why polarities impede the research, practice and design of information systems and how Sense - Making Methodology attempts to bridge the gaps. Part 2. [J]. Journal of Evaluation in Clinical Practice, 2010, 16 (5): 998 -

1001.

[85] Dervin B. Sense - making theory and practice: an overview of user interests in knowledge seeking and use [J]. Journal of Knowledge Management, 1998, 2 (2): 36 - 46.

[86] Dess, G G, and Priem, R L. Consensus - performance research: Theoretical and empirical extensions [J]. Journal of Management Studies, 1995, 32 (4): 401 - 417.

[87] Dooley, R. S., Fryxell, G. E., & Judge, W. Q. Belaboring the not - so - obvious: Consensus, commitment, and strategy. Implementation speed and success [J]. Journal of Management, 2000, 26 (6): 1237 - 1257.

[88] Dougherty, D., Borrelli, L., Munir, K., & O'Sullivan, A. Systems of organizational sensemaking for sustained product innovation [J]. Journal of Engineering and Technology Management, 2000, 17 (3): 321 - 355.

[89] Drazin, R., Glynn, M. A., & Kazanjian, R. K. Multilevel theorizing about creativity in organizations: A sensemaking perspective [J]. Academy of Management Review, 1999, 24: 286 - 307.

[90] Dunbar, R. L. M., & Garud, R. Distributed knowledge and indeterminate meaning: The case of the Columbia shuttle flight [J]. Organization Studies, 2009, 30 (4): 397 - 421.

[91] Dutton J E, Ashford S J, O'Neill R M, et al. Reading the Wind: How Middle Managers Assess the Context for Selling Issues to Top Managers [J]. Strategic Management Journal, 1997, 18 (5): 407 - 423.

[92] Dutton, J. E. and Ashford, S. J. Selling issues to top management [J]. Academy of Management Review, 1993, 18 (3): 397 - 428.

[93] Edwards B D, Day E A, Jr A W, et al. Relationships among team ability composition, team mental models, and team performance. [J]. Journal of Applied Psychology, 2006, 91 (3): 727 - 736.

[94] Eisenhardt K M, Graebner M E. Theory building from case: Opportunities and challenges [J]. Academy of Management Journal, 2007, 50 (1): 25 - 32.

[95] Elsbach K D, Cable D M, Sherman J W. How passive "Face Time" affects perceptions of employees: Evidence of spontaneous trait inference [J]. Human Relations, 2010, 63 (6): 735 - 760.

[96] Feldman M S. Organizational Routines as a Source of Continuous Change [J]. Organization Science, 2000, 11 (6): 611 - 629.

[97] Floyd S W, Lane P J. Strategizing throughout the Organization: Managing Role Conflict in Strategic Renewal [J]. Academy of Management Review, 2000, 25 (1): 154 - 177.

[98] Floyd, S. W. and Wooldridge, B. Dinosaurs or dynamos? Recognizing middle management's strategic role [J]. Academy of Management Executive, 1994, 8 (4): 47 - 57.

[99] Floyd S. W. , Wooldridge B. Managing strategic consensus: The foundation of effective implementation [J]. Academy of Management Executive, 1992, 6 (4): 27 - 39.

[100] Floyd S W, Wooldridge B. Middle management involvement in strategy and its association with strategic type: A research note [J]. Strategic Management Journal, 1992, 13 (S1): 153 - 167.

[101] Floyd, S. W. and Wooldridge, B. Middle management's strategic influence and organizational performance [J]. Journal of Management Studies, 1997, 34 (3): 465 - 485.

[102] Forgas J P, George J M. Affective Influences on Judgments, Decision Making and Behavior in Organizations: An Information Processing Perspective [J]. Organizational Behavior & Human Decision Processes, 2001, 86 (1): 3 - 34.

[103] Fox W M. Socio - technical System Principles and Guidelines: Past and Present [J]. Journal of Applied Behavioral Science, 1995, 31 (1): 91 - 105.

[104] Gagnon, Mark A, et al. Employee alignment wit h strategic change: A study of strategy - supportive behavior among blue - collar employees [J]. Journal of Managerial Issues, 2008, 20 (4): 425 - 433.

[105] Galbraith J R. Organization Design: An Information Processing View

[M]. INFORMS, 1974.

[106] Gassmann O, Enkel E, Chesbrough H. The future of open innovation [J]. R&D Management, 2010, 40 (3): 213 - 221. [J]. British Journal of Management, 2018, 29 (4): 731 - 749.

[107] Gavetti, G. Cognition and hierarchy: Rethinking the micro - foundation s of capabilities development [J]. Organization Science, 2005, 16 (6): 599 - 617.

[108] Gersick C. Revolutionary Change Theories: A Multilevel Exploration of the Punctuated Equilibrium Paradigm [J]. Academy of Management Review, 1991, 16 (1): 10 - 36.

[109] Glynn M A. The Emergent Organization: Communication as Its Site and Surface, by James R. Taylor; Elizabeth J. van Every [J]. Administrative Science Quarterly, 2002, 47 (1): 169.

[110] Gomez P Y, Jones B C. Conventions: An Interpretation of Deep Structure in Organizations [J]. Organization Science, 2000, 11 (6): 696 - 708.

[111] Gouldner A W. Cosmopolitans and Locals: Toward an Analysis of Latent Social Roles [J]. Administrative Science Quarterly, 1957, 2 (3): 55 - 59.

[112] Graesser A C, Nakamura G V. The Impact of a Schema on Comprehension and Memory [J]. Psychology of Learning & Motivation, 1982, 16: 59 - 109.

[113] Gulati R. Network location and learning: the influence of network resources and firm capabilities on alliance formation [J]. Strategic Management Journal, 1999, 20 (5): 397 - 420.

[114] Hambrick D. C, Mason P A. The Organization as a Reflection of Its Top Managers [J]. Academy of Management Proceedings, 1982, 9 (2): 193 - 206.

[115] Hanks S H, Watson C J, Jansen E, et al. Tightening the life - cycle construct: A taxonomic study of growth stage configurations in high - technology organizations [J]. Entrepreneurship Theory & Practice, 1993, 18 (2): 5 - 29.

[116] Harris D H. Organizational linkages: Understanding the productivity paradox [M]. Organizational Linkages Understanding the Productivity Paradox, 1994, 21 (4): 1235 - 1237.

[117] Hatch, M. J. Exploring the empty spaces of organizing: How improvisational jazz helps redescribe organizational structure [J]. Organization Studies, 1999, 20 (1): 75 - 100.

[118] Haveman H A. Nonprofit Organizations in an Age of Uncertainty: A Study of Organizational Change, by Joseph Galaskiewicz; Wolfgang Bielefeld [J]. Administrative Science Quarterly, 2001, 46 (2): 367 - 369.

[119] Helfat C E, Winter S G. Untangling Dynamic and Operational Capabilities: Strategy for the (N) ever - Changing World [J]. Strategic Direction, 2012, 32 (3): 1243 - 1250.

[120] Herpath A. In the loop: A realist approach to structure and agency in the practice of strategy [J]. Organization Studies. 2014, 35 (6): 857 - 879.

[121] Hill, R. C., & Levenhagen, M. Metaphors and mental models: Sensemaking and sensegiving in innovative and entrepreneurial activities [J]. Journal of Management, 1995, 21 (6): 1057 - 1074.

[122] Hilton A. Dangers Behind Oracle's Dream [J]. Evening Standard, 2005, 2 (11): 45.

[123] Hodgkinson G P. Introducing Cognizer™: A Comprehensive Computer Package for the Elicitation and Analysis of Cause Maps [J]. Organizational Research Methods, 2005, 8 (3): 317 - 341.

[124] Hrebiniak, L. G. and Joyce, W. F. Implementing Strategy [M]. New York: Macmillan, 1984.

[125] Hunter J. Improving organizational performance through the use of effective elements of organizational structure [J]. Leadership in Health Services, 2002, 15 (3): 12 - 21.

[126] Huy Q N. Emotional Balancing of Organizational Continuity and Radical Change: The Contribution of Middle Managers [J]. Administrative Science Quarterly, 2002, 47 (1): 31 - 69.

[127] Hydle K. M., Temporal and Spatial Dimensions of Strategizing. [J]. Organization Studies, 2015, 36 (5): 643 - 663.

[128] Jackson S. How Managers Make Sense of CSR: The Impact of Eastern Philosophy in Japanese Owned Transnational Corporations [M]. Leadership through the Classics. Springer Berlin Heidelberg, 2012: 487 -503.

[129] James L R, Demaree R G, Wolf G. Estimating Within - Group Interrater Reliability With and Without Response Bias [J]. Journal of Applied Psychology, 1984, 69 (1): 85 -98.

[130] Jansen J J P, Bosch F A J V D, Volberda H W. Managing Potential and Realized Absorptive Capacity: How Do Organizational Antecedents Matter? [J]. Academy of Management Journal, 2005, 48 (6): 999 -1015.

[131] Jarzabkowski P A, Balogun J, Seidl D. Strategizing: The Challenges of a Practice Perspective [J]. Human Relations, 2007, 60 (1): 5 -27.

[132] Jeffcutt P. From Interpretation to Representation in Organizational Analysis: Postmodernism, Ethnography and Organizational Symbolism [J]. Organization Studies, 1994, 15 (2): 241 -274.

[133] Jeffcutt, P. The interpretation of organization: a contemporary analysis and critique [J]. Journal of Management Studies, 1994, 31 (2), 225 -250.

[134] Johnson G, Melin L, Whittington R. Micro Strategy and Strategizing: Towards an Activity - Based View [J]. Journal of Management Studies, 2003, 40 (1): 3 -22.

[135] Kalinowski W. C, Simon H A. Models of Man: Social and Rational [J]. American Catholic Sociological Review, 1957, 18 (3).

[136] Kanter R M. When a Thousand Flowers Bloom: Structural, Collective, and Social Conditions for Innovation in Organizations [J]. Research in Organizational Behavior, 1988, 10: 93 -131.

[137] Kanter, R. The middle manager as innovator [J]. Harvard Business Review, 1982 (7 -8): 95 -105.

[138] Kaplan, Sarah. Research in Cognition and Strategy: Reflections on Two Decades of Progress and a Look to the Future [J]. Journal of Management Studies, 2011, 48 (3): 665 -695.

[139] Katz D, Kahn R L. The social psychology of organizations [M]. New York: Wiley, 1978.

[140] Kellermanns F W, Walter J, Floyd S W, et al. To agree or not to agree? A meta - analytical review of strategic consensus and organizational performance [J]. Journal of Business Research, 2011, 64 (2): 126 - 133.

[141] Kellermanns F W, Walter J, Lechner C, et al. The Lack of Consensus About Strategic Consensus: Advancing Theory and Research [J]. Journal of Management, 2005, 31 (31): 719 - 737.

[142] Kilmann R H, Saxton M J, Serpa R. Gaining control of the corporate culture [J]. Administrative Science Quarterly, 1987, 32 (3): 484.

[143] Laumann E O, Galaskiewicz J, Marsden P V. Community - Elite Influence Structures: Extension of a Network Approach [J]. American Journal of Sociology, 1977, 83 (3): 594 - 631.

[144] Lincoln J R, Kalleberg A L. Culture, Control and Commitment: A Study of Work Organization and Work Attitudes in the United States and Japan [J]. Proceedings of Acm Cikm, 2005, 6 (4): 52 - 59.

[145] Luhmann N. Differentiation of Society [J]. American Journal of Sociology, 1984, 2 (5): 29 - 53.

[146] Lüscher L S, Lewis M W. Organizational Change and Managerial Sensemaking: Working Through Paradox [J]. Academy of Management Journal, 2008, 51 (2): 221 - 240.

[147] Maitlis S, Christianson M. Sensemaking in Organizations: Taking Stock and Moving Forward [J]. Academy of Management Annals, 2014, 8 (1): 57 - 125.

[148] Maitlis, S. The social processes of organizational sensemaking [J]. Academy of Management Journal, 2005, 48: 21 - 49.

[149] Maitlis, S., & Lawrence, T. B. Triggers and enablers of sensegiving in organizations [J]. Academy of Management Journal, 2007, 50 (1): 57 - 84.

[150] Malone T W. The Future of Work How the New Order of Business Will

Shape Your Organization, Your Management Style, and Your Life [J]. Future Survey, 2004, 26 (8): 1258 - 1263.

[151] Mannheim K. Man and society in an age of reconstruction. Studies in modern social structure. (Trans. & rev. ed.) [M]. Routledge & Kegan Paul, 1940.

[152] Mannix E, Neale M A. What differences make a difference: The promise and reality of diverse teams in organizations [J]. Psychological Science in the Public Interest, 2005 (6): 31 - 55.

[153] Manz C C. Self - leadership: Toward an expanded theory of self - influence processes in organizations. Academy of Management Review, 1986, 11 (3): 585 - 600.

[154] Manz C C, Skaggs B C, Pearce C L, Wassenaar C L. Serving one another: Are shared and self - leadership the keys to service sustainability? Journal of Organizational Behavior, 2015, 36 (4): 607 - 612.

[155] March J G, Simon H A. Organizations [M]. New York: Wiley, 1958.

[156] March J G. Bounded Rationality, Ambiguity, and the Engineering of Choice [J]. Bell Journal of Economics, 1978, 9 (2): 587 - 608.

[157] Markóczy, L. Consensus formation during strategic change [J]. Strategic Management Journal, 2001, 22: 1013 - 1031.

[158] Mathieu, J. E., Heffner, T. S., Goodwin, G. F., Salas, E., & Cannon - Bowers, J. A. The influence of shared mental models on team process and performance [J]. Journal of Applied Psychology, 2000, 85 (2): 273 - 283.

[159] Mccann J E. Strategies for Change: Logical Incrementalism [J]. Academy of Management Review, 1982, 7 (2): 324 - 325.

[160] Minzberg H. Of Strategies, Deliberate and Emergent [J]. Strategic Management Journal, 1985 (6): 257 - 272.

[161] Neck C P, Houghton J D. Two decades of self - leadership theory and research: Past developments, present trends, and future possibilities. Journal of managerial psychology, 2006, 21 (4): 270 - 295.

[162] Neisser U. Cognition and Reality [J]. American Journal of Psychology,

1976, 90 (3): 605 -610.

[163] Nelson D. White Collar Hobo: The Travels of Whiting Williams, by Daniel A. Wren [J]. The Business History Review, 1988, 62 (1): 167 -168.

[164] Newman MEJ. The structure and function of complex networks [J]. Siam Review, 2003, 45: 167 -256.

[165] Nonaka I. A dynamic theory of organizational knowledge creation. [J]. Organization Science, 1994, 5 (1): 14 -37.

[166] Nutt, P. C. Identifying and appraising how managers install strategy [J]. Strategic Management Journal, 1987 (8): 1 -14.

[167] Ocasio, William. Towards an attention - based view of the firm [J]. Strategic Management Journal, 1997, 18 (S1): 187 -206.

[168] Olson B J, Parayitam S, Bao Y. Strategic Decision Making: The Effects of Cognitive Diversity, Conflict, and Trust on Decision Outcomes [J]. Journal of Management: Official Journal of the Southern Management Association, 2007, 33 (2): 196 -222.

[169] Orton J D, Weick K E. Loosely Coupled Systems: A Reconceptualization [J]. Academy of Management Review, 1990, 15 (2): 203 -223.

[170] Pentland B T. Grammatical Models of Organizational Processes [J]. Organization Science, 1995, 6 (5): 541 -556.

[171] Pertusa - Ortega E M, Zaragoza - Sáez P, Claver - Cortés E. Can formalization, complexity, and centralization influence knowledge performance? [J]. Journal of Business Research, 2010, 63 (3): 310 -320.

[172] Peter Sheridan D, Watts D J, Sabel C F. Information exchange and the robustness of organizational networks [J]. Proceedings of the National Academy of Science, 2003, 100 (21): 12516 -12521.

[173] Pettigrew T F. Intergroup contact theory [J]. Annual Review of Psychology, 1998 (49): 65 -85.

[174] Pierce J L, Delbecq A L. Organization Structure, Individual Attitudes and Innovation [J]. Academy of Management Review, 1977, 2 (1): 27 -37.

[175] Pondy, L R. ; Mitroff I. I. Beyond open system models of organization [J]. Research in organizational behavior, 1979: 3 -39.

[176] Powell T C, Lovallo D, Fox C R. Behavioral strategy [J]. Strategic Management Journal, 2011, 32 (13): 1369 -1386.

[177] Priem RL. Top management team group factors, consensus, and firm performance [J]. Strategic Management Journal, 1990, 11 (6): 469 -478.

[178] Rabinow P, Sullivan W M. Interpretive social science: a second look [M]. University of California Press, 1987.

[179] Rabinow P, Representations are social facts [J]. Etudes Rurales, 1985 (97): 91 -114.

[180] Raghu Garud, Philipp Tuertscher, Andrew H. Van de Ven. Perspectives on Innovation Processes [J]. Academy of Management Annals, 2013, 7 (1): 775 -819.

[181] Rapert, Molly Inhofe, et al. The strategic implementation process evoking strategic consensus through communication [J]. Journal of Business Research, 2002, 55 (4): 301 - 310.

[182] Regnér P. Strategy Creation in the Periphery: Inductive Versus Deductive Strategy Making [J]. Journal of Management Studies, 2003, 40 (1): 57 -82.

[183] Rivkin J W, Siggelkow N. Balancing search and stability: Interdependencies among elements of Organization Design [J]. Management Science, 2003 (49): 290 -311.

[184] Rose S A, Feldman J F, Jankowski J J. The building blocks of cognition [J]. Journal of Pediatrics, 2003, 143 (4): 54 -61.

[185] Rouleau L. Micro - Practices of Strategic Sensemaking and Sensegiving: How Middle Managers Interpret and Sell Change Every Day [J]. Journal of Management Studies, 2005, 42 (7): 1413 -1441.

[186] Rouse W B, Morris N M. On looking into the black box: Prospects and limits in the search for mental models [J]. Psychological Bulletin, 1985, 100 (3): 82.

[187] Schatzki T R. The Site of Organizations [J]. Organization Studies, 2005, 26 (3): 465 -484.

[188] Schein E. H. Organizational culture and leadership (Fouth Ed.) [M]. San Francisco: Jossey - Bass, 2010.

[189] Schrodt P. The relationship between organizational identification and organizational culture: Employee perceptions of culture and identification in a retail sales organization [J]. Communication Studies, 2002, 53 (2): 189 -202.

[190] Schuler R, Jackson S E. Human resource management and organizational effectiveness: yesterday and today [J]. Journal of Organizational Effectiveness, 2014, 1 (1): 35 -55.

[191] Shanley M T. Book Review: The Organization of Hypocrisy: Talk, Decisions, and Actions in Organizations. Nils Brunsson [J]. American Journal of Sociology, 1991, 97 (1): 615 -616.

[192] Simon H A. A Behavioral Model of Rational Choice [J]. Quarterly Journal of Economics, 1955, 69: 99 -118.

[193] Simon H A. On the Concept of Organizational Goal [J]. Administrative Science Quarterly, 1964, 9 (1): 1 -22.

[194] Simon, H. A. Administrative Behavior [J]. American Journal of Nursing, 1950, 50 (2): 46 -47.

[195] Smircich L. Concepts of Culture and Organizational Analysis [J]. Administrative Science Quarterly, 1983, 28 (28): 339 -358.

[196] Smircich L. & Stubbart C. Strategic Management in an enacted world [J]. Academy of Management Review, 1985, 10 (4): 724 -736.

[197] Smith - Jentsch, K. A., Mathieu, J. E., & Kraiger, K. Investigating linear and interactive effects of shared mental models on safety and efficiency in a field setting [J]. Journal of Applied Psychology, 2005, 90 (3): 523 -535.

[198] Spicer J. Making Sense of Multivariate Data Analysis [J]. Annals of Pharmacotherapy, 2004, 46 (6): 812 -821.

[199] Staehle W, Schirmer F. Lower - Level and Middle - Level Managers as

the Recipients and Actors of Human – Resource Management [J]. International Studies of Management & Organization, 1992, 22 (1): 67 – 89.

[200] Stigliani, I., Ravasi, D. Organizing thoughts and connecting brains: material practices and the transition from individual to group – level prospective sensemaking [J]. Academy of Management Journal, 2012, 55 (5): 1232 – 1259.

[201] Stinchcombe A L. Social structure and organizations [J]. Advances in Strategic Management, 2002, 17 (17): 229 – 259.

[202] Stout R J, Cannonbowers J A, Salas E, et al. Planning, Shared Mental Models, and Coordinated Performance: An Empirical Link Is Established [J]. Human Factors, 1999, 41 (1): 61 – 71.

[203] Tarakci M, Ates N Y, Porck J P, et al. Strategic consensus mapping: A new method for testing and visualizing strategic consensus within and between teams [J]. Strategic Management Journal, 2014, 35 (7): 1053 – 1069.

[204] Taylor, J. R., & Robichaud, D. Finding the organization in the communication: Discourse as action and sensemaking [J]. Organization, 2004, 11 (3): 395 – 413.

[205] Thevenot L, Thevenot L. Rules and implements: Investment in forms [J]. Social Science Information, 1984, 23 (1): 1 – 45.

[206] Thomas J B, Mcdaniel R R. Interpreting Strategic Issues: Effects of Strategy and the Information – Processing Structure of Top Management Teams [J]. Academy of Management Journal, 1990, 33 (2): 286 – 306.

[207] Thompson J D, Zald M N, Scott W R. Organizations in Action: Social Science Bases of Administrative Theory [J]. Social Science Electronic Publishing, 1967, 48 (3): 505 – 509.

[208] Thompson J. Organizations in Action [M]. New York: McGraw – Hill, 1967.

[209] Thorelli H B. Networks: Between markets and hierarchies [J]. Strategic Management Journal, 1986, 7 (1): 37 – 51.

[210] Tsoukas H, Papoulias D B. Understanding Social Reforms: A Concep-

tual Analysis [J]. Journal of the Operational Research Society, 1996, 47 (7): 853 -863.

[211] Tsoukas, H. The validity of idiographic research explanations [J]. Academy of Management Review, 1989, 14 (4): 551 -561.

[212] Turner B A. Sociological aspects of organizational symbolism [J]. Organization Studies, 1986, 7 (2): 101 -115.

[213] Vaara, E. and Whittington, R. Strategy as practice: taking social practices seriously [J]. Academy of Management Annals, 2012, 6: 285 -336.

[214] Van de Ven A. H. , Poole M. S. Explaining development and change in organizations [J]. Academy of Management Review, 1995, 20 (3): 510 -540.

[215] Vroom V H, Jago A G. The role of the situation in leadership [J]. American Psychologist, 2007, 62 (1): 17 -24.

[216] Walsh J P, Fahey L. The Role of Negotiated Belief Structures in Strategy Making [J]. Journal of Management, 1986, 12 (3): 325 -338.

[217] Walsh J P, Henderson C M, Deighton J. Negotiated belief structures and decision performance: An empirical investigation [J]. Organizational Behavior & Human Decision Processes, 1988, 42 (2): 194 -216.

[218] Walsh J P. Selectivity and Selective Perception: An Investigation of Managers' Belief Structures and Information Processing [J]. Academy of Management Journal, 1988, 31 (4): 873 -896.

[219] Watkins, M. D. , M. H. Bazerman. Predictable surprises: The disasters you should have seen coming [J]. Harvard Business Review, 2003, 81 (3): 72 -80.

[220] Watts D J, Strogatz S H. Collective dynamics of "small -world" networks [J]. Nature, 1998, 393 (6684): 440 -442.

[221] Watzlawick P, Weakland J H, Fisch R. Change: principles of problem formation and problem resolution [M]. W. W. Norton & Co, 1975.

[222] Weick K E, Roberts K H. Collective Mind in organizations: Heedful Interrelating on Flight Decks [J]. Administrative Science Quarterly, 1993, 38 (3): 357 -381.

[223] Weick K E, Sutcliffe K M, Obstfeld D. Organizing and the Process of Sensemaking [J]. Organization Science, 2005, 16 (4): 409 -421.

[224] Weick K. E. The Social Psychology of Organizing [M]. 2nd ed. Addison - Wesley, Reading, MA, 1979.

[225] Weick, K. E. Sensemaking in organizations [M]. Thousand Oaks, CA: sage Publications, 1995.

[226] Whyte W. H. Human Relations Theory - a progress report [J]. Harvard Business Review, 1956, 34 (5): 125 -126.

[227] Winter S G. Understanding Dynamic Capabilities [J]. Strategic Management Journal, 2003, 24 (10): 991 -995.

[228] Wooldridge, B. , & Floyd, S. W. . The strategy process, middle management involvement, and organizational performance [J]. Strategic Management Journal, 1990, 11: 231 -241.

[229] Wyer R. S, Radvansky G A. The comprehension and validation of social information [J]. Psychological Review, 1999, 106 (1): 89 -118.

[230] Yoder D. "Organization of Industry" by Alvin Brown (Book Review) [J]. Industrial and Lalor Relations Review, 1948, 1 (3): 521 -522.

[231] Zucker L G. The Role of Institutionalization in Cultural Persistence [J]. American Sociological Review, 1977, 42 (5): 726 -743.

[232] 海尔张瑞敏：CEO 成为组织设计师，让"用户付薪" - 虎嗅网，https://www.huxiu.com/article/133424/1.html.

[233] "互联网+"时代传统企业竞争优势的重构 - 搜狐，http://mt.sohu.com/20150613/n414953593.shtml.

[234] 在互联网时代抓住消费者行为模式变迁 | 梅花网，http://www.meihua.info/a/36976.

[235] 张瑞敏：我可以做海尔的组织设计师. 搜狐财经，http://business.sohu.com/20151126/n428220850.shtml.

附录1

访谈提纲（提前发给被访者的简要版）

1. 请简要谈一下您在现任企业中的工作情况，如企业战略、组织制度、工作部门、工作职责、晋升经历等。

2. 请介绍一下您的直接上级与直接下属员工的情况。

3. 请介绍一下您与上下级之间经常需要解释的工作内容、事项。

4. 在上述解释过程中，您觉得哪些事件最难、哪些最容易。

5. 您在选择解释方式时，通常考虑哪些因素。

6. 您在解释这些事件时分别会用什么来说明。

7. 您部门的业绩如何。

8. 上下级常常如何评价您的管理工作。

附录2

访谈问题

1. 请简要谈谈您在企业中的工作部门、工作职责。

2. 请简要介绍一下您的上下级关系，部门成员的特点。

3. 请详细谈谈您所在企业的战略环境、战略目标及相应的组织制度保障。

4. 请列举出在企业战略与组织变革过程中，您难以理解的事件或问题。

5. 请列举出在企业战略与组织变革过程中，您部门的下属员工难以理解的事件或问题。

6. 当员工不理解、不认同企业战略目标及组织制度时，您会采取什么措施。

7. 在您上述采取的措施中，您会用什么方式向下属员工解读、解释（如这是企业的规定，这是企业精神的象征，让我们一起去分析一下，还是我认为这个问题意味着……，其他方式）。

8. 在您向员工解释时，您会考虑什么因素来选择合适的解释方式？

9. 您部门员工在工作问题的看法上冲突多吗？部门业绩如何？

10. 您部门员工的团队协作能力如何？

11. 您部门员工常常能向您提供工作改进方案或建议吗？

附录3

组织模糊性的测量

——事件应对策略问卷（事件1、事件2、事件3）

事件1（QP销售）

假设：当您所在部门的新产品销量持续一个月都不好时，您认为下列措施对于有效地解决这一难题的重要性如何，请用“1—9”来评价其“重要—不重要”的程度（“1”表示这项措施对解决这一问题最为重要，“9”表示这项措施对解决这一问题重要性最小）

应对策略	排序（1—9）
1. 给代理商更大的利润空间；	
2. 向代理商解释说明，新产品具有较高的市场地位，未来发展空间很大；	
3. 加强与代理商的人际关系；	
4. 给终端商（饭店、商超等）更大的利润空间；	
5. 向终端商解释说明，新产品具有较高的市场地位，未来前景较好；	
6. 向终端商解释说明，新产品与其他产品的不同及优点；	
7. 加强与终端商的人际关系；	
8. 调查并调整新产品的销售价格；	
9. 在终端铺货时加强新产品的“生动化”。	

事件 2（SH 销售）

假设：遇到顾客对公司产品质量的投诉时，您认为应该采取什么措施才能较好地解决这一问题？请根据您的经验，按照对有效解决问题的重要性，对下列六项措施进行排序：“1”是指这项措施对于成功解决投诉问题最为关键；“6”是指这项措施对于成功解决投诉问题的作用最小；

应对策略	排序（1—6）
1. 及时联系并安抚投诉人的情绪；	
2. 弄清楚所投诉产品的实际质量情况，送质检部检验；	
3. 用合适的沟通及谈判策略，辨别投诉人的用意（正常、善意的质量投诉，还是恶意敲诈）；	
4. 制订合理的奖励方案（产品或现金）；	
5. 签订协议，禁止投诉人在媒体上的宣传；	
6. 为投诉人提供其他投诉渠道。	

事件 3（BX 市场）

假设：当企业产品的质量、品牌在市场上受到质疑时，您认为应该采取什么措施才能较好地重塑品牌及市场信心？请根据您的经验，按照对有效解决问题的重要性，对下列六项措施进行排序：“1”是指这项措施对于成功解决投诉问题最为关键；“6”是指这项措施对于成功解决投诉问题的作用最小；

应对策略	排序（1—6）
1. 做消费者调查；	
2. 调查质疑信息的来源；	
3. 追查质疑的原因；	
4. 彻查企业内部质量控制体系中的问题；	
5. 检查企业品牌的传播渠道；	
6. 反思企业品牌定位与策略。	

附录 4

组织模糊性的测量

——成员间互动认知的问卷

当其他的区域经理为了提高销量，采取以下措施时，对您部门业绩的影响会是：
[极大阻碍（-2）、有点阻碍（-1）、没有影响（0）、有点帮助（1）、极大帮助（2）]

措施	影响（-2–2）
1. 其他区域经理将产品定了较低的价格；	
2. 其他区域经理与代理商维护着非常好的合作关系；	
3. 其他区域经理对其新产品的销售经验进行保密；	
4. 其他区域经理进行密集的市场推广活动。	

附录5

案例研究问题提纲

一、研究所的研发人员

1. 基本资料：

（1）年龄：______专业：________________学历：__________________

入职时间：______入职的研究所类型：___________研究专长：___________

（2）入职后参与的创新项目：____

（3）上述参与的创新项目所属的创新阶段：________________________________

2. 结合工作进度或阶段，谈谈你负责的工作内容：（1）__________________

____

（2）____

（3）____

（4）____

3. 不同创新项目阶段中，工作内容和管理机制

创新项目类型与阶段	主要工作内容	组织管理机制	努力工作动力	面临的问题

4. 知识型员工与创新项目的对接要素

对接起点（接受谁的任务）	对接终点（结果向谁汇报）	与谁的工作连接最多	负责的工作内容	对研发人员的能力要求

5. 您认为对于企业客户，您个人、团队、基地的独特优势是什么（企业客户最注重的资源或能力是什么）？基地的经营战略应该是什么？

6. 为更好地开展创新项目，您希望基地/平台需要注重哪些服务内容？

7. 您觉得，开放创新的流程和管理方面还需要有哪些改进？

8. 所服务的制造企业需要有哪些改进？

9. 您准备将来创业吗？会依托平台公司的资源和投资创业吗？为什么？

10. 其他您要补充的问题？

二、技术经理

1. 基本资料

（1）年龄：______专业：______________学历：________________

入职时间：______入职的研究所类型：__________研究专长：__________

（2）入职后参与的创新项目：______________________________________

（3）上述参与的创新项目所属的创新阶段：______________________

2. 结合工作进度或阶段，谈谈你负责的工作内容：（1）________________

____

（2）____

（3）____

（4）____

3. 不同创新项目阶段中，对知识型员工的管理机制

创新项目类型与阶段	知识型员工的激励方式	知识型员工的工作动力	组织管理机制	面临的问题

4. 您认为对于企业客户，您个人、团队、基地的独特优势是什么（企业客户最注重的资源或能力是什么）？基地的经营战略应该是什么？

5. 为更好地开展创新项目，您希望基地/平台需要注重哪些服务内容？

6. 您觉得，开放创新的流程和管理方面还需要有哪些改进？

7. 所服务的制造企业需要有哪些改进？

8. 您准备将来创业吗？会依托平台公司的资源和投资创业吗？为什么？

9. 其他您要补充的问题？

三、企业研发部主管

1. 基本资料

（1）年龄：______专业：______________学历：________________

入职时间：__________工作岗位：____________研究专长：____________

（2）入职后参与的开放式创新的项目：______________________________

（3）上述参与的开放式创新项目所属的创新阶段：________________

2. 结合工作进度或阶段，谈谈你负责的工作内容：（1）______________

____

（2）____

（3）____

（4）____

3. 开放式创新项目的流程

起点、外部合作对象及标准	合作创新的项目类型、阶段	知识型零工承担的工作内容、渗透度	对知识型零工的要求或选择标准	知识零工的激励机制

4. 您认为创新平台公司、基地、创业公司、知识型零工个人的独特优势是什么（您最注重的资源或能力是什么）？

（1）平台公司；

（2）基地；

（3）创业公司；

（4）知识型零工。

5. 为更好地开展创新项目，您希望基地/平台公司需要注重哪些服务内容？

6. 您觉得，开放创新的流程和管理方面还需要有哪些改进？

7. 知识型零工与创新项目的流程对接和激励机制上，需要哪些改进？

8. 其他您要补充的问题？

四、企业研发部研发人员

1. 基本资料：

（1）年龄：______专业：______________学历：________________

入职时间：________工作岗位或职责：__________研究专长：__________

（2）入职后参与的开放式创新项目：________________________________

（3）上述参与的开放式创新项目所属的创新阶段：____________________

2. 结合工作进度或阶段，谈谈你负责的工作内容：（1）_______________

____

（2）____

（3）____

（4）____

3. 创新项目的对接要素

对接起点（接受谁的任务）	对接终点（结果向谁汇报）	与谁的工作连接最多	您个人能力要求	资源需求

4. 不同创新项目阶段中，对知识型员工的管理机制

创新项目类型与阶段	知识型零工与您合作的流程	知识型零工的工作内容、工作动力	知识型零工的组织协调机制	面临的问题

5. 您认为平台公司、知识型零工个体或其创业的公司，有什么独特优势？创新合作过程中您最注重的他们的资源或能力是什么？

6. 为更好地开展创新项目，您希望基地/平台需要注重哪些服务内容？

7. 您觉得，开放创新的流程和管理方面还需要有哪些改进？

8. 您希望知识型零工的工作流程和机制应该有什么改进？

9. 其他您要补充的问题？